现代高校人力资源管理与服务研究

黄一鸥 ◎ 著

中国华侨出版社

·北京·

图书在版编目（CIP）数据

现代高校人力资源管理与服务研究 / 黄一鸥著. --
北京 ：中国华侨出版社，2023.5
　ISBN 978-7-5113-8709-7

　Ⅰ. ①现… Ⅱ. ①黄… Ⅲ. ①高等学校－人力资源管
理－研究－中国 Ⅳ. ①G647.23

　中国版本图书馆 CIP 数据核字(2021)第 243188 号

现代高校人力资源管理与服务研究

著　　者：黄一鸥
责任编辑：李胜佳
封面设计：北京万瑞铭图文化传媒有限公司
经　　销：新华书店
开　　本：787 毫米×1092 毫米　1/16 开　印张：11　字数：252 千字
印　　刷：北京中弘印刷服务有限公司
版　　次：2023 年 5 月第 1 版
印　　次：2023 年 5 月第 1 次印刷
书　　号：ISBN 978-7-5113-8709-7
定　　价：62.00 元

中国华侨出版社　北京市朝阳区西坝河东里 77 号楼底商 5 号　邮编：100028
发行部：(010)69363410　　　传　真：(010)69363410
网　址：www.oveaschin.com　　E-mail：oveaschin@sina.com

前　言

　　进入知识经济时代以来，人才资源成为第一资源，在综合国力竞争中具有决定性作用。建设世界一流大学和一流学科，是党中央、国务院做出的重大战略决策，对于提升中国教育发展水平、增强国家核心竞争力、奠定长远发展基础，具有十分重要的意义。并提出推进建设世界一流大学和学科，应该要着眼队伍、环境和成果，而首要的就是队伍建设，重视培养和引进杰出人才，构建一流团队。可见，人才培养对于国家发展的重要性。而如何充分发挥各类人才的作用，完善人才发展机制，用好、用活人才就成为各级单位人力资源部门关注的重点。

　　高校作为人才培养的第一战线，其人力资源管理水平的高低直接影响着人才培养的质量，从而影响国家的发展。中国高校教育水平不断提高，获得可喜的成就。我国高等教育的快速发展，有力地推动了社会经济的发展。社会经济发展的关键资源是人才，因此，人力资源在社会经济发展中具有十分重要的作用。高校是我国高层次人才培养的主要阵地、技术创新的战略高地，高校教师作为培养高素质人才的载体，其作用十分重要。我们必须从全局的战略高度来认识加强高校高层次师资人才队伍建设的重要性和紧迫性，采取措施，大胆引进人才，精心培养人才，真正用好人才，把加强高校高层次师资人才队伍建设作为国家发展的要事来抓。加强高校人力资源管理理论研究，是对不适应时代要求的旧制度进行全面的、整体的、本质的、深刻的变革，建立高校人力资源的良性发展机制，以期促进高校与社会经济协调发展。

　　编者在工作实践中，发现高校人力资源工作者十分渴望有一本既能理论结合实践，又能洞悉国内外优秀人力资源管理方法的书籍。然而，有关高校人力资源管理的书籍，要么偏重理论的罗列和案例的陈述，要么偏重程序化的工作指导手册。于是编者便酝酿编写出这本书，希望可以帮助高校管理工作者在高校人力资源管理甚至是高校管理改革方向方面得到一些启发。

目录

第一章 高校人力资源管理概述

第一节 我国高校人力资源管理的理论分析

一、高校的人力资源

（一）人力资源

要界定高校人力资源，首先要对人力资源的概念加以界定。目前国内外对人力资源的定义很多，专家学者从不同的角度给出了不同的定义。

现有的关于人力资源的概念，大体可归纳为三大类。

其一，从能力的角度看，人力资源是附着于人身上的能力的总和。

其二，从人的角度看，人力资源是具有对经济和社会发展起促进作用的能力的人的总和。

其三，从劳动人口的角度看，人力资源是具有劳动能力的人口的总和。这实质上是一种广义的人力资源概念。

本书倾向于从人的角度解释人力资源。这是因为人力资源是相对于自然资源、资本资源、信息资源而言的，"人"是人力资源区别于其他资源的核心特征，在概念中必须突出"人"。

因此，本书将人力资源定义为具有能够推动国民经济和社会发展的体力、智力和心力的人的总和。这一定义包括以下四大要点。

第一，人力资源的本质是人，这是其区别于其他资源的核心特征。

第二，人力资源是"人的总和"，单个的人不能称为人力资源，正如一滴水不能称为水资源一样。

第三，人力资源是具有智力、体力和心力的人的总和，单纯拥有体力的人，不能称为人力资源。

第四，人力资源是能够推动国民经济和社会发展的人的总和，也就是能够对价值创造起贡献作用的人，才能称为人力资源。

（二）高校人力资源

根据人力资源概念的定义，我们可以给出高校人力资源的内涵和外延。

高校人力资源的内涵：高校人力资源是高校内部具有能够推动国民经济和社会发展的体力、智力和心力的人的总和。

高校人力资源的外延：主要是指高校内的教师和行政管理人员。

高校内部成员主要有教师、管理人员（包括以校长为代表的高层管理人员和中层、基层管理人员）、学生和后勤人员。学生是高校不可忽视的人力资源，教学是双向的，没有学生就没有教学，就没有高校。学生对国民经济和社会发展的贡献是间接的和延期的，但是，其具有能够推动国民经济和社会发展的智力、心力和体力是现实的。因此，大学生是高校不可或缺的人力资源。但是，从人力资源管理的角度看，针对大学生的人力资源管理和针对教师、行政人员的人力资源管理，不在一个层面上，因此，不作为本书研究的对象。后勤人员虽然也是高校成员，也是具有推动国民经济和社会发展的体力、智力和心力的人，但是，在高校后勤社会化之后，后勤人员脱离高校成为一支独立的队伍，因此，本书不把后勤人员放在高校人力资源研究之中。

教师是高校的主体，是知识的生产者和传播者，是高校中拥有推动国民经济和社会发展的智力、心力和体力的人。从高校的传统来看，高校就是"学者的共同体"，大学教师常常认为他们就是大学。没有教授，就没有大学。

校长是学校的高层管理者，是政府或校董会的代理人，对高校的发展具有重要作用。考察世界一流大学的发展，我们会发现，一所学校的兴衰，除取决于是否具有大师级的教授外，往往还和某一历史阶段的某一校长的作为、决策有关。现代大学的管理越来越专业，校长的责任也越来越大。事实上，校长是学校的 CEO，校长的战略眼光、管理能力在很大程度上决定了高校的发展。

行政人员是高校的成员，并且具有推动国民经济和社会发展的智力、心力和体力。行政人员的工作主要是为教学、科研服务的，现代高校不仅需要知识的生产者与传播者，更需要为知识的生产和传播服务的人员。行政人员通过直接或间接的方式，推动了国民经济和社会发展。因此，他们是高校不可或缺的人力资源。

二、高校的人力资源管理

根据人力资源管理的定义，所谓高校人力资源管理就是高校根据学校和教师发展的需要，通过对高校内外人力资源的合理规划与配置、有效获取与使用、科学激励与开发、依法保护与约束，实现高校发展目标和教师个人价值的活动。

这一定义具有以下三方面含义。

首先，高校人力资源管理的目标，是实现高校的发展和教师的个人价值。这体现了对组织和个人存在价值的双重尊重。高校人力资源管理，既不能忽视个人价值，又不能不顾组织利益。事实上，二者是相互依赖、共生共存、休戚相关的。没有学校的发展，就不会有教师个人价值的实现；没有教师个人价值的实现，就不会有学校的发展。高校人力资本产权是个权利束，所有权归载体所有，使用权和支配权通过契约转让给学校。在这样一个产权结构中，如果学校发展不好，个人的产权必然要受损；如果个人没有积极性，其人力资本效率会大打折扣，学校的利益就会受到损害。因此，个人的价值和学校的利益必须受到同样的重视，人力资源管理的目标，必须是高校的发展和个人价值的实现。

其次，高校人力资源管理的过程包括规划与配置、获取与使用、激励与开发、保护与约束等。规划是在工作分析和对高校人力资源的需求与供给情况进行预测的基础上，制定一定时期内的高校人力资源发展战略。配置就是将合适的人放到合适的岗位上。对人力资源的合理规划与配置，奠定了高校发展的基础。因此，规划、测评技术与评价制度（学术的和行政的）是必不可少的。人力资源的获取是从组织内外招聘优秀的人力补充到相应的岗位上，而使用则是对人力资源的利用。这两者是高校经常性的工作，为使高校得以健康发展，必须采取有效的措施进行人力资源的获取和使用。因此，招聘、晋升制度至关重要。要想使人力资本得到最大限度的利用，必须对人力资源进行科学的激励与开发。因此，薪酬制度、培训制度尤为重要。高校人力资本专用性较高，因此，必须要依法对其加以保护；同时，高校及其人力资源也要在法律和制度的框架内活动，对违反相关法律、制度的，要依法进行约束和惩罚。职业安全和保障是高校人力资源稳定的基础，既要保护学校的权益，也要保护教师的权益。因此，职业安全与保障制度，是高校发展和个人价值实现的保障。

最后，高校人力资源管理是一种有组织的活动，是由主体、目标、过程构成的。高校人力资源管理的主体可以是高校，可以是各级管理者，也可以是人力资源自身。高校人力资源管理的目标是实现学校的发展和个人价值。高校人力资源管理的过程包括规划和配置、获取与使用、激励与开发、保护与约束等。人力资源管理必须在制度框架内进行，当然，技术也是重要的，但是，制度是根本，没有好的制度，技术再先进，也难以保障人力资源管理的有效进行。

三、高校人力资源管理制度

（一）制度

关于制度的概念，历史上中外学者从不同角度给出了不同的定义。不同学科有不同学科的定义，即使同一学科的不同学派，也有不同的定义。本书认为作为一个概念要包含满足某种性质的要素和目的，因此，将制度界定为社会制定出来并通过各种手段使其成员普遍接受的，用来约束组织和个体的机会主义行为，协调人与人、人与社会、人与自然的关系，以实现社会公正与正义的行为规则，包括法律、规章、契约等正式制度，也包括意识形态、习惯、价值观和伦理道德等非正式制度。

这一定义具有以下三方面含义。

1. 指出了制度的要素

制度是由法律、规章、契约意识形态、习惯、价值观和伦理道德等要素构成的。诺思认为，正式制度包含政治规则、经济规则和契约。它们是一种等级结构，从宪法到成文法与普通法，再到明确的细则，最后到个别契约，它们共同约束着人们的行为。

法律是制度的最高形式，宪法统率其他规则。个别契约要服从于具体的条例和细则，这些条例和细则要服从于成文法和普通法，而成文法和普通法又不能违反宪法。因此，制度建设的高级层次是法制建设，一切制度都要在法律框架内建立，不能和法律相抵触。

意识形态是非正式制度的核心，它不仅可以孕育价值观念、伦理规范、道德观念和风俗习惯，而且可以在形式上构成某种正式制度安排的"先验"模式。习惯是在正式规则无定义的场合，起着规范人们行为的作用的惯例，或作为"标准"的行为。价值观念决定着制度，制度是人们依据价值观念蓝图构建的。价值观念在更多的时候左右着人们的行为，人们同意接受的观念怎样，人们构建认可的制度就会怎样。

价值观是文化的核心，文化不仅是构成非正式制度的因素，同时对正式制度的建设也具有重要作用。因此，制度建设的理想境界是文化建设。在每一种给定的经济制度下，伦理精神和道德规范都可看成是利益的一个自变量，不同的伦理道德制约着不同的利益追求机制与方式。如果这种方式与经济制度相符，就推动它；反之，它将成为与现行经济制度相悖的力量，导致混乱和无序。因此，伦理道德成为制度建设的基石，在一个道德沦丧、理想失落的社会里，是不可能有完善的制度的，即使有，也是一纸空文，难以真正起到约束规范作用。

2. 指出了制度要素需满足的性质

法律、规章、契约意识形态、习惯、价值观和伦理道德等要素，是社会制定的，并通过各种手段使社会成员普遍接受。制度要为社会成员普遍接受，大多数成员不接受的制度是不能存在的，即使有，也形同虚设，不起作用。因此，制度必须是社会成员普遍认可和接受的。要想被普遍认可和接受，通常有两种方式。一种是强制性的。如法律是由国家立法机关按照一定的程序制定的，并且由行政执法机关执行、司法机关监督执行的。法律的制定要符合人民的利益，人民在立法过程中具有话语权。规章是在法律框架内用来约束人们行为的成文规范，一旦制定，就要强制执行。另一种是非强制性的。相对于正式制度，非正式制度不是强制性的，而是通过群体压力实现的。当人们的行为和主流社会的意识形态、习惯、价值观和伦理道德相抵触时，就会受到社会的谴责，在群体压力下被迫改变自己的行为。因此，制度建立和执行的程序，一方面要符合大多数人的利益，另一方面为了大多数人的利益，必须运用强制和非强制手段，使社会成员普遍接受并执行制度。

3. 指出了制定制度的目的

制度的建立是为了约束组织和个体的机会主义行为，协调人与人、人与社会、人与自然的关系。新制度经济学对人性的假设主要有：行为的财富与非财富最大化的双重动机、认知环境的有限理性，以及追求收益内在化、成本外在化的逃避经济责任的机会主义倾向。组织和个人从人性上看，都具有机会主义倾向。机会主义倾向有两类。一类是在追求私利的时候，

"附带地"损害了他人的利益，一类是"人为地""故意地"以损人利己的手段为自己牟利。因此，有必要通过制度使外部性（正、负外部性）内在化，就是要通过制度约束收益内在化、成本外在化的逃避经济责任的行为。人与人、人与社会、人与自然的关系的和谐，决定了社会的安全和稳定，以及人类的生存和发展。

人与人的关系没有制度约束和保护，就会使得一些人占有另一些人的劳动，侵害他们的产权。人与社会的关系没有制度的约束，就会导致无序和混乱。人与自然没有制度的约束，就会使自然遭受人类毁灭性的破坏，进而最终毁灭人类自己。

因此，制度建立的目的是约束组织和个体的机会主义行为，协调人与人、人与社会、人与自然的关系，最终实现社会公平与正义。

（二）制度的性质

从制度的定义分析，制度具有以下五种主要性质。

1. 约束性

制度规定了什么事能做、什么事不能做，人们追求效用最大化，是要在一定制约条件下进行的。制度就是要约束人的机会主义行为，使社会活动能够有序进行。

2. 公共性

制度是"公共品"，它不是针对某一个人的，而是一种公共规则。一旦某种制度被生产出来，全社会的人都可以享有。正是这一性质，导致对制度无法实施专利保护，从而缺乏专利保护，也就缺乏对制度创造的激励。

3. 较强的资产专用性

一种新制度的传播或移植，不仅受既定利益格局的制约，而且还受相互冲突的意识形态和价值观等因素的制约。这就是将在一个国家行之有效的制度照搬到另一个国家却行不通的原因。

4. 稀缺性

由于制度是公共品，又无法对其实施专利保护，制度的采用可以"搭便车"，人们可以简单模仿别人创造的制度安排而不用付费，因而制度生产缺乏动力。另外，制度又具有较强的资产专用性，简单地模仿并不一定有效。因此，制度成为一种稀缺的资源。

5. 无形性

和其他公共品相比，制度是无形的，是人们观念的体现，以及在既定利益格局下的公共选择。制度或者表现为法律制度，或者表现为规则、规范，或者表现为意识形态、价值观、习惯等，而这些都是无形的。

（三）制度的分类

所谓内在制度就是群体内随经验而演化的规则，而外在制度是外在地设计出来并靠政治行动由上层强加于社会的规则。

从制度是否具有广泛的社会意义角度来看，制度分为不具有广泛社会意义的个人规则和具有广泛意义的社会规则。个人规则包括习惯和常规、道德规则，社会规则包括惯例、法律规范和社会规范。

被新制度经济学家普遍接受的是诺思的分类，他根据约束人的方式的不同，把制度分为正式制度和非正式制度。正式制度是人们（主要是政府、国家或统治者）有意识地创造的一系列政策法规，包括政治规则、经济规则和契约。非正式制度是人们在长期的交往中无意识地形成的，具有持久的生命力，并构成代代相传的一部分。

（四）制度环境与制度安排

诺思、戴维斯把制度分为制度环境和制度安排，把起决定性作用的制度称为制度环境，认为制度环境是一系列用来建立生产、交换与分配基础上的基本的政治、社会和法律规则。支配选举、产权和合约权利的规则，就是构成经济环境的基本规则类型的例子。

制度安排是支配经济单位之间可能合作或竞争的方式的一种安排，制度安排可能最接近于"制度"一词的通常使用的含义了，安排可能是正规的，也可能是非正规的，可能是暂时性的，也可能是长久性的。不过，它必须至少用于下列目标。提供一种结构，使其内部成员的合作获得一些在结构外不可能获得的追加收入，或提供一种能影响法律或产权变迁的机制，以改变个人（或团体）合法竞争的方式。

一般说来，制度环境都是正式制度，而制度安排可能是正式制度，也可能是非正式制度。制度环境对制度安排起决定作用，制度环境限定了人们可以选择的制度安排的范围，使人们只能在制度环境规定的"集合"内选择制度安排。制度环境与制度安排的划分又是相对的。比如，相对于宪法，教育法是制度安排，而相对于高校人力资源管理制度，教育法又是制度环境。制度和制度安排是既有联系又有区别的两个概念，制度是游戏规则，是制度安排的一个内容，但它仅是制度安排的一个内容，而不是制度安排本身，因为制度安排不仅包括游戏规则，还包括组织设定和结构安排。

（五）高校人力资源管理制度

高校人力资源管理作为一种管理活动，和社会其他活动一样，需要有制度的保证。

根据制度的定义，本书对高校人力资源管理制度做以下界定。

高校人力资源管理制度，是国家、政府和高校及其人力资源制定出来，并通过各种手段，使高校人力资源普遍接受的，用来约束组织和个体的机会主义行为，协调高校人力资源之间、人力资源与高校、社会之间的关系，以重构"学术自由、追求真理、传承创新、引领人类"的大学精神为终极目的的行为规则，包括法律、规章、契约等正式制度，也包括意识形态、习惯、价值观和伦理道德等非正式制度。

除制度的一般含义外，这一概念还有以下三方面含义。

1.高校人力资源管理制度的主体是国家、政府和高校及其人力资源

国家、政府和高校既是正式制度的制定者，也是非正式制度的制定者。高校人力资源更多的是非正式制度的制定者。这是因为，国家、政府和高校作为社会组织存在，具有权威性和强制力。同时，国家、政府和高校也可以通过引导社会的意识形态、习惯、价值观和进行伦理道德教育，提供非正式制度。高校人力资源作为个体存在，不具有权威性和强制力，因此，不能提供正式制度。但是，作为个体可以形成意识形态、习惯、价值观和伦理道德等非正式制度因素。因此，高校人力资源主要是非正式制度的提供者。

2.高校人力资源管理制度的终极目的是重构"学术自由、追求真理、传承创新、引领人类"的大学精神

高校人力资源制度建设，是为了约束组织和个体的机会主义行为，协调高校人力资源之间，人力资源与高校、社会之间的关系。只有这样，才能使高校有序运转、和谐发展。高校人力资源管理制度的终极目的，是重构"学术自由、追求真理、传承创新、引领人类"的大学精神，这是必须要明确的。否则，就会停留于事物表层。我国高校人力资源管理的一些制度建设之所以失败，某种程度上就是因为没有把大学精神当作制度建设的目的，仅仅是为了协调当前的各种关系、解决现实的问题而制定制度。由于没有明确的终极目的和系统的思考，这些制度常常是前后矛盾、相互抵触，甚至与大学精神相去甚远。因此，明确终极目的，是高校人力资源管理制度的重要内容。

3.正式制度和非正式制度在高校人力资源管理制度中同等重要

一方面，要加强正式制度建设。如由国家健全相关的法律、法规，在法律法规框架下，政府及其主管部门出台相关的指导性文件，学校出台《教师手册》、与教师签订合同等。

另一方面，国家、政府、高校及其人力资源要共同营造良好的学术文化环境、倡导学术道德、谴责学术不端行为等。正式制度总是不完备的，由于有限理性，人们不可能将可能发生的一切都事先预测出来，并形成制度加以约束。非正式制度可以在正式制度覆盖不到之处发挥作用，以弥补正式制度的不足。

（六）高校人力资源管理制度建设

制度建设的概念在很多场合被使用，然而却少有对制度建设概念进行界定的。这一方面说明制度建设的重要性，另一方面也说明要准确界定制度建设是困难的。本书试图在新制度经济学的基础上，对高校人力资源管理制度进行界定。

新制度经济学以交易成本为基础理论，对制度的起源与变迁，制度、产权与国家，制度与经济发展等方面进行了系统的研究，形成了新制度经济学的理论体系。基于新制度经济学的理论体系，笔者认为，首先，制度与人具有互构性。制度当事人的知识、观念、认知能力等要素，对制度的存在及其有效性有着重要的影响。制度对人类行为的约束性是在当事人共同认同并遵守的前提下才能成立。首先，制度的主体不仅是国家、政府，一个有效

的制度应该是为当事人服务的，是当事人可以参与讨论、制定的，而且是可以被当事人所更改变迁的。其次，制度建设是一个系统工程。我们不仅要制定制度，而且要清楚地回答"为什么制定制度""制定制度的依据是什么""制定什么样的制度""如何制定""如何执行""如何监督制度的执行""如何进行制度变迁"等一系列问题。制度建设的目的就是要完成这个系统工程，实现社会公正与正义。

因此，笔者认为，所谓高校人力资源管理制度建设，就是国家、政府、高校及其人力资源在基于共同认知的基础上，对高校人力资源管理制度体系进行不断完善与创新，以实现高校人力资源管理目标的过程。

四、高校人力资源管理制度的理论基础

本书主要以新制度经济学、高等教育学、文化学、组织行为学等相关理论为基础。

（一）新制度经济学

新制度经济学是以科斯（Coase）、诺思（North）、威廉姆森（Williamson）、阿尔钦（Alchian）等人为代表，针对新古典经济学的不足进行研究，而构成的理论体系，主要包括交易成本理论、产权理论、制度变迁理论、契约理论等。

新制度经济学的以下四大理论对于本课题研究具有指导作用。

1. 关于人的行为假定理论

新制度经济学关于人的行为有三个假定。

（1）人类的行为动机是双重的

人们一方面追求财富最大化，另一方面又追求非财富最大化。人类历史上制度创新的过程，实际上，就是人类这种双重动机均衡的结果，制度在塑造人类这种双重动机方面起着尤其重要的作用。

（2）有限理性

要更深入地理解现实世界中的制度，必须承认人只能有限地获取和处理信息这一观点。

人的有限理性包括两方面含义。一方面，环境是复杂的。人们面对的是一个复杂的、不确定的世界，交易越多，不确定性越大，信息也就越不安全。另一方面，人对环境的计算能力和认识能力是有限的，人不可能无所不知。所以制度是重要的，因为制度可以通过设定一系列规则来减少环境的不确定性，提高人们认识环境的能力。

（3）机会主义倾向

这是指在非均衡市场上，人们追求收益内在化、成本外在化的逃避经济责任的行为。

在没有有限理性和机会主义行为的情况下，所有经济合同问题皆不成为问题。但是，由于决策的实际困难和经济必须在存在交易成本和不对称信息的环境中运行，制度就变得十分重要。

高校人力资源首先具有一般人的行为特点，新制度经济学关于人的行为假设理论同样适

用于高校人力资源，这也是制度建设的出发点。

2. 交易成本理论

交易费用是获得准确的市场信息所需要付出的费用，以及谈判和签订经常性契约所花费的费用。交易费用分两部分：一是事先的交易费用，即为签订契约，规定双方权利、责任等所花费的费用；二是签订契约后，为解决契约本身存在的问题，从改变条款到退出契约所花费的费用。

交易费用的概念可扩展为"制度费用"。交易费用是一系列制度费用，其中包括信息费用、谈判费用、起草和实施合约的费用、界定和实施产权的费用、监督管理的费用和改变制度安排的费用，交易费用包括一切不直接发生在物质生产过程中的费用。

交易费用的存在依赖于受限制的理性思考、机会主义以及资产的专用性。制度影响交易成本，不同制度下的交易成本差异是巨大的，这是科斯、诺思通过案例研究得出的结论。

有效的制度可以减少交易成本。高校人力资源管理中，交易成本的大小，取决于人力资源管理制度的有效程度。

交易成本理论对人力资源管理制度建设的研究具有特殊的意义。

3. 产权理论

新制度经济学认为，产权是使自己或他人受益或受损的权利，是由物的存在而产生，与这些物的利用相联系的，人与人之间的一组被认可的行为性关系。

产权实质是人与人的关系而非人与物的关系。因此，产权制度是一系列用来确定每个人相对于稀缺资源使用时的地位和社会关系。

产权理论认为，不同利益集团对产权的形成具有影响。大的利益集团由于高昂的协调成本、组织成本及"搭便车"等原因很难在产权形成中发挥有效的作用，而人数少的利益集团却很容易达成一致意见。

制度的建设与改革的实质在于对产权进行分配和重新分配。将产权理论应用于制度建设研究的意义在于如何使对大多数人有效的制度得以建立和实施。任何制度变迁都很难使所有的人得到正的纯收益，一个社会的决定政策的权力如果掌握在社会大多数人手中，社会对制度的选择就仅受制于技术因素，而不会受到既得利益集团的制约。反之，如果掌握在少数人手里，那么，即使是对大多数人有效率的制度，只要对少数决策者不利，会使他们的既得利益受到损害，这种有效率的制度也不会得到采纳和实行。

4. 制度变迁理论

制度变迁是一个制度不均衡时，追求潜在获利机会的自发交替过程。制度变迁理论中关于路径依赖、制度变迁方式的论述，对于高校人力资源管理制度建设，具有重要的指导作用。

（二）高等教育学

高校是高等教育的承担部门。高等教育学理论对高校人力资源管理制度建设具有指导作用。因为我们探讨的是高校而不是企业，必须考虑到高校的特点及高等教育的特殊规律。

1. 高校组织的特性理论

高校组织和其他教育组织一样，具有"松散联结"的特性，也就是在技术与组织结构之间没有密切的联系。在制度环境作用下，合法性机制对教育组织的影响，比效率机制对教育组织的影响更为明显，维持其存在和发展的不是效率，而是合法性机制。

在有些时候，我们可以把高校看作市场，在多数情况下，高校更像是一所庙宇，一所致力于知识和精神追求的庙宇。高校是从事学术活动的场所，不在于它对于个人或社会福利做出了什么贡献，而在于人们对高校所持的远景，即高校对于人类来讲所具有的意义及保持和传达这种意义的作用。

将高校组织特性理论作为研究的理论基础，有助于了解高校组织的特点，并针对高校的特点构建起人力资源管理制度，对于防止制度建设的企业化倾向，具有重要作用。

2. 高校使命的理论

高校的组织特性揭示了"高校是什么"，高校使命的理论则要阐释"高校是干什么的"。对于这个问题，不同的历史时期、不同的学者的回答，是不一样的，教学、科研和社会服务使命先后被赋予高校。即使在今天，西方仍在不断探讨高校的使命，人们对"高校究竟该干什么"这一问题，随着时代的发展不断有新的认识。

近两个世纪以来，有关高校的使命的认知，受不同哲学思想及社会现实的影响，一直在发生着变化，高校有时过于重视"高深学问"，将自己关在"象牙塔"内，有时又过于功利，社会需要什么，就去"生产"什么。但"学术自由、追求真理、传承创新、引领人类"的理念，一直是高校所倡导和坚持的。

高校使命的理论，有助于我们明确"高校是干什么的"，进而明确主要是由哪些人来完成高校的使命，也就是明确高校的价值创造，以便为高校人力资源管理制度建设打下基础。

3. 治学主体理论

治学主体理论回答了"由谁来完成高校的使命"和"谁来管理高校"的问题。"学术自治"是研究高深学问的最悠久的传统之一。历史上很多学者都坚持认为，只有教师有资格控制学术活动，因为只有他们，才能深刻理解高深学问的复杂性。然而，高等教育的自治不可能是绝对的，完全的自治必然要求经费的完全独立，即使私立高校也要受到法律的制约。在学校内部管理上，也不可能做到完全由教师管理一切，校董等校外人士，在表达公众对学院或高校的兴趣，以及把这些院校的观点向公众解释方面，可以起到重要的作用，校长、院长是从教授群体中选出的行政专家，因此，他们和教授一起管理高校。但是，在高校团体的相互关系中，所有成员的地位都是平等的，在所有情况下，更可取的办法是说服，而不是权力和地位。

治学主体理论对于高校人力资源管理制度建设的意义在于明确谁是治学的主体，进而解决谁是制度建设的"第一行动集团"的问题。所谓"第一行动集团"是指那些能预见潜在市场经济利益，并认识到只要进行制度创新，就能获得这种潜在利益的人。

（三）文化学

1. 文化学的视角对研究人力资源管理制度建设具有重要意义

文化对人力资源管理制度具有较大的影响。一方面，文化的核心即价值观是非正式制度的重要组成部分，人的行为既受正式制度的约束，又受非正式制度的约束，而且非正式制度对人的行为的影响更为持久。另一方面，文化影响着人们的思维方式和行为习惯，制度的移植要考虑文化差异，制度的变迁也要考虑文化背景。所以，从文化学，尤其是从传统文化的角度研究高校人力资源管理制度建设，具有重要意义。

2. 传统文化与高校人力资源管理制度建设

中国传统文化伴随着中华民族的成长，中华文明能够得以长盛不衰，很大程度上得益于传统文化。传统文化和制度建设具有关联性。一方面，传统文化在非正式制度建设方面起着重要作用；另一方面，传统文化中的一些糟粕也在制约着制度建设。传统文化中的"自省""民治""德治"等管理思想，自强不息、重义轻利、尊公蔑私、贵理贱欲的价值取向都在深刻地影响着高校人力资源，对于高校人力资源管理制度的建设具有重要意义。传统文化也在深刻地影响着中国社会制度的变迁，渐进式的制度变迁因为和中国传统文化相吻合，所以获得了成功，这给高校人力资源管理制度变迁以深刻的启迪。

当然，传统文化中很多糟粕也在制约着制度建设。比如，"皇权"思想、"治统"压制"道统"的制度定式，使得中国社会对权力的追逐多于对知识的追逐，知识及进行知识生产与传播的人缺乏应有的地位，行政权力凌驾于学术权力之上。

在这样的制度环境下，"传统"中许多理想的设计遭到了冷落，而"反文化"的膨胀却在权力需要之下获得了最大的驱动力，流波所及，几乎涵盖了整个社会。

（四）组织行为学

制度是建立在组织中的，组织行为决定了制度的建立与执行。因此，研究制度建设，尤其是人力资源管理制度建设，必须要有组织行为学的基础。

对制度建设有贡献的组织行为学理论，主要有激励理论和组织变革理论。

1. 激励理论

高校人力资源管理制度建设的目的，主要是通过激励和约束人力资源实现管理目标。对高校人力资源的激励，除要考虑物质激励，还要考虑精神激励，后者尤为重要。组织行为学中关于参与激励、自我实现激励等理论，对制度建设尤为重要。借鉴组织行为学理论，在制度建设中体现"以人为本"的价值取向，能使人力资源管理制度建设的"刚性"与"柔性"得到有机统一。

2. 组织变革理论

组织变革有两种，一种是所有组织不可避免地进行变革，另一种是组织成员有计划地进行变革。有计划地进行变革（Planned Organizational Change）是指管理者和员工为改善团队、部门或整个组织的功能，以某种重要的方式进行的有目的的变革。高校人力资源管理制度建设，实际上是一种有计划的组织变革。制度建设意味着对原有的制度进行改革和创新，而改革和创新必将带来组织的变革。高校人力资源管理制度变迁是组织变革的一项重要内容，必然会遇到来自组织和个体的阻力。因此，运用组织变革的理论研究如何有效地克服阻力、完成变迁是十分必要的。

第二节 高校人力资源管理的重要性及其意义

一、高校人力资源管理的重要性

人力资源的开发与管理，是当前企业面对的问题。我们的人力资源素质与我国所处的国际地位还是很不相符。我们应该明白，国际竞争的胜利实际上就是人力资源开发与管理的胜利。一个国家的经济发展，与其人力资源开发与管理的成功有极大的关系，而现在追求发展，就先要重视人力资源管理。在知识经济时代，人是创造知识、传播知识、应用知识的主体，是生产力诸要素中最关键要素。因此，高效的人力资源管理就成为知识经济发展的主力，所以高校要合理地进行人才资源管理，这样才能培养出优秀的、合格的为祖国建设贡献力量的优秀人才。

高校人力资源管理是指在高校为了实现其发展目标，运用科学的方法通过对其内部人力资源进行组织、计划、协调和控制以实现全体教师的录用、培训、考核、调配直至离职退休的过程。人事管理的效率对高校实现其战略性发展有着直接而重要的影响。

高校人力资源管理目标是调动教职员工的积极性、创造性。科学合理的岗位设置、严格周密的绩效考核、公平公正的竞争机制、有效的激励分配机制、灵活配套的各项措施等是调动教职员工的积极性、创造性的关键，也是深化高校人事制度改革，优化教师队伍结构，提高教育质量、科研水平和办学效益的关键。充分认识高校人力资源和人力资源管理的特征，对发挥高校人力资源的整体优势，形成整体合力，提高高校的竞争水平和综合实力，推进高校可持续发展具有非常重要的意义。具体而言，主要有以下六方面。

（一）能够为高校创造良好的科研与教学环境，培养和谐的人事关系，激发教师的工作积极性和创造性，提升教学与科研水平

人文环境是一种文化，它孕育于高校对学术和教学质量的长期重视当中。良好的人文环境能够使人心情舒畅，在人与人之间增加和谐的因素，更能促使人尽情地发挥自己的才能。

（二）增强高校核心竞争力，助推高校跨越式发展

高校的学术实力源于教师的工作质量并直接影响到高校声誉，以至于关系到高校赖以生存和发展的生源。通过对人力资源科学的管理，形成一种人竭其能、人尽其才的教学与科研局面，提升师资队伍的整体素质，吸引更多的人才慕名而来。

（三）加强高校人力资源管理对社会经济发展具有重要意义

高校拥有丰富的人才资源，高校人才队伍是国家知识创新的重要力量和高层次人才队伍的重要组成部分，是实施科教兴国战略和人才强国战略的强大生力军和动力源，在我国全面建设小康社会和加快社会主义现代化建设进程中起着基础性、战略性作用。因此，必须通过加强高校人力资源的开发与管理，建设一支结构合理、素质精良、具有团队意识、富有创新精神的高校人才队伍。唯有如此，高校才能为社会经济的发展，为国家、民族的进步提供强有力的保障。

（四）加强高校人力资源管理是高校战略发展的需要

高校作为培养高素质创造性人才的摇篮与知识创新的重要基地，在国家的社会经济和文化建设中具有举足轻重的地位。它既是人才的培养者，也是人才的使用者，同时还肩负着培养各级各类人才、全面提高劳动者素质的历史使命，因此高校拥有着人才密集的优势。但这还只是一个量的优势，要真正发挥质的优势，就要回归到对高校的人力资源进行现代化的开发与管理。因此，在新的形势下，如何真正做到人才的"为我所用"，提高高校教师的积极性，加快培养适合经济需求的人才，则是高校人力管理工作者遇到的新课题。

（五）加强高校人力资源管理是高校目前的人事管理现状的需要

中国高校现行的人事制度暴露的种种弊端的确已经束缚了高校自我发展，阻碍了中国高等教育的发展。传统的高校管理不是将人力作为资源，而是以"胡萝卜加大棒"的刚性制度管住教师，以职称、工资、津贴来激励士气与积极性，这就否定了教师在学校管理中的主体地位。而在知识经济时代，普遍推崇"以人为本"的管理理念。为此，有效开发高校的这一活资源，实现高校人事管理向人力资源开发管理的转变，以人为本是关键，可以寻求多样的管理模式，比如柔性化的人力资源管理，即柔性管理。它是一种围绕如何调动人的主动性、积极性和创造性与促进人的自由全面发展放在首位的管理模式。

（六）加强高校人力资源管理是高校教师自我发展与提升的需要

在高校的发展过程中，学科建设是龙头，教师队伍建设是中心。通过加强高校人力资源开发与管理，对高校人力资源职业生涯进行规划与指导，积极关注高校人才的需求，为他们营造一个良好的教学科研氛围，促进他们自身的发展与提升，从而可以更好地保障高校发展战略的实现。与此同时，高校的发展层次与水平的提高又能为高校人力资源自身的发展提供一个更好、更广阔的平台。因此，必须通过加强高校人力资源管理，促进人才队伍合理有序的流动，强化教学科研的中心地位，调动工作积极性，激发他们的潜能与创造力，

以建设一支高素质、高效能的人力资源队伍，从而更好地促进高校的发展与提升。

二、高校人力资源管理的意义

高校作为从事高层次教育活动的组织是人力资源集中的场所，加强高校人力资源管理具有重要的意义。具体而言，主要包括以下四方面。

（一）加强高校人力资源管理有助于提高高校整体的竞争力

教师是高校办学的主体，是高校发展的核心，高校的生存与发展程度直接取决于该校师资队伍的整体素质水平。在人才竞争日益激烈的今天，加强高校人力资源管理更是势在必行。高校的每项工作都要靠人去完成，教学、科研、后勤服务等管理工作的协调与发展程度，取决于高校的教师、研究工作者和行政管理及服务人员的整体素质水平。所以高校的管理都是建立在人力资源管理的基础之上的。如果高校能更加注重人力资源管理，就会提升高校的核心竞争力，使高校在竞争中立于不败之地。

（二）加强高校人力资源管理有助于形成科学合理的绩效考评机制

绩效考评既是教师管理的重要形式，又是激励教师的重要手段，还是教师职务聘任的基础条件。加强高校人力资源管理，高校就可以建立一套科学严格的针对不同人员的考核体系，以减少管理的随意性，提高抗干扰力，真正使考核公正公平。同时，也才能真正做到社会所倡导的"多劳多得，按劳分配"的原则，消除高校存在的"论资排辈""平均主义""大锅饭"和"搞平衡"等不良现象。

（三）加强高校人力资源管理有助于建立完善的人才引进机制和人才培养机制

人力资本是积累与增长的结果，需要通过对人力资源进行培训才能形成。高校人才的来源有两种途径，一种是高校自身培养，以便开发和合理利用，这是许多高校在发展初期的主要人才来源；另一种是人才引进，高校在发展过程中也应重视人才引进，尤其是高校发展到一定阶段，更应重视人才引进，以便形成更加良好的人才结构。高校在人力资源管理时必须注意人才的两种来源，以使高校永远有优质的人才资源。为此，高校应加强人力资源规划，以便有计划地将人力资源转化成人才资源。

（四）加强高校人力资源管理有助于建立全员聘用和有效激励的管理机制

高校人力资源管理的一项重要任务就是通过激励机制，吸引、开发和储备人才，激发高校教师的工作热情、想象力和创造力。通过建立相应的奖惩制度、晋升制度及福利补贴制度等来激发调动高校教师的积极性和主动性，并激发其内在动力。

21世纪的高等教育面临着前所未有的挑战，我们必须意识到高等院校的人力资源管理是学校管理的第一资源。应该把人力资源管理提高到战略地位，这样才会在竞争中立于不败之地。高校人力资源管理是随着管理理论和人力资本理论的出现、发展而兴起的一个新领域，所以高校要从以前传统的注重人事管理向现代的注重人力资源管理转变可能需要一段时间，但是，高校必须重视人力资源管理是大势所趋，我们必须高度重视人力资源管理的重要性。

只有这样才能解决目前高校人事管理中存在的问题，激励教师的积极性和创造性，增强高校的办学活力、提高办学效益，最终达到提升高校竞争力的目的。

三、高校人力资源对于高校的意义

当今世界的竞争，归根到底是人才的竞争。从这个层面来讲，高校的发展能力与水平是由人力资源水平决定的。近几年来，各个高校都十分注重引进高层次人才，对学历、学习背景的要求越来越高，这在一定程度上也证明了人力资源对于高校的重要意义。具体而言，高校人力资源对于高校的意义有以下两方面。

（一）对高校可持续发展能力的意义

高校可持续发展的能力主要体现在三方面，一是培养出来的学生质量，二是高校的科学研究能力和水平，三是高校的管理能力和水平。要想培养高质量学生，增强科研能力，提高管理水平，人力资源就是基础。如果没有一支高素质的教师队伍，就不可能培养出高质量的学生；没有一支高素质的科研队伍，就出不了有水平的研究成果；没有一支高素质的管理队伍，就不能保证教学和科研的顺利开展。因此，高校人力资源状况对于高校的可持续发展能力具有重要意义，决定着学校的发展前景。

（二）对高校整体实力与水平的意义

人力资源影响高校的可持续发展能力，在一定意义上说，是通过影响高校的整体实力与水平来表现的。如果一个高校的整体实力与水平不高，要想实现可持续发展是不现实的。高校的实力与水平的硬件体现在经济实力以及由此改进的办学设施，这与人力资源关系并不密切；软件主要体现在师资队伍、科研能力上，而师资队伍和科研能力，是由人力资源水平来完成的。因此，人力资源水平影响着高校的整体实力与水平。

四、高校管理的核心是人力资源管理

同其他组织一样，高校资源也包括人、财、物、信息等部分。对财、物、信息的管理都是通过人来实现的。高校人力资源管理的目的就是通过"人尽其才"以达到"财尽其力""物尽其用""信息尽其能"。高校人力资源是高校的一项重要无形资产，它渗透在高校组织的整体运作系统中，能为高校创造竞争优势。

（一）高校人力资源是最活跃、最积极的生产要素，具有其他财、物、信息等资源无法比拟的重要性质

人是高校中最活跃的因素，对高校的全部活动起着支配作用，是决定高校存亡兴衰的根本因素。人本身就具有丰富的情感和不同的思维，在不同的时间、地点、情景中会有不同的表现。这是人同其他资源最大的区别。正是人的这种特殊性决定了人力资源的特殊性——不可复制性和不可模拟性，并且具有潜力，其潜力的发挥可能是无极限的。高校之间互相模拟的是那些主观性、能动性不强的资源，如物质资源、财务资源和信息资源等，像高校之间建筑物及教学设备的设计、财务管理的制度、信息的来源等都可以互相效仿，但唯有

人力资源是永不可模拟的，具有很大的发展潜力。因此，我们在对高校进行管理时，就必须充分认识高校人力资源的特殊性，充分发挥其不可复制性的优势和自身的潜力，以使管理达到最佳效能。

（二）高校人员具有更大的能动性，对其进行管理有利于高校其他管理活动的开展

高校是我国学历水平最高人才的聚集地，其人员的知识结构、能力结构和道德品质结构都发展得比较理想，在教书育人、科学文化创造以及社会精神文明建设中起着重要作用。高校管理人员如具备敏锐的洞察力和先进的经营理念，就能合理有效地利用好高校的人力资源，进而使高校的物质资源、财务资源与信息资源等发挥更大的效益。如高校完善了人力资源管理，就可以建立一套科学合理完善的管理体制，包括管理体系、制度建设和管理手段等，这些都是高校高效运作的基础。完善了高校人力资源管理，就可以加强高校的资产管理，合理有效利用高校的资源，同时可以消除高校中存在的各科系间的"贫富分化"，使各科系间的资源均衡化。所以，高校人力资源是高校最宝贵的战略资源，是其他各项资源的根本。只有合理开发和使用人力资源，才能给高校带来持续的竞争力。

第三节 高校人力资源管理的特点

一、高校人力资源观管理的特点

高校作为一种特殊的组织，其人力资源有不同于一般组织人力资源的一些特点，高校人力资源可能隐含着巨大潜能也可能产生极大的浪费，人力资源管理在高校内部管理中具有极其重要的地位。高校人力资源的数量和质量决定着学校的生存竞争力及发展活力，制约着学校的发展水平。高校人力资源管理的目的是通过科学管理，谋求教职员工之间、师生之间，教师与教育事业、社会环境之间的相互协调达到人得其事，事适其人，人尽其才，事尽其功。一般来说，高校人力资源管理具有以下四个方面的特点。

（一）高校组织的特殊性

高校组织的特殊性主要表现在两方面，其一，高校是一个特殊的组织，尽管每个高校都有完整的组织结构，但它不同于国家机关，也不同于企业。国家机关自上而下有比较严密的组织管理系统，领导每下达一项任务，下一级必须立即付诸行动，并且这种行动结果容易衡量。在企业，由于经济利益的关系，上下之间的指令与行动也是一气呵成。但对于高校，一个具有公益性质的组织，其自身的特殊性就决定了高校不可以像企业一样时时处处和经济利益挂钩，同时由于大学的学术劳动力本身有很强的独立性和自我意识，很大程度上在时间和意志等方面享受自由，就不能按照企业和行政的做法。其二，行政权力和学术权力之争始终是每一个高校面对的突出问题。高校办学很重要的一个方面是学术自由。教师无论是授课，还是研究，或是从事社会活动，都享有一定的学术自由。但学术自由是有边界的，

这个边界就是和行政权力的冲突与和解。如何处理这个矛盾，对大学教师的影响非常大。这是高校人力资源管理不可回避的问题。

（二）高校人力资源管理的目的是服从和服务于学校的学术管理

学术是大学的安身立命之本，那么学术管理也就理所当然地成为大学各项工作的中心。不容置疑，大学作为一种特殊的社会组织形式自然存在着大量的行政管理，存在着人力资源的开发管理。特别是在大学规模不断扩大、与社会经济的联系日益紧密的情况下，高校人力资源管理更需要向着科学、高效、专业化的方向发展。但是，无论采取何种运行方式和运行机制，都应该服从和服务于高效的学术管理。这就要求学校的领导与管理层的人员要有学术文化和管理文化两种文化背景。

（三）高校人力资源管理的核心是机制创新

高校人力资源管理体系的完善，最终必须通过在用人制度、分配制度、考评制度等方面建立起激励、竞争、约束、淘汰的新机制，以机制的创新推动改革的进程。在人才引进、稳定、利用等环节上，在人才能力建设、人才结构调整、人才配置优化的政策设计上要有新思想、新举措。以实现稳定人才、引进人才，建设高素质的师资队伍和管理队伍，激励教师的积极性和创造性，多出成果、快出成果，通过转化运行机制，增强学校办学活力，提高办学效益，落实办学方针和理念，实现办学定位和思路。

（四）高校人力资源管理的对象具有多样性

高校传统的人事管理对象是指"三支队伍"，即教师队伍、干部队伍和服务队伍。管理重点是教师（主要是专业教师），而市场观念下的高校人力资源管理对象却要根据整体目标的需要，全面规划人才的类型，必须拓宽管理范围，使管理的触角伸展到各类人员之中。一方面，在运作时应将各类人员进行细分。将教师队伍分为教学人员、科研人员、教学技术人员和教学辅助人员；将干部队伍分为行政管理干部、党群学工干部；将服务队伍分为一般服务人员、技术服务人员、经营人员和管理人员。另一方面，还应根据组织的需求物色未来的各层次的人才，充实组织力量，以保持组织的活力。

（五）高校人力资源管理手段的综合性

高校人力资源管理的目的就是通过满足丰富多彩的合理需求来调动工作积极性，使高校人力资源发挥更强的主观能动性。高校人力资源需求的丰富性决定了高校人力资源管理手段的综合性，不仅要充分利用制度规范和奖惩手段，更要重视校园文化的建设、工作环境的改善，为高校人力资源提供广阔的发展空间。

二、高校人力资源与其他人力资源的不同点

高校人力资源是指高校中从事教学、科研、管理、后勤服务等方面工作的教师总体所具有的劳动能力的总和，是现代学校管理最根本、最核心的资源。与其他人力资源相比，高校人力资源具有以下五方面独特之处。

（一）高度重视自我价值的实现

高校人力资源具有高学历，受过系统专业教育，掌握专业知识和技能，视野开阔，知识面广，重视能够促进其发展的具有挑战性、创造性的工作，对知识、个体和事业的成长有着持续不断的追求。他们要求组织给予其自主权，以便能够用更有效的方式工作，并完成交给的任务，渴望通过这一过程充分展现个人才智，注重自我价值的实现。将挑战性工作视为自我价值实现的方式，自我满足的内驱力使高校人力资源产生巨大、持久而稳定的进取精神，尽力追求完美结果。

（二）注重成就激励和精神激励

高校人力资源更渴望看到工作的成果，认为成果的质量才是工作效率和能力的证明。因此，成就本身就是对他们最好的激励，而金钱等传统激励手段相对弱化。不仅如此，由于对自我价值的高度重视，高校人力资源同样格外注重他人、组织及社会的评价，并强烈希望得到社会的认可和尊重。

（三）重视人格独立和自由

高校人力资源，尤其是专业技术人员不仅富有才智，精通专业，科技知识接受度高，而且更重视人格独立和自由，提倡推崇扁平的层级结构，希望组织资讯公开、科技导向、强调绩效，以创新方式解决问题。他们尊重知识，追求真理，崇尚科学。此外，由于他们是知识型人才，掌握着特殊专业知识和技能，可以对上级、同级和下级产生较大影响。因此，传统组织层级中的职位权威对他们往往不具有绝对的控制力和约束力。

（四）学习动机强烈

高校是学习型组织，对"终身学习"理念有着更为广泛和深入的认同。高校的工作主要依赖于知识，为了适应时代发展的要求，提高自身工作能力和水平，他们需要不断地更新和补充知识，才能与专业的发展现状保持一致。因此，高校人力资源渴望并乐于参加各种学习、培训，有潜在而巨大的学习动力。

（五）优质性、创造性与难替代性

高校人力资源的优质性，体现在其人力资本存量的丰富上，他们的劳动具备智能性、创新性和创造性的特点。在工业经济背景下，一个最有效率的工人比普通工人多生产30% ~ 50% 的产品，但在知识经济背景下，劳动价值更多体现在智力劳动和创造性劳动上，技术研发人员能够比普通人员做更多的工作。在工业社会中，同质劳动力具有很强的可替代性，然而在信息时代，很多人才具备特殊才能，难以被取代。在高校也正是因为人才的特殊创意和特殊才华，才造就了一个思想库，这些是难以替代的。

第二章 高校人力资源招聘管理

第一节 高校人力资源招聘

高素质人才是高校发展的重要推动力，目前高校的发展不仅取决于先进的仪器设备、高端的校园硬件设备及富足的财政投入，更取决于学科领域有造诣的专家学者的数量。所以人才的吸收引进已成为各大高校的工作重点。浏览各大高校招聘网站，其招聘条件中无不体现对高学历、名校毕业及海外留学背景的热衷，有些高校甚至把海外留学背景作为评定薪资待遇的条件。此种现象与前些年某些企业过分追求高学历与留洋背景相似，但事实证明高学历、留洋背景并未推动企业的高速发展。那么以人才密集型为特征的高校是否会重蹈企业覆辙？这是一个值得探讨的问题。

一、"转型"解析

高等教育已经进入大众化阶段，并继续向普及化高等教育阶段发展。精英教育的模式发生了变化，学生群体的多元价值观对高等教育和高校教师产生了影响，高等教育、高校和高校的学生呼唤新型教师的出现，并对教师的素质、结构等产生了作用力，教师群体逐渐分化。那些适应者留下来继续在高校发展，不适应者则离开了高校，这是中国高等教育宏观方面的第一个转型。

第二个转型是，随着我国信息化的高速发展，高校教师的角色和功能也逐渐发生了重大转变。高校教师传播知识的功能逐渐减弱，道德指引和学习促进的功能逐渐强化。"传道、授业、解惑"的传统师道不仅没有丧失生命力，反而在新的社会转型期焕发出新的生机，被赋予新的内涵。面对其他信息提供者和社会化机构作用的不断增强，人们期望教师担负起道德指引和教育指引的作用，使学生能够在大量的信息和不同的价值观中不迷失方向。教师逐渐成为学习的促进者和道德的指引者。高校的教师招聘行为也应顺应这种变化，注意选拔那些能够促进青年学生道德发展和学习能力发展候选人进入高校，从事教育职业。

第三个转型是，教师招聘行为已成为高校这一组织实现其战略目标的重要环节。教师招聘作为高校人力资源管理战略的核心，对高校战略目标的实现，以及人力资本的增加都起着越来越重要的作用，人力资源管理也由以往的行政支配角色转变为高校的战略伙伴角色。因此，应该持续深化高校人事制度改革，建立真正有效的激励竞争机制，优化教师队伍的结构。人事制度改革要有利于教师聘用由身份管理向岗位管理转变，由高校行政管理向法制管理转变，由行政任用关系向平等协商的合同聘用关系转变，由微观的人事管理向宏观微观相结合的人力资源战略管理转变。

要使一流的高校具有一流的教师队伍，首要的和基本的关口是教师招聘环节。教师招聘应该放眼国内，力争引进国内一流的教师和研究生，不要只局限在本省、本自治区或本直辖市范围内，更不能大量留用本校的毕业生（除非经过公开公正公平竞争表明本校的毕业生确实更优秀）。无数事实证明，高校教师队伍的学缘结构多元化是高校活力的源泉。

二、招聘权的行使

招聘权的行使目前主要有两种模式。一是分权式，由学院等具体用人部门提出人选，由学校决定是否聘用，具体用人部门的意见具有相当的影响力；二是集权式，具体用人部门的权力是虚的，实际的决定权在学校。两种模式都有弊端。

分权式的后果是，由于害怕新来者的超越和竞争，往往拒绝引进能力水平比自己高的候选人，形成"万马齐喑"或者只愿意引进"拜倒和臣服"在已经形成的学术权威下的候选人。集权式的后果是，由于精力有限，往往不太可能陷入烦琐的招聘事务中，结果造成细节上的较多漏洞。为此建议，大量的前期工作由专业的服务公司负责操作，学校的招聘委员会只在决策阶段进行参与和最终拍板。招聘委员会的组成人员应该既有学校内部的专家，也有学校外部的专家；既有本学科的专家，也要有教育学专家、心理学专家和人力资源管理专家。无论什么模式，招聘人员的专业眼光和道德水准必须是一流的。

三、高校人才招聘现状

（一）注重高学历

当前随着对教学科研人员要求的逐渐提高，对教辅人员要求也有水涨船高之趋势。造成这种现象的原因主要有三方面。一是由于前些年大学扩招的影响，导致高学历人才供给高于需求，尤其在高校相对密集的各省会城市，如北京、上海等热点地区；二是受传统思想的束缚，认为进入高校工作似乎更显高雅，更有保障；三是当前高校测评中把教师整体学历作为重要的考核指标之一，导致高校招聘盲目倾向高学历，忽略了人员结构的梯度问题。

（二）避免"近亲繁殖"

这种留任制度首先在西方发达国家盛行。例如，哈佛大学为保持学校声誉，博采众家之长，明文规定本校应届毕业生不论学历高低，不论优秀与否，一旦毕业必须离校，不予留任。近年来，国内很多高校在人才招聘过程中也引用此种模式。例如，北京大学、清华大学等名校招聘启事上已明确原则上不留本校毕业生。

（三）注重结构化面试

注重结构化面试是应聘者与用人单位之间面对面近距离交谈的一种方式。面试过程中可以通过观察应聘者对问题的回答，全面考察其知识面、科研水平、思维活跃性及口头表达能力。还可以通过观察其临场表现，了解其应变能力、个人气质及情绪控制力。因此，面试成为各高校人才招聘的重要方法之一。但是，传统面试由于受考官能力、见识、素质、经验及个人喜好等因素限制，使面试缺乏规范，影响面试质量。为解决传统面试的不足，要求高校人力资源管理者具有现代人才管理知识，运用科学方法和手段，规范程序，对人力资源进行测评。随着结构化面试在企事业单位中的成功运用，近年来，这种面试方式也被借鉴到高校人才招聘中。结构化面试过程中相同职位设立相同的面试题目，并统一制定面试的形式、内容，程序及评分标准。

第二节　高校人力资源的招聘流程与聘任制

一、招聘的程序

招聘程序和招聘规则应向著名的高校学习，招聘的标准和要求要高，要打破近亲繁殖和任人唯亲的局面。招聘的程序应该秉承和坚守：公正透明和富有竞争性原则。

招聘委员会是教师招聘行为的最重要的主体，它以合议为工作方式，决策由集体完成，通过投票决定是否聘用教师，从而防止由于个别成员因素影响招聘的结果，最大限度地保证教师招聘的质量。在具体运作上借鉴企业招聘的外包制，即把大量的人力资源行政性事务，如薪金发放、福利管理、招聘选拔和日常培训，外包给专业服务公司或咨询公司。通过外包这种形式，不仅可以提高人力资源服务的效率，降低成本，而且能将更多的时间、精力投入到人力资源战略的制定、发展和实践上。

二、招聘的标准和要求

招聘的标准和要求应该根据学校的定位、特色和学科布局等来斟酌确定，不可一味拔高。一般可以分为资深教师和新手教师两类实施招聘行为。在某些特定的情况下，也可以采用别的标准。尽管这样，高校的教师招聘行为仍然有着许多共同的要求。

（一）共同要求

学历要达标，至少应为硕士学位，这点教育部是有明文规定的。但很多高校在某些紧缺专业上难以引进硕士生以上的人才，只好降格引进本科生充实教师队伍；还有的通过调动引进非应届毕业生，他们当中虽然有的职称较高，但学历却较低。这些学历不达标者，表面上看是"本本"不合要求，实际上是本学科知识深度与广度、科研素养与能力的不合要求，因而能否承担对本科生的教育指引任务还是问题。

职业意识、职业道德和教育观也是一项重要要求。教师是一种非常特殊的职业，他的特殊之处在于其工作对象是人，是活生生的人。因而，教师职业不是每个学识和教养达标者都能胜任的。教师职业要求从业者具有强烈的职业意识、博大的爱心、对人的深刻理解、坚定的正义公平信念和永不消退的对人及社会的责任感。这一点，无论是资深教师还是新手教师要求都是一样的。

应该承认，市场经济加速了高校的世俗化和功利性，高校的圣洁、纯粹和唯美的秉性似乎离我们越来越远。越来越多的人把高校看成是学生获取文凭和教授获得职位的地方，所有的学术性工作与国家最急迫的公民、社会、经济和道德问题似乎都不相干。在这样的环境中，想招聘到素质较高的能够适应高校工作的教师，往往成本较高。近年来，高校教师的整体学历不断提高，但是整体素养和教师风范、道德水准、人格力量却逐渐下降。目前，我国对教师职业的准入没有统一、权威的考试制度。虽然有《教师资格条例》，但是教师资格并不是从事教师职业的必备条件。

目前，高校引进的毕业生几乎全是上岗后才参加教师资格考试，这是明显不合逻辑的现象。并且，教师资格考试的权威性低，几乎没有通过不了的。建议教育行政主管部门应定期进行执法，不具备教师资格而从事教师职业的应以违法论处。教师培训内容包括：①对任教学科的掌握；②在教师作用发挥以及在多样化的教和学的情景中，对教学策略的掌握；③对终身教育的强烈兴趣；④创新能力和在小组中工作的能力；⑤对职业伦理的遵守。而我们目前的教师职前培训是比较"软"的。

（二）资深教师

资深教师要身正、学高、领导力卓越。涉及学术人员的政策和做法应该坚持明确的学术标准和鲜明的道德标准，在招聘和晋级工作中尤应如此。

作为资深教师，首先是治学严谨、遵守学术道德规范的教师，然后是学术水平高、学术成果丰硕的教师。在当代科学技术环境下，他们还必须具备领导学术梯队、组织团队开展科学研究和教学改革的领导能力。

（三）新手教师

新手教师一般来讲学术成果比较少，学术水平也比较低，高校引进他们主要是为了缓解教师总量偏少的压力，降低生师比。因此，对这类教师的教学基本功和教学能力的要求要高一些。那些语言表达能力太差，无法胜任课堂教学的候选人不宜引进。如果他们不太适合教学但学术潜力较大，也可以作为人才加以储备，这要看是否有利于优化高校的学科专业布局以及加快战略目标的实现。

各高校特别是教育部直属高校根据自身实际，制定了以聘任制改革为核心的相应措施。如北京大学以创建世界一流大学为目标提出了教员实行聘任和分级流动制度、学科实行"末位淘汰制"、在招聘和晋升中引入外部竞争机制、对教员实行分类管理等一系列新举措，取得了较好的效果。但受观念、环境以及高校自身原因的制约，从许多高校的探索和实践来看，并未达到实施聘任制的初衷，仍然存在许多问题。

三、当前高校聘任制改革面临的问题

①认识上的误区。认为"职务即职称""评上、聘上即终身制"，习惯"平均主义""论资排辈"。由于长期以来职称评定带来的弊端，使得重资历、讲年头、轻水平、忽视能力的现象普遍存在，从而不利于青年教师和优秀人才的脱颖而出。②岗位意识淡薄。多年来，许多教师仍把职称当成指挥棒和唯一的奋斗目标，认为够水平就要评职称，不论职务岗位是否需要。这就使得有的学科中的教师职务结构比例严重失调，既不利于学科的建设和发展，也不利于调动青年教师的积极性和创造性。③遴选机制缺失。首先，遴选权分配失衡。目前，我国高校中行政权力过于膨胀，学术权力相对弱化。学术组织仅参与遴选过程，而没有最终决定权，决定权在于行政组织，而行政组织最终决定人选不具备专业性。其次，遴选程序不规范。程序未完全公开，过程随意性强，缺乏透明度。最后，高校教师队伍中"近亲繁殖"，高校毕业生"自产自销"等现象普遍存在。这既不利于知识创新，也容易引起门派之争，从而会损害学术的公正性。④考核体系不健全。许多高校普遍存在评价理念混乱、评价内容简单、评价标准单一、评价导向偏差、考核方法过于简单化、注重短期效益而忽视教师劳动的特点和职业的特性等问题。

四、阻碍高校聘用制改革的原因分析

（一）观念滞后

1. 依赖思想严重

高校主要是由政府出资，国家包办，未真正成为面向社会依法自主办学的法人实体。受计划经济体制下"等、靠、要"思想的影响，高校的办学自主权不强。职工很大程度上依赖学校，缺乏竞争压力，工作动力不足，其积极性和主动性得不到充分发挥，高校人力资源严重浪费。

2. "官本位"意识普遍存在

"官本位"意识的普遍存在使高校人事过分注重"身份管理"，导致职务与职责分离，但又与待遇挂钩，造成教师过分追求个人身份，在得到了某一级"职称"或"职务"后积极性不足，在其位不谋其职。

3. "平均主义"观念根深蒂固

高校评优"轮流坐庄"，收入分配"存量不变，增量按职务增加，增资面前人人有份"，这些做法形成新的"平均主义"，在收入分配上难以体现水平、贡献和业绩的差别，有违奖优罚劣、奖勤罚懒的原则。

（二）制度缺失

制度性障碍是高校聘任制度改革步履艰难的又一重要原因。

1. 社会保障制度不完善

我国企业职工已建立了地方性的社会保障，而事业单位目前还没有一个指导性的意见，更没有明确的方案，医疗保险也只在部分地区试行，且其做法不尽一致。高校没有社会保障体系做后盾，实施聘任制过程中的落聘人员当然不能推向社会，只能在单位内部消化。这既给单位带来压力，也给社会造成不稳定因素。

2. 专门性法规缺位

尽管国家出台的很多法规对高校教师聘任做出了相关规定，但近年来，高校人事制度改革并没有很好地建立起"能进能出，能上能下"的良性用人机制。高校劳动关系的"市场化、契约化"仍带有浓厚的行政色彩，真正公平、竞争、平等、自由的用人机制未真正形成。高校人事制度缺乏法律机制的保证，教师与高校之间的聘任合同缺乏法律基础，教师聘任中的纠纷缺少法律解决途径。可能导致的人事争议会越来越多，学校面临的被诉讼的风险也越来越大。这客观地给高校教师实行合同管理带来了一定的难度。另外，我国目前还没有统一法定的聘任制实施细则，各高校在实际操作中无章可循，多数只根据本校实际情况自行制定相关制度。这样做虽然可以让高校在聘任过程中，能更多考虑本校实际，因地制宜地开展人事工作，但也为一些人钻制度的空子提供了机会，出现暗箱操作，徇私舞弊等不良现象，影响教师聘任工作的有效实施。如果上述问题不解决好，高校实施聘任制、落实任期制、引入淘汰制只能是空话。

五、高校教师聘任制度改革与创新的基本思路

（一）转变思想观念，加强舆论宣传

淡化高校行政管理意识，落实高校法人地位。高校聘用制改革应以高校的自主权为基础，要求政府职能实现从"无限"到"有限"的转换，政府与高校之间实行法律保障之下的职权划分，尊重高校的法人地位。另外，政府和各高校应进一步加大对教师聘任制度的宣传力度，切实转变高层管理人员及教师的观念，激发其上进心与竞争意识，树立开放意识和流动意识，破除论资排辈、平均主义等陈旧观念。

（二）完善校内教师职务聘任制

1. 实行教师职称评审和职务聘任的双轨制

专业技术职务评聘分开不受单位专业技术岗位数额限制。高校根据专业技术岗位的需要，自主聘任具备相应任职条件的专业技术人员担任相应的专业技术职务。专业技术人员获得的专业技术职务任职资格不与工作待遇挂钩，但可以作为高校岗位竞聘，进行人才交流，参加学术、技术等活动的依据。聘任专业技术职务后，可享受相应的工资待遇。打破事业单位长期存在的专业技术职务终身制，这样有利于调动广大专业技术人员创业的积极性，真正实现以岗位定称谓、以岗位定待遇的机制，使职称工作逐步朝着评价社会化、用人聘约化的方向发展，最终实现人才资源的优化配置。

2. 科学合理设岗，强调依岗择人

教师职务聘任制的核心就是按需设岗，按岗聘任。高校要根据学科建设需要和教学科研工作任务，按照"精干、优化、高效"的原则，设置教师职务岗位。"科学合理设岗"是职称改革中的重点和难点。岗位设置实质上是对学校人力资源进行配置，学校应紧紧围绕学科发展和队伍建设进行配置。高校应按照"因事设岗、依岗择人"的原则，按学科设岗，以学科建设和发展为龙头，突出学科带头人和学术骨干的地位，发挥各种职务教师的作用，以利于促进教师队伍结构趋于合理。

3. 完善评聘机制，确保评聘公平公正

下放职务审批权，学校分科组建聘任委员会。一是变"唯上"为"尊下"，给学校以充分的职务评聘自主权，学校分科设立非官化的教授委员会。这样一方面学校所有教授（除兼做行政管理人员外）都有评审权，使学术权力分散，对评聘中可能发生的不公正行为起到制约作用；另一方面官学分离，真正做到教授治校，学术独立自治，行政权力退出学术评估体系。二是建立各级"学术道德委员会"，完善职务评聘监督体系。"道德委员会"是高校学术道德监督机构，其成员应由德才兼备的教师组成，他们的产生需有一定的民主程序，以保证成员的代表性和广泛性。它具有独立依法行使监察的权力，不受其他任何行政部门的干预，有权追究在评聘工作中弄虚作假者的法律责任，约束和惩治学术不端行为和评聘中的违规违纪行为，以维护学术的尊严，净化学术环境，同时其自身还应接受上级主管部门和群众的监督。

4. 构建科学合理考核指标体系和方法

考核指标体系科学与否，方法妥当与否，是否有利于教师潜能的发挥，直接关系到聘任制度能否得以积极有效的实施。就其过程而言，聘任工作是一个循环式的过程其考核可以分为聘前考核和聘后考核两种。通过聘前考核了解应聘者的能力与水平，为是否聘用提供主要依据；聘后考核，是对教师在任期内的过程考核，包括年度考核、中期考核和期满考核。不同时段的考核，其指标是不完全一致的。

（三）完善救济制度，保护教师的合法权利

在推进教师聘用制过程中，建立和完善以下两种教师权利救济制度。一是完善教师申诉制度。教师申诉制度是最快捷、成本最低廉的一种权利救济手段。教育行政部门可以通过调解的方式进行公正处理，使教师和学校的合法权益得到保障，维护学校的稳定。二是建立行政诉讼制度，教师与高校的聘用制合同纠纷可以通过申诉和人事仲裁的方式解决。

综上所述，只有深化高校人事制度改革，在人事管理上实行彻底的聘任制或聘任合同制，强化岗位管理，重视考核评估制度，从多方面调动教师的积极性和创造性，才能把高校人事工作推向一个新的台阶，进而促进我国高等教育事业的发展。

六、岗位管理和教师聘任制度背景

近年来，各高校进行了一系列人事改革和收入分配改革，提出了基于岗位管理和教师聘任制度的人力资源管理，基本实现了"能上能下，能进能出"。既坚持竞争原则又注重人际关系的和谐性，通过建立岗位管理制度，实现由身份管理向岗位管理的转变，创新管理体制；通过转换用人机制，由固定用人向合同用人转变，调动高校各类教师的积极性和创造性。整合人才资源，凝聚优秀人才，建设精干高效的队伍，对进一步加大"人才强校"战略的实施力度，加快高水平师资队伍建设步伐，有着重要的意义；同时，优化人力资源配置，实现人事管理的科学化、规范化和制度化，对高校实施现代人力资源管理提出更高要求。教师和学生始终是高校的两大主体，而教师是高校中不可或缺的重要资源，基于岗位管理和教师聘任制度的高校人力资源管理改革给高校注入了活力，促进了高校人才资源的开发，科学设岗、按岗聘任，能者上，使学术研究"百家争鸣、百花齐放"，高校人力资源管理工作正朝着制度化方向发展。

七、实施岗位管理和教师聘任制度使高校迈入人力资源管理新时代

（一）人事管理与人力资源管理的区别

人事管理是以"把事管好"为原则，以事为中心，把精力放在员工的考勤、档案、合同管理等事务性工作上，被定位为后勤服务部门。人力资源管理则以"开发人的潜力"为原则，以人为中心。

（二）高校迈入人力资源管理新时代

高校人力资源管理更具挑战性，高校人力资源密集且承担人力资源培养任务，高校竞争优势的来源是教师，教师本身凝结了较高的智力和创造性，是高校最重要的人力资源。我国学者把高校人力资源分成三部分：行政管理教师、教学和科研教师、后勤服务与教辅教师。因此，高校定编定岗复杂，聘任形式多样，高校人事制度改革的核心，是要利用学校有限的办学资源，通过政策导向，促进人与事的有机结合，人与岗位的合理配置。高校实施的岗位管理和教师聘任制度，按照人力资源管理科学的应用与开发，已经区别于人事经验型管理。教师聘任制度使高校教师职业生涯规划更利于优化高校资源配置，能提高高校的向心力和凝聚力，实现高层次激励的作用。大部分高校人事收入分配制度也进行了改革，实行了"九级制""职务+业绩""职务分等"的综合模式，这些都是人力资源管理在高校应用中的重要体现。高校实施基于岗位管理和教师聘任制度的人力资源管理还存在的问题，比如，观念转变尚未到位、定编政策没有完全配套、部分岗位种类难区分、管理岗位教师相关政策没到位等。

八、基于岗位管理和教师聘任制度的高校人力资源管理

（一）构建科学合理的设岗、聘任、考核评价联动机制

在岗位设置和聘任中，坚持科学设岗、宏观调控的原则，界定与岗位设置管理密切相关

的激励因素，主要包括绩效考核激励、薪酬福利激励、晋升激励、培训激励和精神激励。结合高校的办学定位和发展目标，以人为中心，体现以教师为主体，向教学、科研一线和关键岗位，向高层次人才倾斜的导向性。坚持按岗聘任、合同管理的原则，突出高校学科和专业建设发展的特色，加快高校高水平师资队伍建设步伐。人力资源管理的 5P 模型 [识人（Perception）、选人（Pick）、用人（Placement）、育人（Professional）、留人（Preservation）] 前三项正好对应"设岗、聘任、考核评价"，既独立又联系还连续。因此，构建科学合理的设岗、聘任、考核评价联动机制很有必要。

（二）构建合理的人力资源开发体系

高校是人力资源密集地，更应该合理开发高校教师这一人力资源。在高校人力资源的开发与管理中，要解决如何从长远、整体、系统的角度，有效地优化各种教育资源，建构出具有前瞻性、可操作性、统一性、灵活性、科学高效的开发体系，包括教师的继续教育、激励与考核机制、管理制度、课程体系、行为规范、师资队伍、社会实践、环境应对与政策过程等。一个好的高校人力资源开发战略还应时刻关注社会发展的趋势与要求，预测未来社会对于人才的需求，主动适应现代产业链、产业群的发展和激烈的人才竞争。稳定和吸引高层次的管理人才与学科带头人，使高校管理和学科群体与国际接轨，优势不断延续与扩大，最大限度地提升学校综合办学实力，展示人才的魅力。

（三）构建长效工作机制

高校岗位设置与聘任管理工作，事关高校事业的长远发展，事关人才队伍建设的质量和水平，事关高校教师的切身利益。因此此份工作是一项艰巨的任务，也是一项复杂的系统工程，理应构建长效工作机制，随着时间、条件的变化而不断丰富、发展和完善。

第三节 高校人力资源招聘中的人才测评

21 世纪国际间的竞争，集中表现为人才的竞争。高校作为培养高层次人才的摇篮，也必将随着社会的发展卷入激烈的竞争之中。如何招聘到高素质的教师，使高校无论在教学、科研还是管理等领域都立于不败之地，乃是高校发展进程中的重中之重。随着高校扩招，高校的发展进入新的关键时期。高校要成为人才培养的摇篮，其前提就是要有一大批高素质的教师人才。因为能否培养出符合社会需求的大学毕业生，在很大程度上依赖于高校教师的素质水平。加强教师队伍建设，是优化教师人员结构、提高教师队伍整体素质的紧迫任务。目前，各高校纷纷扩大规模，因此高校教师的需求量急剧增大，高校教师队伍建设面临新的形式和挑战。如何通过人才测评技术选拔出优秀的高校教师，成了高校教师队伍建设的当务之急。

一、高校教师招聘工作的现状分析

当前许多高校为了谋求长远发展，竞相引进和聘用高层次、高素质人才。但聘用人才的前提是判别哪些是本校真正需要的人才。然而，要正确了解一个人才的"全面性能"绝非易事。我国许多高校的人力资源部门在教师招聘中，主要根据应聘者的学历、专业、毕业院校、行为表现等来推断其素质情况，几乎普遍遵循着"看简历—面试—试用—录用（或辞退）"的老套路。这往往是隔靴搔痒，无法触及应聘人员的内在素质。面试的优点是可以根据应聘者对所提问题的回答，考查他们的知识广度，运用专业知识解决问题的熟练程度，思维的敏捷机智度，应变能力的强度，口头表达的流利程度等。还可以通过观察应聘者的行为和言语表现，考查他们的气质、性格、情绪稳定性、工作态度以及为本组织服务的意愿强烈度等。但是，传统的面试方式是一种对主试人素质依赖性较强的测评方式，主考官的水平、能力、素质高低，经验丰富与否直接影响面试的质量。这种传统的面试方式存在很大的主观随意性，其实质是靠经验办事，很难做到公平、科学和客观。而且通过该种方式也只能简单了解人的外显行为、专业能力和浅层心理，对人的个性特点、素质结构和人的潜能却无法得知，故很难达到"人—岗"的最佳匹配。甚至容易产生任人唯亲等不正常现象，从而阻碍高校的发展。人力资源是一种具有主观能动性的重要资源，在实践中，只有把合适的人安置在合适的岗位，才能最大限度地发挥人力资源的潜能。高校要解决传统人力资源管理中遇到的这些问题，首先就要求高校的管理者需具有现代管理的思想和意识；其次在人力资源管理中要尽量采用科学的方法和手段。随着现代科技进步、经济和社会迅速发展的需要，人才测评作为人力资源管理的一种有效工具，其重要性日益为人们所认识，人才测评在高校教师招聘中的作用日趋显现。

二、人才测评先进性的具体表现

人才测评是指综合运用心理学、管理学、测量学、系统论、行为科学和计算机技术等多学科的原理和方法，对社会各行各业所需人才的知识水平、能力结构、道德品格、个性特点以及职业倾向和发展潜力等多种素质进行测量和评价。科学地测评人才是一切人力资源工作的起点。人才测评作为选拔人才的重要手段，已越来越受到企事业单位和个人的重视。目前，许多发达国家已经将人才测评作为人力资源管理决策的重要依据。与传统的"识人""用人"方法相比，人才测评的先进性主要表现在如下三方面。

（一）测评方式客观、公正

传统甄选方式多为主观性选择，只凭评价者自身的经验和识才水平，缺少标准化、客观化的方式和工具，使选才主观随意性大，缺乏科学性。这样的选才方式难免出现用人不当等问题。而人才测评技术是一种客观性选择，它采用的是科学方法。科学方法是指实践证明为准确、全面和方便的测量工具和评价方法。在同类同级岗位任职者的甄选中，人才测评技术运用心理测验的标准化方式，使被测试者均处在相同的测试方法、测试题目、测试环境以及相同的标准下进行测试和评价。因此，这一方式既客观又公正，能真正体现"公开、平等、竞争、择优"的选才原则。

（二）评价结果准确、可靠

传统选才较常规的做法是看简历和档案，而个人简历和档案的内容多半是高度概括的主观评语，大都无法反映具体情况，也难以考查个人实际的素质能力和水平。就是传统的甄选考试也只是单方面考查应试者的某一素质水平。而人才测评技术是针对某一"素质测评目标系"进行判断与衡量的。人的素质是由一系列素质测评目标组成的一个具有多向结构的目标"坐标系"来确定的。任何单方面的判断与衡量，都难以真实地把握其实质。人才测评注重考查人的实际能力、经验与业绩、潜在的智能水平、心理本质、职业倾向等，并注意所测内容的全面、完整和多元化，注意从多角度、多侧面去观察和评价一个人，最大限度地减少测评误差。人才测评作为一种科学的评价体系，可以为组织选人提供科学依据，使评价结果能准确地反映被测者的各方面素质水平。因此，运用测评技术不仅能发现优秀人才与奇缺人才，而且还能提供有关各人之长、短的信息，使用人单位能用人之长，避人之短，取长补短，优化组合。

（三）选才效率高

传统"伯乐相马"式选才仅是对单个人进行，是一种小生产方式。而人才测评技术既可以对单个人进行评价，也可以在较大范围内对一群人同时进行测量与评价。目前，许多人才测评技术已经实现了人机一体化，在进行计算机测量时，许多人可同时进行，和传统的选才方式相比，选才效率大大提高。

三、人才测评在选拔高校教师中应用的理论和实践基础

（一）理论基础

人力资源管理工作的核心是人与岗位的匹配。这种匹配要求把个人素质与岗位的特征有机结合起来，从而获得理想的效果。人员选拔过程中，对选拔方式的选择很大程度上决定了人员选拔结果的好坏。在国内各企业界进行人才招聘与选拔时，大部分都采取人才测评的方式。目前高校也较多地使用人才测评技术。人才测评已经不是新的概念，它正在人力资源管理活动中发挥越来越重要的作用。目前为人们耳熟能详的除"人才测评"这一词语外，还有"人员测评""人员功能测评""人才素质测评""人才评价"等术语。它们与"人才测评"有着相同或相近的含义。本文中采取"人才测评"的概念。现代人才测评的主要内容是个人稳定的素质特点，一般包括能力、人格（如兴趣、动机、态度、品德、价值观等）、知识技能，另外心理健康也是人才测评的内容之一。现代人才测评是对人才需求标准的变化而产生的一种新型人才鉴别、评价方法和技术，已逐渐为各企业所积极采纳和应用，在人才选拔、安置、培训、考核等人力资源管理的各个方面发挥积极作用。现代人才测评的作用，概括起来有三个。第一，择优和汰劣作用；第二，减少用人失误的作用；第三，自我认识作用。

目前国际上比较通用的人才测评工具主要有笔试（包括心理测验中的纸笔测验）、面试、情景模拟和评价中心技术以及计算机测评等。1973年,美国著名心理学家麦克利兰发表了《测量胜任特征而非"智力"》一文,对以往的智力和能力倾向测验进行了批评。他指出,学习成绩不能预测职业成功,智力和能力倾向测验并不能预测人们的职业成功或生活中的其他重要成就,主张用胜任特征评估代替智力、能力向测试。胜任特征描述为代表表层的特征和代表深层的胜任特征,其中代表表层的特征如知识、技能等,而代表深层的胜任特征如核心能力、社会角色、自我概念、特质和动机等。后者是决定人们的行为及表现的关键因素。在通常的素质评价中,一般比较关注技能和知识。但已有的应用研究发现,表现优秀和表现平平的管理者在浅层部分区别不大。然而,代表深层的胜任特征,则可以从社会角色、自我认知、特质和动机等方面,较好地区分优秀者和表现一般者。在高校教师选拔中,也可采纳胜任特征模型对教师的核心能力、社会角色、自我概念、特质和动机等进行测评。

（二）实践基础

高校教师需求增大,目前招聘到的教师良莠不齐,素质不能保证,这为人才测评技术的应用提供了必要性。目前高校人事部门对于人才测评技术也逐渐熟悉和重视起来。同时,劳动力市场目前大多数行业和岗位供给大于需求,高校教师也是如此。高校教师岗位供大于求的现象为高校教师人才选拔中人才测评技术的实施在被试者方面提供了可能性。

四、目前人才测评在选拔高校教师中应用的现状

尽管高校在选拔教师时,都或多或少进行了人才测评,但仍不难看出,目前在高校教师选拔过程中,人才测评技术的使用,仍存在着很多的漏洞和局限性。具体表现为如下五方面。

（一）选拔缺乏程序性

在高校教师选拔活动的程序、选拔结果的形成与公开、教师对选拔结果的反馈等方面均缺乏程序性规定。有些高校的招聘信息与招聘结果均不公开,导致暗箱操作以及近亲繁殖的可能性加大。

（二）缺乏工作分析

工作分析是开展所有人力资源管理活动的基础,无论是识、选、育、用、留人,都必须建立在工作分析的基础上。高校教师岗位有其固有的特点,必须要对其进行工作分析。

（三）选拔的维度过于单一

重学历多于重能力。目前所能见到的高校教师招聘启事上,几乎无一例外地对应聘者的学历和毕业院校进行要求。例如,要求"硕士以上学历""工程院校""一流院校"等。有的学校更是只录用名牌大学的博士生。这种过于看重学历及毕业院校的选拔模式,太过于武断和单一。

（四）测评形式比较单一

高校教师工作的性质要求对应聘者专业素质、道德素质、能力等维度进行全方位的考核,而目前高校教师招聘中仅采用传统的面试加试讲（情景模拟中的一种），测评形式比较单一。

（五）心理测验尤其是心理健康测验使用较少

教师作为传道授业解惑的人群，不仅担当着传授给学生以知识的任务，在必要的时候还要充当学生的心灵导师。当前，社会压力增大，大学生在就业压力大、学业压力大、情感困惑多的情况下，很容易出现心理不适甚至各种心理疾病。因此更要求教师具备良好的心理素质和健康的心理水平。但目前在高校教师选拔中，除北京、上海等大城市外，其他中小城市较少使用心理健康测验。

五、如何加强人才测评在选拔高校教师中的应用

针对高校教师选拔中的这些现象，最好的解决办法是在各高校中逐渐建立健全人才测评系统，加强人才测评技术在选拔高校教师中的运用，使高校教师选拔更为科学、严谨、有效。加强人才测评在选拔高校教师中的应用，需要从以下六方面做起。

（一）提高人才测评技术的使用频率

使人才测评技术成为选拔高校教师一个重要的辅助手段，提高其在高校教室选拔中的使用频率，以期提高教师选拔质量。

（二）对工作岗位进行全面分析，确定任职资格

高校只有通过工作分析，才能确定组织内部不同岗位需要哪些素质特点的人才，判断出哪些人才适合哪些系部的需求，也才能确定招聘与选拔的标准，从而确定不同教师岗位的任职资格。

（三）确定高校教师选拔中的维度

如核心能力、社会角色、自我概念、特质和动机等维度，并选择恰当的测评工具对这些维度进行测评。运用测评工具，力求科学评价后备人才的综合素质。

（四）测评形式多样化

降低对面试的依赖性，将不同的测评手段如评价中心技术、情景模拟、心理测验进行合理搭配，综合运用，以求最大程度地实现测评效果的优化。加大量化测评的力度，提高测评的科学性。

（五）测评程序规范化

研究制定与各专业教师特点相适应的测评操作规范和实施细则，严格按程序进行测评，提高测评的一致性和准确性。

（六）关注高校教师的心理健康水平，增加心理健康测验在人才测评中的使用频率

社会的进步和经济发展水平的不断提高，对高校的期望也随之提高，相应要求对高校教师的管理意识和管理手段能够与时俱进，这也是符合事物动态的发展规律。我们期待借助科学的管理思想和先进的管理工具，使高校教师队伍建设得越来越好。

六、在高校教师招聘中运用人才测评的意义

高等教育的发展是人才、资源、制度等多种因素有效作用的结果。但在诸多因素中人是最活跃的因素，是高校长足发展的直接因素。因此，千方百计吸引高素质人才，按照高校自己的人才标准引进和招聘人才，正成为各高校追逐制高点的首要目标。对人才进行测评，不仅可以使高校更深入地了解人才素质，确保人才质量；而且是适应知识经济发展的客观需要，也是尊重人才、重视人才的具体体现。在高校教师招聘中应用人才测评有着深远的意义。主要可归纳为以下三方面。

（一）有助于高校发现真正适合于从事教育的人才

用人贵在"善知"，否则就会鱼目混珠，智愚难分。"善知"必须借助人才测评，才能对不同人的德、智、能、绩的实际水平有较为客观的了解和掌握。在高校教师人员的招聘中，通过对表面的而且是部分的、不全面的信息（应聘者的学历、工作经历、职称及简单的面试）进行分析，学校的招聘往往不是很成功。如果一个学校聘用了太多不合适的或对教育事业兴趣不大的人担任教师，那么即使有完善的计划、合理的组织结构和协调的控制系统，学校的教学、科研能力也不会取得长远的成功。为确保高校的长远发展，必须有能够胜任并喜欢从事教育工作、具有很大发展潜力的人员，这便要依靠人才测评，让优秀的适合于从事教育的人才脱颖而出。借助人才测评，在对应聘者有了准确的把握后，高校便可以在应聘者和未来招聘岗位之间进行匹配比较，从而做出合理的科学有效的招聘决策。

（二）有助于对高校未来的人才需求做出正确的预测

在预测基础上建立起一支高功能、高效率的师资队伍。所谓预测，就是立足于过去和现在，预料和推测事物发展的未来。把人才测评应用在高校教师招聘中，不仅可以使高校选拔出合适的人到合适的岗位，做到"人尽其才""才尽其用"，最大程度地发挥人的创造性和能动性，提高决策的科学性；而且有助于高校的人力资源预测和配置。在一个学术梯队中，共同的事业不仅需要每位教师都具备优良的素质，同时更需要人才素质结构的合理组合。通过人才测评能全面了解教师的潜在能力、心理潜能和职业倾向素质等，加深对教师内在发展潜力的认识，预测教师未来的发展情况，从而更好地为教师梯队的配备和建设制定政策，建立起一支高功能、高效率的师资队伍。世界上不存在完美的人，但可能存在完美的团队。这是管理学界普遍认同的一个观点，一个完美团队的特点是人尽其才，各司其职，各显其能，全力合作。通过人才测评，预测人的内在潜力可以为组建完美的师资队伍，配备优秀的教师梯队提供可靠依据。

（三）有助于避免经验管理造成的失误

"知人""才能""善任"。人才测评在人力资源管理中正是解决"知人"的问题。在员工招聘中应用人才测评的作用十分明显，大大降低了由于经验管理造成的失误。多少年来，我国在各行各业由于用人失误而造成的损失不计其数，但因其不好明确计算或无法计算而

未引起相关部门足够的重视。从现代管理学角度看，企事业录用员工可以看作是在购进特殊的生产资源——人力资源。既然是购进生产资源，就涉及质量检测。人才测评技术正是检测人力资源品质的可靠工具，它可以最大限度地避免由于"用人"的失误而造成的损失，为高校把好"进入关"提供科学依据。

总之，人才测评技术的应用能实现人才识别从依靠经验到依靠科学，从观察表象到内审潜质，从评价现在到预测未来的全方位转变。值得一提的是，目前人才测评在我国还处于"初级阶段"。测试人的综合素质和专业水平有待于进一步提高，测评工具有待进一步完善。于高校而言，在使用这个工具的时候要慎重，最好是在专业咨询公司的帮助下，结合本校实际、职位情况、师资队伍总体情况及学校的发展方向等，科学地使用测评工具。这样才能使其在高校教师的招聘中充分发挥作用，增强高校的竞争实力和实现高校的长足发展。

第四节 新时期高校人力资源招聘中的问题及对策

随着高校扩招速度的加快，我国高等教育已经从精英教育跨入大众教育阶段，高校之间的竞争也越来越激烈，各个高校通过对其师资队伍和结构进行优化，以此来不断适应教育形势的发展要求。如何招聘高素质人才，建立一支高素质师资队伍，进而在教学管理和科研领域处于不败之地，已经成为许多高校发展中的重点内容。

教师是高校最核心的资源，是落实高校人才培养和决定高校发展的关键因素。构建高质量高素质的师资队伍已经成为各高校工作中的重要任务，也是各高校应对日趋激烈的同行竞争的必然选择。其中，高校教师招聘工作又是师资队伍建设的重要一环，其招聘结果的好坏将直接影响高校办学质量的提升和发展目标的实现，甚至会影响到高校功能的发挥和高等教育改革与发展的成败。因此，不断完善当前我国高校教师招聘工作，改进招聘体系，成为各高校师资队伍建设工作的重中之重。对高校而言，教师资源是第一资源，教师资本是第一资本，开发教师资源是第一动力，完善教师招聘是第一工作。制订招聘计划，发布招聘信息，筛选应聘者简历，测试与面试，试讲，最后公示录取信息和办理入职手续等是我国高校教师招聘工作的一般流程。我国很多高校教师招聘在形式上基本能够遵循以上流程，只是在实际实施中不够细致和彻底，避繁就简；当然也有不少学校的招聘流程因过于简单化和随意性而缺少科学性。所以在探索建立规范而又成熟的高校教师招聘模式，构建系统、高效、科学的招聘流程这类问题上，还有很多讨论的空间。目前，在我国高校教师招聘中存在着诸多问题。

一、我国高校教师招聘存在问题分析

虽然各个高校已经充分认识到教师招聘对于师资队伍建设的重要性，并出台了相关人才奖励制度，希望选拔更多的有能力的人才加入到高校中来，但是在实际人才招聘过程中，却出现了一些问题总结起来，这些问题主要有以下四个方面。

（一）教师招聘程序不规范

虽然高校教师招聘和企业人才招聘在侧重点上有所不同，但是其在招聘流程方面的规范性是一致的：招募、甄选、人员录用和评估。在企业领域，人员招聘的流程已经较为规范，但是在高校招聘领域，由于引入人力资源招聘理论时间较晚，在真正进行实践操作的过程中还会出现流程不规范的问题。例如，就招聘程序的各个环节衔接问题，我国高校教师招聘总体缺少整体性。其主要表现在以下两个方面。一是在人员甄选环节方面，根据人力资源招聘理论，其主要分为资格审查、笔试、心理测试、面试以及情景模拟等，但是我国高校目前在进行教师招聘过程中，往往注重资格审查和试讲，对于其他环节，特别是心理测试环节过于忽视；二是在教师招聘评估方面，教师招聘评估实际上是一个总结过程。其主要是通过对招聘环节存在问题进行总结，吸取相应教训，为下次招聘提供参考。但是，我国高校在教师招聘的过程中，却容易忽视这个招聘环节，造成招聘效率低下等问题。

人力资源规划尚未到位。人力资源规划是人力资源管理的基础，可以促进高校人力资源供求平衡，为高校实现战略目标提供人力资源保障。同时，人力资源规划是高校教师招聘选拔工作的起点，其合理性和完整性对招聘选拔工作有决定性作用。但是，目前很多高校对于人力资源规划还不够重视，这个有一定的历史原因。新升格的高校前身多为中专院校，而中专院校的人事管理权限往往都在上级的教育或者行政主管部门，更不涉及人力资源规划的问题。所以，现在虽升格为高校，但是仍然没有制订完备的人力资源规划。对于招聘计划的制订，往往还是采取先部门申报、后人事部门汇总的教师招聘计划方法，缺乏系统的人力资源规划。这样的方法缺乏从学校长远发展和学科建设方面的考虑，往往会造成资源的浪费和行为的短视。高校人力资源规划应该是学校战略层次上的规划，它涉及人事、教务、科研以及系部发展等方面，因此需要全校各部门的配合和参与，而不是人事部门的"独角戏"。

存在职权冲突现象。当前高校教师招聘中，人事部门和用人单位在招聘过程中分工不明确，有时还出现扯皮的现象。比如，人事部门与用人单位有时缺乏有效沟通，对招聘条件卡得过紧，有些稀缺专业，人才本来就少，加上设立的门槛，所以招不来人。招聘过程中，用人单位负责对应聘者进行相应的考核，将考核结果反馈到学校人事部门，学校人事部门参考其意见，但这些意见在实际过程中对招聘的影响力不够大，招聘、录用的最终决定权仍然在学校人事部门手中。所以，用人单位参与度过低，所招之人往往不是用人单位想要的人，导致"人—岗"不匹配，招聘效率不高。

招聘考核不全面。高校以培养经济和社会发展一线需要的高技能人才为目标，高校的教师不仅需要深厚的理论功底，还需要较强的实践动手能力。

目前，高校教师招聘普遍存在重学历、重职称、轻素质、轻能力，考核不全面、不科学的倾向。高校教师招聘还过多地参考模仿本科院校，一味追求高学历和高职称，招聘考核着重看其过去主持或参与的国家级、省部级课题有多少项，发表在 SCI、EI 等核心刊物上的论文有多少篇。而对于面试、试讲这些基本环节抓得不紧，对其中的职业道德、敬业精神、团队协作、技能操作等方面的考核不够重视，这会给将来师资队伍的可持续协调稳定发展埋下隐患。

（二）招聘渠道较为单一

我国高校教师招聘主要渠道是通过在校园网站发布招聘信息，很少考虑其他的招聘渠道。而且高校在发布招聘信息以后，很少再主动出击，多采取守株待兔的方式等待人才主动上门，在时间上造成一种滞后性，招聘渠道较为单一。且教师招聘主要是通过内部招聘为主，高校教师近亲繁殖问题较为严重。

招聘有很多种渠道，每一种渠道都存在着一定的优缺点，每一种渠道都适合招聘不同层次类型的人员。当前高职院校招聘渠道主要是网络招聘。按照以往工作经验表明，通过网络发布招聘信息，往往投档应聘者多以高校应届毕业生居多，而真正符合招聘条件的人员比较少。当前，在招聘渠道单一的情况下，招聘专业学科带头人，招聘高学历、高技能的"双师"等高层次人才比较困难。

（三）教师选拔标准不科学

目前我国的高校教师招聘过程中，普遍出现一种重视人才的学历和职称，而忽视人才的实际教学科研能力，其人才考核的标准缺乏科学性和全面性，而且部分高校为了对人才结构进行优化，规定应聘人员的学历或者是职称越高的话，则其考核的标准越宽松，无论其专业是否对口或者符合学校要求，只要是高层次人才则一律予以放宽条件，对于那些具有教授职称的应聘者，则采取直接录用的方式。虽然引进高学历或者是高职称人才有利于学校教师结构的优化，但是如果缺少严格考核标准的话，则会直接影响到学校教师的整体素质。从长远来看，甚至会影响到学校的教学科研水平的提高，对学校学科建设而言未必就是好事。

（四）忽视教师聘后评估工作

在我国高校招聘工作中普遍存在着招聘成本较高且缺乏成本评估问题。有的高校甚至完全缺乏成本意识，不惜代价引进教授和院士，导致高校存在大量财政赤字，影响学校的良性发展。聘后评估的另外一个重要环节是人员录用的评估，但是这个环节被我国许多高校所忽略，很少有高校对教师录用比、教师录用质量分析、应聘比率、招聘完成率等相关指标进行分析，造成高校招聘成本较高，招聘录用效率低下等问题。

二、我国高校教师招聘完善对策

（一）根据学校总体发展战略合理招聘教师

高校发展战略是指一个高校在发展过程中，所制订的在一定时期内总体发展目标和发展策略的指导性规划。高校发展战略规划一般而言都是建立在学校发展现状基础之上的前瞻性、开拓性和科学性的文件。战略管理的本质在于制订战略计划并且根据组织内外环境的变化而及时挑战相应计划。所以，高校在进行教师招聘的过程中，要能够根据教师总体发展战略，充分考虑高校内外环境和教育发展形势的变化，确定其总体战略规划定位。其主要包括学校发展规模、服务方向、办学层次、办学方向、培养规划。高校发展战略规划对于高校教师招聘具有特别重要的作用，高校教师招聘必须要根据总体发展规划来进行，选拔什么学科背景的教师、什么层次的教师、多少教师都是根据这个标准而制定的。

（二）根据高校人力资源现状做好教师需求预测和人力资源总体规划

为做好高校人力资源总体规划，需要对高校现有的人力资源状况进行调查，即现有教师数量、年龄结构、专业分布、工作经历和学历职称层次等，并根据学校总体发展战略，对学校人力资源总体需求进行预测，对两者之间的差距进行分析，并根据这种差距分析，充分考虑人才市场行情变化状况，结合学校具体的专业和学科发展需要，确定学校合理的人才结构，搞好人力资源需求预测，并以此为依据，做好学校人力资源规划。

（三）充分重视高校人才聘后评估

高校在确定人力资源需求以后，就可以据此而建立一个求职者人才库，通过合理的人才招聘渠道，实施教师招聘工作。并且在进行教师招聘的过程中，为增加招聘过程的有效性，尽量采取多学科多专业集中招聘的方式，从学校内部和外部统一招聘教师。这样不仅可以增加招聘的效率，也可以避免学校教师近亲繁殖的问题。在招聘结束以后，要加强聘后评估工作，一方面可以通过考察新进入才在实际工作岗位中的工作表现来对学校招聘工作有效性进行分析；另一方面也可以对招聘的成本收益进行分析来评估学校招聘工作的有效性，其主要评估标准有教师录用比、教师录用质量分析、应聘比率、招聘完成率等相关指标。学校要将这种聘后评估经验充分运用于下次人力资源招聘过程中。

（四）加强对新进教师的上岗培训并做好职业规划

高校在完成教师招聘工作以后，要加强对新进教师的上岗培训，特别是要结合员工的职业发展规划来做好培训，这也是高校人力资源管理环节中的一个重要部分。

高校教师招聘应该根据学校现有发展状况，基于高校总体发展战略目标，结合学校定位、学科特色和分布状况来具体实施。各个高校在进行教师招聘的过程中，要不断规范招聘程序、拓宽招聘渠道、制定科学的选拔标准、增加聘后评估，以此不断提高高校教师招聘工作效率，为高校发展提供人才基础。

高校应该根据自身的学科或岗位需求坚持按需设岗、控制总量，根据需求计划考评相应学历、职称结构的应聘人才，而不是一味追求高学历和高职称的人才，这样才能做到职得其才，才得其职，才职匹配，效果最优。

人才招聘的考评体系要包含如下四个要素。

1. 智力与能力的综合考评

要系统地掌握本学科的基础理论，具备相应职务的教育教学能力和科学研究能力，具有良好的思想品德修养和业务素质，忠诚于人民的教育事业。因而对高校教师的考评不能仅局限于对智力的考量，要加强对思想文化素质与道德品质觉悟的考核。同时，作为教师，对专业基础与语言表达能力的考核，也是非常重要的一个方面。

2. 专业能力和学习潜力的考查

专业能力是指从事社会职业活动所必备的，展现出的知识、技巧与态度。主要包括三个方面，扎实的理论基础、熟练的专业技能、全面的业务能力。学习潜力是指学习者在日常学习过程中尚未表现出来的潜在的学习能力。构成学习潜力的重要因素，除智力因素外，还包括崇高的理想、求知欲、坚毅的性格等非智力因素。在人才选聘中，对人才专业能力与学习潜力的考核也同样重要。

3. 敬业爱岗的考核

"干一行，爱一行"。敬业与爱岗是分不开的，不爱岗的人很难做到敬业，不敬业的人也很难真正地爱岗。目前人才流动机制逐步健全，有相当一部分人才虽具有岗位需要的能力或素质，也能够做到"能""岗"匹配，但是敬业精神不够或对岗位的兴趣不足，有的仅仅是为了眼下先有个工作，一旦有了更好的工作便跳槽、改行，这样的人才往往给高校造成人才队伍不稳定、结构不合理等一系列潜在问题。更加严峻的是不负责任的工作态度会在一定程度上影响到学生的就业观，因而加强敬业爱岗的考核就显得尤为重要。

4. 协作的团队精神的考查

团队精神的核心是协同合作，反映的是个人利益和集体利益的统一，进而保证组织的高效运转，它对组织效率的提高是一个不容忽视的因素。部分高职称、高学历人才因个人能力较强、崇尚个性化发展、专业面相对狭窄等原因，不易与他人合作，在工作中缺乏团队精神，无益于组织利益的推动，甚至会制约组织的发展。

（五）拓宽人才招聘的渠道，创新人才引进机制

大学是智慧聚集之地，在人才招聘过程中要体现文化品位与学术精神。这就要求各高校除积极地"求才、引智"外，还要在人才招聘的形式和渠道上给予更多的关注与设计。无论从传统的人才招聘会、媒体招聘，到新兴的网络招聘、视频招聘，还是到亲赴高校实地招聘，要勇于拓宽人才招聘的渠道与形式，服从高校人才需求促发展的大局。在网络时代的背景下，运用和善用网络平台以及各类先进技术，借助日趋完善的网络环境、日益先进的远程技术，不断提升工作的效率和品质，同时只要是需要，可以变换采取符合实际情况的招聘方式。

（六）不断优化校园人文环境，继续完善招才引智政策，全力构建人才实现自我价值的平台

人的需求分成生理需求、安全需求、社交需求、尊重需求和自我实现需求，依次为较低

层次到较高层次。人们的终极需求是实现自我价值，也是高层次人才的追求。因此在引进人才工作中，帮助人才实现自我价值已逐渐成为人才工作之首。高层次人才已经实现或正在逐步实现需求，目前他们亟待满足的需求便是自我实现的需求。因此各高校要重视创设爱才、重才、惜才、护才的宽松环境，对引进的人才给予租房、购房、工资、生活、保障、贡献六个方面的优待。为引进人才提供技术创新载体，建设学术科研梯队，疏通科研工作上的软障碍，帮助各类人才在科研领域实现自我价值，吸引更多人才来校工作。

第三章 高校人力资源培训与开发

第一节 高校人力资源培训与开发理念

随着社会的进步和科技的发展，我国在经济方面都有所成就。而国家经济增长和社会进步的一个重要因素就是人力资源的培训和开发。高校作为人才培训与开发的基地，高校的人力资源培训和开发的有效性对于国家的未来有着十分重要的意义。高校人力资源的培训和开发本身就是一个复杂的体系，涉及校内外的环境因素和思想因素。本章主要从高校师资队伍以及管理人员的开发与培训两个方面来讨论区域高校人力资源的培训与开发。

培训与开发是高校人力资源管理的重要环节之一，高校进行人力资源的培训与开发具有重要的现实意义，本节主要从高校进行人力资源培训与开发的重要性、培训与开发的原则以及培训与开发的主要环节等方面来讲述区域高校人力资源的培训与开发。

一、高校人力资源培训与开发的重要性

培训（training）是使人获得有助于实现组织目标能力的过程。主要针对岗位需求对劳动者进行相应的培训，目的是让一般水平的人通过培训以适应相应的岗位需求。高校人力资源培训的目的是使受培训对象获得目前工作所需要的知识和能力。比如通过示范，教一名年轻教师如何上好一节课，或教一名管理人员如何计划、组织、配备、指导、控制，从而有效地管理日常工作，这些都是培训。开发（development）可以看成是提高当前工作所需能力之外的能力，它反映提高员工处理各类任务的能力的一切努力。开发对组织和个人均有益。然而高校人力资源的开发是针对校园教师的开发，采取比较有效的手段对具有岗位需求能力的职员进行能力的挖掘，从而提高职员的整体素质。人力资源的开发要保证职员能力的最大化利用。实现人力资源质量的提升和资源结构的优化，使高校获得最好的经济效益。

对于企业来说，在全球竞争的时代，人力资源的质量已成为组织成功的有效砝码，培训和开发人力资源成为人力资源部门的重要职能与任务。一般比较优秀的组织都有自己的一套培训机制，因为在以人为本的组织里提高员工的素质，使之能更好地适应工作需要是十

分重要的，员工一般会十分看重组织的培训，经过培训的员工身价也会大大增加。

在高校，培训有计划地帮助学校的新教师（包括教师、管理人员、后勤工作者等）或已有教师进行学习、操练和开发，使其在知识、技能及完成某些特殊工作方面有所提高。培训与开发的意义在于帮助教职员工掌握一般的基本技能，开发教职员工的工作积极性和创造力，最终提升学校的竞争力与优势。培训与开发可以视作一种从更广泛的意义上的创造智力资本的途径。智力资本包括完成工作的基本技能，与人共享知识和技能及信息沟通能力，在工作运作中的理解、创意及拓展。所以，培训与开发对于个体来讲是一种提升，是一种开发，可以有效挖掘个体的潜在能力；对学校来讲也是一种提升，对提高学校的声誉以及学校的竞争力有很大帮助。

二、人力资源培训与开发原则

（一）从事实出发，以顺应自然为法则进行人力资源的培训

针对人力资源的培训和开发首先应该以组织日常管理的实际现象为立足点，着眼于被开发者日常的所见所闻中的实际现象，对待被开发者的培训应该顺其自然，使他们自然而然地掌握培训知识。

这一原则应用于人力资源培训和开发的初始阶段。初级阶段就是在培训和开发最初一些理念和技能的形成阶段，比较常见的是高层领导对新来上岗培训的教师观念灌输。

这一原则来源于夸美纽斯的教育思想，并发展成为教育的依据。在夸美纽斯教育中最重要的是教育思想的顺其自然。所以，对于人力资源的培训和开发的法则需要从自然中获得，必须顺应自然。自然法则是由易到难的，培训也是如此。自然发生的事情都是不需要强迫的，鸟出笼、水下流都是自然而然发生的，培训和教学也需要顺应自然，在自然中激发被开发者的求知欲望。

（二）从培养兴趣入手，系统化地进行人力资源的培训与开发

在人力资源的培训与开发过程中，我们必须注意培养接受培训或开发者的相关兴趣，引起他们对开发对象的注意，并围绕应掌握的某一知识、技能与品德行为，建立相对完整的培训与开发系统。

这一原则适合于人力资源开发过程中的任何阶段，适合于人力资源培训与开发的任何客体与对象。

这一原则来源于赫尔巴特的教育思想，也发展成为教育学理论依据。赫尔巴特认为，只有能够让人感觉津津有味的东西，才能在学习中迅速被掌握。在人力资源的培训时，应该将原来和培训知识相关的东西隔离开来，让接受培训或开发者能够更加清晰地认识所需要的知识。让知识在关系中既有联系又有分类，是为打破原有关系体系，从中寻找新的定义和规律。

（三）在活动与疑问中进行人力资源的培训与开发

这个原则主要向我们说明人力资源的培训与开发过程是个实践过程，既然是实践，开发者自然不能仅仅依靠书本知识，要想办法将教材知识变成实际能力。在人力资源培训和开发的过程中，要意识到知识和技能是不能够学完的，是无穷尽的，需要在培训或开发中养成良好的思维习惯，并在实际中有创造性地应用思维，单纯的知识和技能累积达不到开发的目的。

这一原则对于技能和智力的开发实用性较强。这个开发原则来源于杜威的教育思想，杜威认为，思维的来源是疑难，疑难来源于实践，实践促进思维的产生。进行培训与开发的基本步骤是第一，要安排一个对被开发者比较有吸引力的活动，让被开发者处于一种十分有利的经验的情境；第二，安排一个比较真实的问题在情境内部，以便刺激被开发者的思维；第三，提前安排被开发者进行知识储备，以便解决后来遭遇的难题；第四，要敦促被开发者积极地解决问题，负起责任；第五，制造机会，给予被开发者进行思维的实际检验。

（四）以"最近发展区"为依据进行人力资源的培训与开发，以开发促发展

在现有的知识经验背景指导下，知识和经验的形成速度比较慢，不适应现在信息化急速发展的社会资源开发。该原则倾向于比较利用先进手段解决问题的水平和独立解决问题水平间的差异，综合最好的开发模式，以此获得培训和开发对象的最大发展。

这一原则适应于技能开发、能力开发与思想品德的开发。这一理论的教育依据，是赞科夫的教育思想，他认为教学要走在学生发展的前头面。他的理论同样可以引申到人力资源的培训与开发中。

（五）通过典型案例进行人力资源的培训与开发

人类的知识用之不尽，取之不完。但总有小部分知识作为关键力量推动事物的发展。从人力资源的角度来看，我们精选的本质因素和基础因素就是人力资源的典型，这些典型因素是人力资源培训和开发需要掌握的重点，一旦掌握重点，就会达到事半功倍的效果。所以，我们在进行人力资源的培训与开发过程中，应该去粗取精、去伪存真，留下最有效的东西。这些知识要坚持由表及里、推此及彼的原则；人力资源开发和培训要保持最真的本色，找到关键因素，联系实际，帮助培训和开发对象正确、全面地认识知识和技能。我们要充分利用案例的引导性和基础性作用，在培训和开发的时候最大限度地发挥他们的应用价值。

三、高校人力资源培训与开发的主要环节

高校管理人员的培训与开发和企业内部员工的培训与开发一样，包括培训与开发的需求分析、培训与开发的目标确定等步骤。

（一）人力资源培训与开发的准备阶段

高校人力资源培训与开发的准备阶段在基本程序上与一般的人力资源培训与开发无异，也是由培训需求分析和培训目标的确立两个方面构成，但本阶段所需准备的内容与高校的

实际情况紧密相连。一是分析高校人力资源的培训与开发需求。在进行人力资源培训和开发工作前，要对本单位人才数量、质量及结构等基本情况进行深入调查，同时要结合本单位的实际现状和近年的发展要求对人才资源进行调查和统计，结合统计结果，制定符合高校的发展的规划及人才预测机制。这些都是为了确保人力资源的培训和开发能够有坚实、可靠的基础。二是对于高校人力资源培训和开发目标的明确。人力资源培训和开发总目标的确定，需要满足高校人力资源职业素养和时代发展的需求。高校人力资源的结构应该具有良好的文化素养，并且有奉献和敬业精神，在理论和实践中教育能力和研究能力不断发展而形成教育智慧。因此，高校人力资源培训与开发的总体目标，既要保证高校人力资源对专业性知识和技能的掌握，还要提高他们对社会理解，从而对自身的实践进行思考，强化竞争和合作的意识。高校人力资源培训与开发的具体目标如下：进一步加强高校人力资源培训工作的制度化和法制化建设，完善高校人力资源培训与开发工作的组织管理体系；全面提高教师专业素质和学历、学位层次；重点培养一批中青年骨干教师和学科带头人；加强学校管理人员及后勤服务人员的能力和素质。

（二）人力资源培训与开发的实施阶段

在这个阶段，对于高校人力资源培训与开发计划的制订，应考虑的是如何使培训开发的内容学以致用，这是高校人力资源培训与开发工作的灵魂。人力资源参加培训，除补充岗位所需知识外，更需要通过培训，开发自身潜力，实现学以致用。在高校人力资源的培训与开发工作实施中，理应注重培养他们的职业道德、强化专业知识及开拓创新思维，对他们的工作和学习能力的提升有很大的帮助。同时，也要把追踪国内外高校的最新工作成果和科学研究动态作为高校人力资源培训与开发工作的重要内容。

1. 注重选择高校人力资源培训与开发的途径

一般来说，高校人力资源的培训与开发有以下三种途径。

（1）学历教育

国家对教师学历要求越来越高，高校教师的学历已经是硕士以上。因此，高校教师"过硕"和"攻博"还在热潮之中，甚至有人已经是"博导"，就因为自身不是博士，也只得"停导"去"攻博"。同时，这足以说明学历教育备受高校教师青睐。在高校，管理人员和服务人员也面对着提高学历教育的问题。因为学历提高了，教师的技能也随之提高，教育、教学、管理和服务也就会协调发展，所以学历教育开发途径将会在高校长期存在并发挥积极作用。

（2）任职培训

任职培训主要是指针对高校聘用的新员工施行短期培训。短期培训的主要目的在于帮助他们更快地适应新岗位。如教师岗前培训、干部任职培训等也都属于任职培训。

（3）在职培训

在职培训的对象是在职任教的教员，这是聘任培训后的一种培训，以提高在职员工的专业知识和教学能力为主要目的。在职培训就是我们常说的"充电"。根据不同人员个性和工作性质进行分类培训，便于适应高校的各种变化要求。例如，参加学术讨论会和国内外访问等。

2. 注意高校人力资源培训与开发方法的选择

一般来说，人力资源培训与开发的方法很多，但是在实际选择中要根据高校人力资源管理的特殊性，不能任意选择。在高校的人力资源的培训和开发中，比较合适的方法有以下三个。

（1）反思式教学

高校人力资源培训与开发工作开展的主要目的就是对相关人员进行分类培训后，使他们具有适应现代社会且具有反思批判精神的学习能力。所以，在培训过程中，要积极地引导培训对象对观念、资料、现象及行为等做出自己的判断，并要提出相应的改革措施。培训中对培训对象的思想和实践都要进行培训，并且要时时对培训对象进行培训考查，要求其进行知识回顾和总结，使其在连续的知识总结中改进思想观念和实践方法。

（2）研讨式教学

作为高层次知识分子，参加培训的高校人力资源更热衷于彼此间的平等性互动学习。这些高层次人员在实践经验和专业知识方面都有自己的认识，彼此间进行工作分享和经验交流是十分有必要的。而且在一般情况下，相互进行交流后，会得出更高层次的知识结论。在高校人力资源培训中，培训的角色扮演十分重要，要成为引导者和激发者，而不是灌输者和控制者。

（3）针对式教学

在教学活动中，"因材施教"始终是个重要的原则，有着重要的实践价值。"因材施教"，一是针对不同培训层次进行培训设置，不同的培训要使用不一样的培训方法，一般层次的培训可以采取课堂授课和谈论为主，自学和辅导为辅；对高层次培训来说，要以课题研究为主，总结和考查为辅。二是针对受训人员的薄弱环节，可以采用专题讲座和短期辅导的形式。

就培训方法而言，培训方法的运用可以结合现代科技手段实施。

一是课堂讲座。课堂讲座是建立在专、广、深基础上的综合培训与开发的方案，是一种最为常见的、迅速简便的方法，一般成本比较低，可用大量的、集中的时间向成批的教职员工提供信息，包括最新知识动态、工作理念及有关专业理论等。

二是视听技术运用。运用感性的现代化的手段，如电影、电视、录像带、录音带、投影机和幻灯机等多媒体技术，提高授课的生动性、灵活性和现代性，也便于理解和记忆。适用于培训人员偏多的情况。

三是网络教学。使用因特网和局域网进行信息传递，其特点是方便、节省、交互，提高效率和可控性，同时也具有模拟的虚拟的情景，使培训材料新颖、真实、感性，也可以提供实际案例分析，提高实用性。

四是案例学习。通过对相关的事例进行分析、比较、判断、推理和综合评价得出有效的结果，一般要求培训者具有知识基础和分析水平。因为案例具有多样性和真实性，能开发个体的创意。

五是观摩范例。通过观摩其他人的工作进行学习。这种方法主要适合刚到学校教学的毕业生，通过一段时间教育见习，对明确上课的主要环节，熟悉课堂，了解学生有很大的帮助。

3.注重对高校人力资源培训与开发的资金投入

高校人力资源的投资主要是针对在培训和开发中，对教师智力和体力的保护和开发的投资。通过对人力资源的培训和教育，保护教师智力和体力的同时，又进行智力和体力的开发；人力资源培训不仅使教师个体的需要得到满足，同时也能调动教师对于工作的热情和积极性。人力资源开发投资需要立足全局，安排合适的开发管理人员和服务人员的参与，要坚持整体发展的观点对教学人员、服务人员和管理人员同时进行开发，避免出现"跛腿"的现象。当然，人力资源开发要以教学人员为主体，管理人员和服务人员为客体，从而整体性提高教师的能力。

（三）人力资源培训与开发的评估阶段

高校人力资源培训与开发效果的评估是培训开发过程中的重要环节，是指在培训之后，高校人力资源管理部门运用科学的理论、方法和程序对高校人力资源培训主体和培训过程及其实际效果进行系统考查，把高校人力资源培训的效果用定性或者定量的方式表示出来。关于人力资源培训工作的评估，这项工作从各方面对培训工作进行检测和考评，在培训工作的质量上有着重大的作用。

高校人力资源培训评估的指标不计其数，比如教学计划制订、教学策略分析、学生进步分析、学员之间交流分析等，涉及人力资源管理的各方面。除常见指标，还有受训者的观念与培训目标是否一致也是评估的指标。高校人力资源的培训和开发的质量和标准的提高需要培训评估的不断推进。

高校人力资源的培训和开发效果有四个层次的划分。一是反应层。在培训结束后要积极考查受训人员的反应。二是学习层。就是对受训人员在培训中对培训知识的掌握程度进行考查。三是行为层。培训结束后，查看教职员的行为变化，判断培训知识对实践工作的影响。四是结果层。对比培训前后，在教学和研究等方面的业绩情况。

针对评估人员，可以是培训专家、受训人员、学生及领导等，他们可以从不同角度去进行培训评估；评估对象一般是培训的项目和对象，或培训过程中的各方面；评估方式可以是问卷、考核及探讨等；评估的范围可以是培训的前后及过程，可微观和宏观相结合进行评估。评估的结果的参考价值和指导意义都具有实用价值，可用于下一次的培训改革。

第二节 高校教学人员的培训与开发

高校的发展离不开教学人员，改革的实施离不开教学人员，教学人员是改革中最关键的因素，因而做好以教学人员为主的高校人力资源的培训与开发是至关重要的。教学人员队伍素质建设是整个教学人员队伍建设的核心问题，它直接影响着高校的办学水平和教育质量。知识经济时代对教学人员提出了更高的要求，教学人员必须加强自身建设。为提高高等教育办学质量和水平，教学人员的培训与开发是重中之重。

一、高校教学人员培训与开发工作的原则

（一）业务素质和思想素质的培训开发并重原则

高校教学人员是学生的楷模，是社会主义建设接班人和接班人的引导者。而教学人员的思想政治会直接影响到学生的思想品德发展，不能忽视。所以，在我国高校人力资源培训和开发的过程中，思想素质和业务能力贯穿培训和开发工作的始终。

（二）学历性培训和非学历性培训相结合原则

对于教学人员质量和水平的提高，学历性培训的价值很高。特别是研究生学历较低的学校，应该更加注重培训开发中学历性的培训。非学历性的培训主要是为了适应高校的发展和教师自身的需求，针对教学人员的知识结构进行相应的调整性培训。非学历性培训具有比较灵活的特点，培训时间多为一年或半年。

（三）培训开发过程中注重反馈和强化原则

培训效果的反馈和强化在人力资源培训过程中也是十分重要的。反馈可以回顾知识和进行知识巩固，还能有效地纠正错误。准确和及时地进行信息反馈，培训效果就会越来越好。强化是对受训人员的奖惩，这种强化应该在培训一段时间后进行。例如，对那些受训后工作效益有明显变化的教师进行强化。

（四）因材施教与有利于个人发展原则

高校培训与开发的主要目的就是实现教职员工作能力的提高。然而，在实际的操作中，由于教师个体在知识背景、技术水平及个人兴趣方面都存在很大的差异。针对这些差异最好的解决办法是有针对性地进行教师培训与开发，也就是说不同的人采用不同的教学培训方式。因此，在培训和开发工作进行时要保证培训总体方向的稳定性，又要因人而异地制订个性化的培训方案。因材施教在教学培训和开发中的作用很高。

（五）理论与实践相统一原则

实践是检验真理的唯一标准。教学人员在实际的工作中，对于学生的知识理论和实践操作能力都要有所教授，帮助学生运用知识指导实践，用实践获取新知识。现代高校的人才

培养要坚持理论与实践统一。因此，培训需要复合型的培训，理论和实践缺一不可。

二、高校教学人员培训与开发工作的重点

高校特别是地市所属高校和专科学校及高等职业技术学院与部属重点高校相比，师资相对较弱，存在着学历学位偏低、高级职称人数偏少、科研能力较弱、缺乏学科带头人等问题。根据相关法律法规要求以及教育部关于高校评估指标要求，高校应从以下四方面加强培养和培训工作。

（一）加强学历学位的培训工作

目前，高校的师资队伍中学历学位普通较低，离教育部的目标要求存在着较大差距。对于青年教师而言，攻读学位的过程，是增长知识的过程。这个过程不仅能帮助青年教师提高教学水平和科研能力，对个人发展的职业成长也有着重要意义。值得注意的是，有些年轻的教学人员急功近利，想走捷径，不想通过艰苦的努力考取博士、硕士，而只想通过一般的进修。但往往事与愿违，结果走了许多弯路，既影响了学校的师资队伍建设，又影响了自己的成长。因此，培养工作的一项基础性任务就是提高师资学位学历。高校要采取相应措施，调动青年教师提高学位的积极性，并且给予获得学位的教师奖励。对属于攻读年龄范围的中青年教学人员要限定时间促使其报考。有条件的学校还可以与聘用制相结合，对达不到规定学历学位者可以在合同到期后不再续订聘用合同，或转岗改做其他工作。

（二）加强各级学科带头人和骨干教学人员的培养工作

对于高校骨干教师和学科领头人的培养是提升学校竞争力的重要方面，对于学校的学术发展也十分有利。目前，我国地方性高校的骨干教师存在较大的缺口，优秀专业性教师的缺乏已经成为现代高校发展的阻碍因素。因此，要加大针对骨干教师和学科领头人的培养力度。这就要求采取加大财力支持，增设相应岗位，校内分配倾斜等方式来给骨干教师和学科领头人的培训提供支撑。

（三）加强针对教学人员资格的相应培训工作

担任高校教学工作，须具备高校教学人员的资格。获得高校教学人员的资格必须具备本科及以上学历、岗前培训成绩合格、普通话相应等级等方面的条件。随着高等教育的快速发展，区域高校招生量大幅度增长，为此学校补充和引进了大量的师资。在这些师资中，相当部分或未通过岗前培训，或因普通话未过关，或因其他原因的教学人员未具备教学人员的资格。此外，一些中专、中师学校并入高校，其教学人员也需要通过各种培训才能达到高校教学人员的资格要求。因此，加强针对教学人员资格的培训工作显得十分迫切。它是依法治教，依法执教的需要，是教育行政机构评估的需要，是教学人员提高教育教学能力与水平的需要，也是解决教学人员相关待遇问题的需要。学校要列出具体的培训计划，包括培训对象、课程、时间等。要采取必要的约束性措施，限定时间，要求教学人员获取高校教学人员的资格证书。

（四）加强出国培训和社会实践培训工作

高校的教学人员出国进修机会甚少，我国一些高校经常忽视社会实践培训，很多教员不能结合现实情况和书本知识传授给学生实用性知识，不能使学生获得满足。如地处沿海纺织业发达地区的高校，学校设有纺织工程专业，但部分教学人员不愿到纺织工厂进行社会实践，这就在一定程度上影响了学校社会服务功能的发挥。鉴于上述情况，高校应强化对教学人员的出国培训和参加社会实践的要求。要通过政府、学校、个人三方共同承担培训费的办法，通过外语的强化训练，通过开展多渠道的国际交流活动，加强教学人员的出国培训。要通过明确培训导向，完善培训体系，完善培训内容、培训结果与使用、晋升挂钩等办法，加强对教学人员社会实践能力的培训，使高校教学人员能更好地为区域经济建设与社会发展服务。

三、我国高校教学人员培训与开发工作存在的问题及对策

（一）我国高校教学人员培训与开发存在的问题

虽然目前很多高校都意识到了教学人员培训与开发工作的重要性，也都已经或者正在进行这方面的工作，但是，在现有的高校教学人员培训与开发的具体操作中，还存在着不少的问题，主要表现在以下五方面。

1. 在师资培训中重学历，轻师德

目前，我国高校在教员培训方面过分注重学历培训，在教员整体学历提升的同时，教师队伍思想素质却严重缺失，出现比较严重的问题：部分教师言行不一，做不到为人师表；有的教师不认真对待工作，本职工作采取应付态度；有的为求名利，不惜玩弄手段等。高校缺乏对师德的培养，严重影响师资队伍建设。

2. 培训经费短缺

目前，相比高校教学人员总人数来看，培训经费的增长速度较慢，不能适应高校培训的发展。部分学校师资培训经费出现零增长。高校培训经费参差不齐，甚至出现经费不足的情况。有部分高校经常挪用培训经费，严重减缓教员培训工作的开展。

3. 培训目标不明确

很多高校的教师培训，没有结合学科发展和教师专业进行盲目的培训教育，导致师资培训受个人意志的主导。一些高校主管不能对师资建设有足够认识和重视，鼠目寸光，师资培训无法落实，造成严重的随意性；有些骨干教师受限于教育第一线，培训机会较少。

4. 培训内容陈旧，培训形式老化

我国高校在较长的时间里都以理论培训为主，对于实践培训则少之又少，很难实现师资队伍素质水平的整体提高。师资培训内容合理性不高，部分教师在科研能力和教学能力上存在差异，教学能力科研能力强，而教学能力差，课堂的操作性差很容易影响教学效果。师资培训形式受限于上级文件和政策要求，不能实事求是，从实际出发。

5.人才培养工作缺乏有效的考核机制和管理措施

当前，虽然我国高校学科带头人的选拔和培训工程已经上纲上线，但是培训后的定期考评机制却不存在。这种只求过程不求效果的现象不能对青年教师进行指导，培训工作的盲目性和自发性严重。我国多数高校教师的国内培训是个人意愿，获取学校同意后自行安排，学校丝毫没有相关的措施进行人才考核。

（二）改进我国高校教学人员培训与开发工作的措施

1.树立终生教育的理念

在现代经济迅速发展的时代，教师职业也面临着各种挑战和机遇，主要是知识的更新变化、社会对教师要求的提高及优秀人才的需要等，这些既是挑战也可以说是机遇。为高校教师提供提升自身的平台，继续教育和终生教育的出现对于教师和高校的发展具有符合社会发展趋势的重大意义。

2.多方筹集资金，增加经费投入

当前，高校经费成为师资培训的瓶颈。因此，为保证培训工作的顺利开展，需要做好两方面的工作。一是教育部门要将培训经费正确地拨付到各个高校，高校也要设定专用培训经费，不能随意挪用。二是实施效益共享、责任共担的原则，建立政府、高校、个人三方面的培训经费制度，这样足以避免培训资源浪费。

3.明确教学人员培训的目标

师资培训目标是培训的灵魂，学校和教学人员个人都必须要有明确的目标。对于学校而言，师资培训要具有计划性和长期性，真正做好工作的规划和后续保障。要根据学校的发展现状制订师资的总体规划，近期和远期目标结合设定，总体目标的设定对于师资机构优化有着特殊的指导性意义。对于教学人员而言，培训讲究的是理论和实践知识的互通性，帮助提高自身水平。因此，在培训的实际操纵作中，既要认真学习和交流培训知识，还要通过教学实践来检验和反省自身。

4.改革培训内容和形式，提高培训质量

首先在内容上师资培训既要注重业务知识培训，又要加强教学人员教育理念、教育教学技能等的培训，实现由知识补偿教育向以人的发展为中心的教育转变，在教育科研实践中提高教学人员的研究能力和创造才能；其次在培训形式上要实现目标不同、内容不同、时间长短不一的各种培训形式相结合的模式，避免单调化。

5.建立教学人员培训的激励约束机制，加强对教学人员培训的监督检查

首先，要建立对教师培训后的考核制度，及时对教职员培训情况进行反馈和分析，督促教师有效地进行培训；其次，针对培训经费，要建立政府、学校、个人三方投资经费制度，增加教师对培训的珍惜；再次，对学位教师的培训要加强约束，避免违约损失；最后，教育部门要执行监督的作用，对不能保证培训效果的单位进行整改或取消资格。

高校教学人员的培训与开发工作是一项紧迫而长期的战略任务，它将随社会的发展和教学改革不断变化而变化，在高校教育中作用十分重要。

第三节 高校管理人员的培训与开发

一、高校管理人员培训与开发的对象和内容

高校管理人员的培训与开发可以借鉴企业管理人员的培训与开发。虽然说企业与学校是两种不同性质的组织机构，但是，在经营管理方面，两者还是存在很多共性的。管理人员的培训与开发对象，包括高层、中层和基层管理人员。无论是哪一层级的管理人员，为更好地履行现行职责，做好现任工作，都有提高自己各方面素质和能力的必要。

（一）培训与开发的对象

1. 高层管理人员的培训与开发

高层管理人员是指组织中最高领导层管理人员。在高校主要指校长，他们是学校的决策者和经营管理者。他们处于关键的位置，其影响对学校是举足轻重的。他们要照顾全局利益，正确处理学校中的各种关系，为学校的未来发展做出决策。因此，对高层管理人员的培训与开发，显得尤为重要。

2. 中层管理人员的培训与开发

中层管理人员是组织的中坚力量，担负着承上启下的责任和管理独立部门的责任。中层管理人员一般是某一部门的负责人，需要很好的信息沟通、人际交往、组织协调和决策的能力。因此，中层管理人员的培训与开发也是一个很重要的方面。

3. 基层管理人员的培训与开发

基层管理人员是第一线的管理人员，在他们的工作中，技术、沟通能力和良好的人际关系都很重要。因此，对基层管理人员的培训与开发的内容，主要包括专业技术知识培训、管理基本理论和知识培训、思想道德素质培训等。

（二）培训与开发的内容

管理人员培训与开发的内容，包括品性、能力、知识三大板块，在每一板块中又有许多子因素，并且管理人员所处的层次不同，开发的内容与重点也不一样。

二、高校管理人员培训与开发的过程

管理人员的培训与开发必须制订详细的计划，规定具体的培训步骤。学校管理人员的培训与开发可以参照企业主管的培训开发。

（一）现有职务

管理人员的培训计划，是以对需要的分析为依据的，而这种分析又是从"实际成绩"和"要求达到的成绩"的比较而来的。它考虑的是目前职务对管理人员的要求。它的实际工

作成绩与要求达到的成绩的差距，就是个人的培训需要。

（二）下一个职务

对新选拔出来的管理人员来说，下一个职务的要求与他现有才能之间的差距，就是个人的培训需要，构成组织培训的主体。例如，要求基层管理人员去担任中层管理人员的任务，就必须对其进行中层管理工作所需的培训。

（三）未来

学校要发展，就要根据内外的实际情况进行预测，结合未来管理人员的需要，规划为高校发展的整体趋势，从而设置培训目标和方向。这也是高校管理人员培训和开发的关键环节。

对管理人员的培训与开发有两种方式，一是在职培训；二是脱产培训。高校管理人员的培训与开发可以根据需要选择具体的培训方式。

三、作为高校特殊管理者的校长的培训与开发

（一）校长的角色

校长作为一个学校最重要的管理者之一，在学校事务中承担的主要角色是，第一，组织的管理者。校长首先是决策者，构建学校蓝图，统筹安排和处理重大事务。第二，学校的经营者。职业教育为经济建设服务，在实践过程中，要结合经济的观点对教育问题进行审视和解释。将经济管理经验融入职业教育管理中，将二者的相关因素结合起来。但教育产业具有自身的特殊性，需要因地制宜地运用经济管理，要寻找适应教育特点的经营模式。第三，教学领导者。教学是学校的中心工作，这意味着校长的大部分时间和精力需要用于教学领导。第四，人际关系的促进者。发展合作和谐的人际关系，营造民主和谐的学校氛围。第五，冲突调解者。社会的、学校的各种冲突和矛盾的调解，这些冲突和矛盾有个体与个体之间的、组织与组织之间的。校长依法维护师生及其学校组织本身的利益。第六，变革代理人。无论是提高学校组织适应环境的能力，还是提高学校自身的效能，校长需要诊断学校组织变革，提出学校可持续发展的教育理念并使学校员工接受、认同。

正因为校长担任着众多角色，所以其在学校的管理决策与运行中的关键性的作用不言而喻，因此，重视校长的培训与开发也就显得尤为突出。

（二）校长的培训与开发特点

1.校长培训开发具有层次性

每位校长存在共性的同时，个性存在也是必然的。校长的差异性，有着地区性的差异。尤其是不同区域的校长，会受当地文化的熏陶，形成个性差异。校长培训不能一概而论，需要根据地区差异和校园差异，采用不同培训方式，保证每位校长都能获得自身的发展。

2.校长培训开发具有针对性

校长培训需要坚持一切从实际出发的原则，因需而施，注重实际效用，将理论学习和实践研究结合、统一起来。首先，要求校长的工作实际和培训的内容和方式相互协调一致；

其次，校长培训的相关信息和内容还要与学校教育改革和发展的实际情况相互契合。教师培训中进行培训内容的分类，将教学改革和发展的难点、重点问题进行专题设定培训方式和内容，然后组织培训人员进行问题分析和探究，找到适当的解决对策和方法。

3.校长培训开发具有个性化

注重人的个性发展是现代教育改革的重要特征之一。高校校长的培训也越来越受到很多国家的重视。社会上将学会认知、做事、共同工作和生活及个人发展这四点视作培训校长的基础目标。学会认知主要是在培训中，知识的获得方法和手段是促进培训知识掌握的重点，正确的知识获得方式，不仅能够帮助学习者领悟知识，甚至可以延伸新的知识，开拓发展思路，更加全面地运用知识和信息。学会做事，主要是希望受培训者可以将他们获得的知识付诸实践，利用实践去检验所学知识，利用知识促进职业、创造能力的发展和工作效率的提高。学会共同工作和生活，主要是指培训者利用学习的知识，能够正确地认识自己、他人及社会，工作和生活都保持积极向上的态度，互相协作着生存和发展。培训的终极目标之一就是学会促进个人发展。人的发展是社会发展的目标之一，相反，人的发展对于组织和社会都会有积极的促进作用。人是整个培训和开发的核心，也是管理工作的中心，培训要注重人的发展。培训是通过这一手段使每个人都能够发现自己的优势，并且加强优势开发和利用。所以，培训中应对校长的个人和专业的发展更为关注和支持，并且将校长个性发展划入培训的目标和内容。我们要发展校长的个性，就需要支持校长学习，在学习中认识和发展自己。在校长培训中要坚持给予校长学习的选择性，根据需求自主选择学习内容和方式，自主学习，全面发展。

（三）校长培训与开发的项目

1.校长开发项目的类型

在过去，曾有许多关于校长的角色变化的研究。这些研究表明应在以下六个领域设计校长开发项目：一是对教学过程进行评价和监控的教学技能；二是能够制定合理性的目标和有效的解决办法的管理技能；三是能够协调校内成员和校外成员关系的交际能力；四是能够对员工和家长进行领导的领导技能；五是能够解释领导性人物、解决校内外冲突的政治和文化意识；六是根据公众对学校的评价，开发自我改进计划和自我能力得到提升的自我理解能力。

2.校长开发项目

有两种类型的项目能满足校长的发展需求。第一种是传统方式，包括专题讨论会、会议和研讨班，这些方法往往围绕着某一单个主题进行，旨在传递特定问题的信息。如最新立法、吸毒等。越来越多的学区采用个性化的途径实施校长开发项目。第二种类型的项目强调技能获得，这些技能或对校长的工作有帮助，或对个人发展有帮助。

强调有助于校长管理工作的开发项目包括编制预算、制定绩效目标、制定促进学校正常运转的程序。强调校长个人发展的项目可以包括与顾问团合作的技巧、口头和书面的沟通方法、压力管理或时间管理。

无论运用何种方式确定校长的个人需求，开发项目成功的先决条件都是承诺和保证。因此，把这些个性化的开发项目，包括个人需求评估和行动计划，写成书面文字以示承诺是有利无弊的。

第四章 高校人事制度改革

第一节 高校人事制度改革新动向

21世纪，是我国的高等教育蓬勃发展的新时代。在全球化的背景下，在高等教育改革的大潮中，我国的高等教育进入了一个多元化办学、面向大众教育的新时期。面对这种前所未有的新形势、新情况、新挑战，我国的高等教育体制改革要不断深化和不断完善，随之而来的是，高校人事制度改革也进入了关键时期。

一所学校办得成功与否，关键要看其是否拥有一支强有力的高素质人才队伍。这一切的实现都离不开人的力量。只有通过改革，才能调动教师的积极性与热情，才能让他们以最佳的状态投入到教育教学中，也才能使"教"取得最大的功效。当前人事制度的改革主要体现在用人制度、分配制度和保障制度上。近些年来，高校在理顺人事管理体制、改革用人和分配制度等方面做了探索，取得了一定的成绩，但仍需进一步深化改革，其主要包括以下四方面内容。

第一，在人事管理上，推行岗位聘任管理。首先，规范编制管理。一般的高校根据岗位职能、承担任务等，把人员编制分为三大类，基本教育规模编制（主要是教学科研编制、党政管理编制）、专职科研编制和附属单位编制。在编制数的控制上，一般根据本校的实际情况和主要任务，确定高校的生源比和师生比。其次，积极探索合理设岗，强调岗位职责和岗位考核。在岗位设置时，充分考虑高等院校承担的教学、科研、社会服务三大任务，依据教学科研、教学辅助、党政管理、工勤服务等进行分类设置，在岗位聘任中强调岗位职责与任职条件的要求。第二，在用人制度上，探索符合高校的用人制度，推行人事聘用制。一般对专业技术人员实行专业技术职务聘任制，党政管理人员实行行政管理职务聘任制，并尝试教育职员聘任制。如北京大学的"非升即走"、南开大学"非升即转"等聘用制的推行。在管理人员队伍建设方面，如复旦大学提出的在实行教育职员制度前作为过渡，先在各学院试行常务副院长（副院长）领导下的秘书、文员制度，减少中间环节，提高办事效率。另外，在用工形式上，不少高校提出了人事代理、人才租赁制度等。第三，在分配制度上，探索以岗位业绩为主的绩效分配激励机制。如探索建立了以岗定薪、按劳取酬、优劳优酬、以岗位津贴为主要内容的校内分配办法，初步形成了以岗位为载体的津贴模式即根据不同的岗位设置相应的岗位津贴标准，受聘该岗位即享受相应岗位津贴。第四，在人才开发上，建立有效的人才开发、流动机制。做好人力资源战略规划设计，以高层次人才为龙头，带动各类人才可持续协调发展，以优先发展学科为重点，合理配置人才资源。进一步探索人才交流中心制度，逐步建立与聘用制度相配套的、保证人员正常流动的解聘辞聘制度，在解决社会保障基础上形成人员退出机制。

我国现存的高校人事制度源自我国传统的计划经济体制。虽然20世纪90年代中后期进行了大幅度的改革，但是依然没有摆脱计划经济体制的束缚，表现出全员聘任制未到位、干部职务能上能下未到位、由身份管理到岗位管理不到位、考核评价体系不健全、分配不合理依然存在，具体如下三方面。

在人事改革方案方面，缺乏战略性意识，人事制度的设计不够科学。首先，改革目标的确定缺乏全局观、战略性，以解决现实存在的问题为主要目标，没有与学校今后的发展相结合。其次，高校人事制度自身建设不健全。一般来说，科学的制度建设应在符合国家法律前提下，体现原则性、规范性、发展性、系统性、操作性、预见性等特性，但现行高校人事制度建设却存在着相当多的问题，对于人员进校后的聘任、晋级、培养、考核、待遇等方面各管一块，缺乏缜密的设计。

在人员管理方面，编制管理改革相对滞后。首先，当前高校的编制管理发挥的依然是计划经济体制下以控制规模为主要目的的作用。随着市场经济的进一步确立，高校内部管理体制要积极探索与市场经济体制相适应的能上能下、优胜劣汰、竞争与激励调节的新运行机制。其次，岗位设置问题也是高校人事分配制度改革的比较突出的难点问题之一。比如，什么是科学设岗，什么是按需设岗，如何引导优秀人才脱颖而出等，值得进一步思考。同时，对于岗位的考核、岗位管理也缺乏具体政策。

在用人制度改革方面，高校用人制度改革推进步伐缓慢，实质性突破不明显，有的甚至流于形式。如聘任制的推行，许多高校存在着让每个教师在统一印制的合同书上签个名字完事的现象。计划经济体制下形成的高校人事管理格局依然没有从根本上突破，真正科学的全员聘任制、岗位管理制度和充满生机的用人机制尚未形成。又如职员制度，还未能在我国全面推行，要真正将人由"单位人"变为"社会人"还存在不少困难。分配制度的改革有待进一步深化。分配制度改革是将人事制度改革引向深入的支撑点。

在国家政策指导下，根据"效率优先，兼顾公平""生产要素参与分配"的原则，探索建立以岗定薪、按劳取酬、优劳优酬、以岗位工资为主要内容的校内分配办法。师资队伍建设有待进一步提高，特别是高职称、高学历人才的培养和引进，打造高水平的教学团队、梯队，挖掘整合高质量的科研团队、梯队，是高校发展提升的一个"坎"。高校要发展要提升，仅仅依靠个别高层次高水平的人员难以成大的气候，高校做大做强的确需要大师、大家，同时更需要几个高水平的教学团队、梯队与高质量的科研团队、梯队，带动学校的全面可持续发展，这就需要在师资队伍建设上下功夫，下力气加强师资队伍建设。

一、高校人事制度改革的目标

高校人事工作中存在许多突出的问题，而人事制度改革就是要解决这些问题，以求达到改革的效果。高校人事制度改革的目标体现在以下四个方面。

（一）优化管理模式

竞争是市场经济的普遍规律。高校要适应市场经济体制的要求，就必须建立有效的竞争激励机制。然而，长期计划经济体制下形成的旧观念和管理模式，在学校仍然存在。比如，在管理制度上，校部机关存在一个庞大的管理机构和管理队伍，人权、财权及教学科研发展的决定权几乎都集中在学校，作为教学科研主体的院系办学积极性没有充分发挥；在用人制度上，终身制和"铁饭碗"观念使学校对不需要的人员无法解聘，学校急需的人才却因种种原因难以进来；在分配制度上的平均主义，导致收入分配难以体现水平、贡献和业绩上的差别，难以按奖优罚劣、奖勤罚懒的原则拉开差距；在职务评聘上，不按岗评聘、论资排辈以及教师职务和身份的终身制，使得聘用制不具备真正意义上的聘用功能；在干部管理上，能上不能下、能官不能民导致按人设岗和机构与管理人员的膨胀等。这些旧的管理模式已严重阻碍了学校的改革和发展。所以，高校人事制度改革必须要立足于解决这些管理模式所带来的问题，创建适合高校竞争和发展的充满生机的管理模式。

（二）健全管理制度

目前，我国高校的人事管理制度仍带有十分浓厚的计划经济色彩。这表现在两个方面，一是没有形成良性的人才流动机制；二是教师作为国家干部和全民所有制职工的身份具有终身制的特点，使得优胜劣汰的机制无法有效运行。竞争激励机制和优胜劣汰机制不完善，人的潜能不能充分发挥，人的惰性的一面不能得到有效的制约和规范，使"勤快的人变懒了，有能力的人变得平庸了"，不利于形成良好的学术氛围和公平竞争的学术环境，不利于人才的成长。

所以，高校人事制度改革要立足于打破陈旧过时的人事管理制度，构建"人才合理流动、优胜劣汰"的管理制度。

（三）强化激励措施

高校要发展，要争创一流大学，关键在于人，特别是在于拥有高素质、高层次、高水平的教师。要吸引和稳定优秀人才，除要有浓厚的学术氛围和良好的人文环境外，还必须有强有力的激励机制。但是，长期的计划经济体制使高校形成了一个相对独立而封闭的小社会，小而全的福利设施使学校背上了沉重的包袱，加上学校的经费长期严重不足，既难满足高层次人才从事教学、科研，特别是从事前沿和高科技研究的需要，也难以集中财力用以吸引和留住人才，改善教师的生活和工作条件。所以，在激烈的人才争夺战中，许多高校感到力不从心，处于劣势。为此，学校应该将有限的资源最大限度地用于教学科研和提高人才待遇上，采取一些特殊的甚至是超常规的激励措施，把有限的财力集中起来，用到最有希望在学术上取得突破、能真正对学校发展做出重大贡献的人身上。高校的人事管理应沿着这样的思路，进一步解放思想、转变观念，大力推进学校用人制度及分配制度的改革，真正实现以科研促进教学，以人才提高质量，以质量谋求发展。

（四）兼顾质量效益

高校要提高教学质量和办学效益，必须优化资源配置，使有限的办学资源面向教学、科研和人才培养进行配置。但是，学校目前的状况却是物质资源和人力资源配置远未达到优化状态。一方面，学校财力资源严重不足；另一方面，资源浪费巨大，大量资源被非教学、科研方面所占用，师生比偏高，办学效益不高。我国高校目前非教学、科研人员几乎占教师总数的 2/3，人员经费支出过大。要提高办学效益，就必须精简机构，严格控制事业编制人数，对超编和富余人员实行转岗分流。但是，社会条件不配套，不仅分流渠道不畅，学校还要面对引进人才配偶安置、教师配偶调入和子女就业等沉重压力，加上旧的观念和习惯的阻力，动辄危及学校的稳定，使改革举步维艰。

二、高校人事制度改革

（一）高校人事聘任制的实施

人事聘用制度是高校教育教学管理的重要问题，也是高校改革最具挑战、最受关注的领域之一，所以要办好一所大学，必须构建一套科学有效的人事聘用制度。

1. 聘用制与全员聘用

聘用制是以效率和公平为原则，以思想品质、业务素质，工作能力、创造潜力等为评价标准，进行公开竞聘、择优上岗的人才选拔和使用制度。聘用制优越于任命制，它避免了任人唯亲、因人设岗、论资排辈等弊端。拔尖人才可以被破格、跳级聘用。聘用制贯穿了人本主义内容，强调人的充分发展，是高校人才使用上的进步。

全员聘用制是在预先排定的程序中，工作人员全部重新竞聘上岗的人才选拔和使用制度，是聘用制的一种特殊类型。由于全员聘用制在突破传统用人制度方面有突出优势，故在目前高校人事改革中采用得比较多。值得肯定的是，这种制度打破了传统的"铁饭碗"模式，激活了高校用人制度，反映了高校人才观发生质的变化，由看重资格、论资排辈，转而注重真才实学、鼓励创新，这无疑是一种观念的进步，是高校用人体制上的重大突破。

2. 构建高校人事聘任制的措施

（1）实施聘任制度是高校人事制度改革的核心和突破口

高校人事工作之首即是"进入"的工作，在传统的人事管理中，组织的进入是根据指标、配额进行计划内分配。显然，这种原始的进入方式的最大弊端在于，不利于人才要素的自由流动和双方的自主选择，即不能通过市场的手段配置人才资源，致使效率低下。因此，高校人事制度改革的首要突破口在于改变高校的进入和用人机制，通过市场的手段配置人力资源。具体来讲，就是通过全面推行聘任制和聘用制引进人才的竞争机制。

高校用人机制上可变"内部市场"为"外部市场"，即把大学的所有职位向社会公开招聘，通过"外部市场"达到知识创新、引入竞争和实现职务晋升的公正透明。长期以来，我国高校存在着人员能进不能出、能上不能下的"铁饭碗"和"大锅饭"弊端，没有淘汰，缺乏竞争，职务晋升也以内部提拔为主，缺乏外部竞争压力。实行聘任制，就是要保证高校引进一批真正有能力、愿意参与竞争的人才，依照"按需设岗、公开招聘、平等竞争、择优聘用、严格考核、合同管理"的原则，将高校的教学、科研、管理等各类岗位进行社会公开招聘，在平等竞争的基础上择优录用，促进人才要素的合理流动和配置。因此，实施聘任制度是高校人事制度改革的核心和突破口。

（2）积极推行聘任制度，优化教师队伍

为了建立高素质的教师队伍，各高校积极推行教师职务聘任制，建立教师职务能上能下的机制。教师任用制度改革，针对现行的用人制度中存在的教师队伍只能进不能出、只能上不能下、缺乏外部竞争压力、晋升中过多考虑资历因素和新教工招聘中"近亲繁殖"严重等弊端，主要做法有四点。一是教员实行聘任制度和分级流动制；二是学科实行"末位淘汰制"；三是在招聘和晋升中引入外部竞争机制；四是对教员实行分类管理。在教师任用上改革力度之大，堪为各高校用人制度改革的表率。南京大学将副教授以上空缺岗位向国内外公开招聘。各高校通过公开招聘，延揽海内外英才，是高校在短期内提高教师队伍素质的重要途径。

（3）建立流动与固定岗位相结合的聘用制

要求逐步建立固定与流动相结合的用人制度。改变现有单一的固定用人方式，有条件的单位应积极实行固定岗位与流动岗位相结合、专职与兼职相结合的用人办法。鼓励和支持事业单位的人才流动，促进专业技术人才资源配置的社会化、市场化。以推行聘用制和岗位管理制度为重点，深化事业单位人事制度改革，促进由固定用人向合同用人、由身份管理向岗位管理的转变，逐步做到人员能进能出，职务能上能下，待遇能高能低。

由此可见，无论是教师聘任还是职员聘任，在社会主义市场经济体制条件下，作为改革的一项措施，其推行都将是大势所趋。

在高校人事管理中，需要人才"流动"刺激人才优化组合。但是，不能因此全盘否定稳定机制。稳定本身也是吸引优秀人才的一个重要因素，可以感情留人，使人才爱岗敬业，而且在人才发展的早期阶段，也需要一段相对稳定的生活、工作、学习时间汲取营养，成长成熟。从学术角度讲，高校也需要稳定、宽松、自由的科研环境，因为这种环境有利于发散思维，有利于激发原位创新。科研需要宽松氛围，需要时间积累，来不得短、平、快，急功近利的做法只会滋生学术腐败。高校实施聘用制的关键是，克服传统用人体制的弊端，实现有真才实学者跳级竞聘，跨学科、跨行业竞聘，避免论资排辈扼杀后起之秀。实施聘用制绝非为流动而流动，而是在运用"鲶鱼效应"降低管理成本，提高办学效益、科研效益和社会效益。所以，在流动的基础上保留一定的稳定机制更为合理，更适合高校的人事管理，不仅可使人才对高校产生强烈的归属心理，更加爱岗敬业，而且有利于学术梯队的建立和发展，有利于学科发展的历史性和连续性。

（4）构建合理的评估制，通过加法与减法原则确保聘用制的实施

聘用制是一种人才选拔机制，而评估制则是一种激励和保障，督促人才的持续发展。聘用制与评估制二者须紧密结合，相辅相成。没有聘用制的筛选，评估难以在一个高位层面上开展；没有评估制的激励，聘用就难以产生长期后续影响。因此，评估制的构建对高校至关重要。

在收入分配中应该按岗定酬，合理拉开收入差距，真正体现优劳优酬，为高校聘用制做好经济上的保障。收入差距要合理，差距过小，难以产生激励效果；差距过大，会影响不同级别人员之间的有序配合。

员工收入可分成两部分，一是岗位工资，人员竞聘上岗后即可获得该工资；二是加减绩效工资，取决于工作业绩和评估结果，其分配通过加法和减法原则实施。所谓加法原则，就是制定一套奖励标准，对做出突出成绩者，在岗位工资的基础上给予相应奖励津贴。所谓减法原则，就是制定一套规定，对工作不合要求者，减免其一定比例的岗位工资。

（二）高校岗位聘任制的实施

高校岗位聘任制是我国人事制度改革的重点，主要以"按需设岗、择优聘任、严格要求、合同管理"为特点的岗位责任制，正逐步成为高校基本的用人制度。以实施岗位聘任为特点的高校人事制度的改革强化了岗位聘任，目的是打破"大锅饭"、"平均主义"和职务的"终身制"，形成"能上能下""能进能出"的激励竞争机制。将用人制度改革和分配制度改革有机结合起来，按照相对稳定、合理流动、专兼职相结合、资源共享的原则，实行相对稳定的骨干层和出入有序的流动层相结合的方法，建立起流动和竞争的机制，以利于人才的引进和优化配置。实行岗位聘任的最终目的是提高高校办学质量，其核心是有效地调动广大教师的积极性和创造性。高校岗位聘任制度所创立的竞争激励机制具有重要的现实意义，同时具有深远的历史意义。但是，深化与完善岗位聘任制度改革有很长的一段路要走，必须正视改革过程中出现的问题和矛盾，从理论和实践上研究探索各级各类岗位设置、岗位职责制定、聘期考核评价办法和津贴发放办法等，使其更加科学合理，更加具有持续性的激励效应。

1.岗位聘任制的作用

岗位聘任制度改革，为高校内部管理全面引入目标管理，带来了良好的契机。

第一，高校根据自身情况建立两级运行体制，通过成立学校岗位聘任委员会和二级单位岗位聘任委员会，分别负责校聘岗位和二级单位聘任岗位人选的确定，一定程度体现了适度分权的原则和有效控制幅度的原则。

第二，岗位的设置基本上与学科建设任务、人员编制挂钩，并适当向重点学科、研究基地、重大科研项目等倾斜，有利于学校事业的健康发展。

第三，以岗位聘任目标任务书为主要考核依据的绩效考核，使以往的定性考核转向定量为主、定性结合的新的考核办法。岗位聘任条件和职责规定，体现了对教学、科研、管理和社会服务的全面的目标任务要求，完善了学校考核体系，促进了教职员工的工作积极性。

第四，岗位聘任制目标是解决高校长期以来存在的分配上"大锅饭"、人事管理僵化、人员能进不能出、能上不能下的弊端，能够进一步促进学术发展，提高教学质量，促进教师队伍建设。

2.岗位聘任的方式方法

（1）确立明确的岗位责任目标

学校在清理各类岗位的基础上，对每一个岗位工作性质、工作内容、任务要求、岗位责任进行逐个细化，学校根据需要对岗位聘任实施两级管理，学校制订的聘任方案作为一级方案，各二级单位制定的具体实施细则作为二级方案。学校方案侧重于聘岗的原则和具有共性的聘任标准，如各单位、部门岗位数设置、不同系列岗级的设置，各类人员聘任的职责和条件，薪酬的构成及总体标准，各部门包干经费的比例和额度，以及校聘岗位的具体责、权、利等。部门的实施细则在不违背学校聘任方案的原则下，侧重于具体问题的解决办法，如聘任条件的细化、薪酬发放的具体办法、违规或未完成岗位目标的处罚等。学校的聘任方案应原则化，部门的方案要尽量细化，可操作性要强，应该务求穷尽各种情况及解决办法。

（2）实施岗位与身份脱钩的办法

树立岗位意识，淡化身份概念，是高校人事制度改革中首先要树立的观念。学校应明确各类层级的岗位，制定出详细的岗位职责与应聘条件，全体教师通过竞聘上岗，"能"与"岗"相统一，"岗"与"酬"相匹配。这样让全体教师逐渐树立起岗位的概念，树立起能力与竞争的观念。只有观念转变了，才能接受和适应制度的改革。目前部分高校岗位聘任中采取的低职高聘或高职低聘，使学历、职称等只成为竞聘的一个重要条件，而不是上岗的必需资格，从而使全体教师树立了岗位面前人人平等、竞争当中人人平等的意识。

在当前的岗位聘任中，身份是一个不能不考虑的因素，但是，不应该孤立地加以应用或作为聘任的唯一条件。学校在岗位聘任中应充分考虑岗位与身份并存的现实，将身份与其他聘任条件进行通盘考虑，加以综合运用。对于解决岗位和身份这一矛盾，应特别着重强调的是，随着改革的深入，唯身份论将逐渐退出历史舞台。但是，在当前则要考虑和尊重历史事实，考虑到教师心理承受能力，由重身份聘任逐渐向完全的岗位聘任过渡。

解决这一问题的办法有两个。第一，明确每一个岗位的职责和聘任条件，对学校中的各种岗位进行认真的调查研究，制定详细而明确的岗位职责，并根据岗位职责的要求提出聘岗条件，使教师明确应聘的方向，也明确自己应聘岗位的责、权、利。第二，进行全面的岗位竞聘，使每个应聘者都有机会进行岗位竞争，让聘任者能够在较大范围内招聘到合格者，淘汰不合格者。

（3）细化岗位职责制

岗位聘任整体目标的实现与否，关键在于整体目标能否转化为各部门和个人的具体目标。对岗位职责和任务目标的规定，是岗位聘任制度下保证学校和学院各项工作目标实现的主要途径，对于各级各类岗位职责必须予以具体化和明确化，含糊不清的岗位职责会激起内部矛盾。而在目前的岗位聘任制度改革中，职责的制定工作还普遍比较薄弱，以致聘任后，一些不宜量化或难以量化的工作任务不能很好落实。所以，岗位设置要切合学科发展目标要求，进一步确立学科建设在学校工作中的核心地位，进行岗位的设置工作，要明确岗位层次、结构、数量与目标任务相匹配。学校和二级单位逐级实行目标管理，把学校整体目标进行分解，制定出二级单位不同阶段的发展目标，并转化成各类各级岗位聘期内的职责和目标任务。目标任务的完成度，应当是可以衡量的，并且具有一定的"挑战性"，对高层次岗位尤其要明确关键性的业绩考核指标。

（4）强化绩效考核

从目前高校岗位聘任工作实施情况来看，各级岗位的职责和任务目标还不明确，造成与岗位业绩考核的脱节，职责规定、目标任务与业绩考核产生了"两张皮"的问题。由于聘期考核流于形式，既不能对上个聘期的工作业绩做出客观全面的评价，也使下一个聘期的聘任失去了依据。在岗位聘任过程中，实行人员经费与二级单位目标任务挂钩，这样，可以使管理重心下放得到切实的保证，又可对各二级单位产生约束，使其主动、合理地调整自己的行为，将各种决策和行为建立在有利于学院整体发展的基础上，有利于充分调动二级单位办学积极性，提高资源配置效率。

（5）充分体现人文关怀，实行人性化的岗位聘任管理

在制定具体的岗位职责时，要充分考虑人员结构的实际情况，让一些老职工热心于"甘为人梯"，热心于对青年教师的"传、帮、带"。在岗位聘任实施中，鼓励团队竞岗。合理组建学术梯队，是学科建设的一个重要内容。学术梯队是保持学科研究方向的相对稳定性，不断提高学科学术水平的决定因素。高校学科建设的实践证明，凡具有自身特色和优势的学科，必定有一支知识、年龄、层次结构相对合理的梯队，而不可能是单兵作战。为进一步促进高级人才资源的重组，充分发挥学科带头人的领导作用，形成高水平学术团队，同心协力，提高工作效率，有必要将"个人竞岗"扩展到学科组或项目小组"团队竞岗"，以团队方式保证目标任务的完成。

三、高校绩效分配制的实施

我国的高校工资制度是随着经济和社会发展而不断演进的。中华人民共和国成立以来，涵盖了高校工资制度在内的事业单位工资制度历经多次变革，历次不同的工资制度在特定的历史阶段发挥了重要作用，也在一定程度上推动了高校事业的发展。改革将进一步加大高校内部分配的力度，使教师的工资收入与其岗位职责、工作表现和工作业绩紧密挂钩，增强工资的激励功能。同时，岗位绩效工资制的实施，也对高校工资管理机制提出了新的要求。

（一）岗位绩效工资制及其模式特点

受长期计划经济体制和平均主义观念的影响，职务工资制实际上仍然仅是体现职务、等级、资历等传统因素，对业绩和成果的考查考核流于形式，工资构成中活工资的作用并没有充分发挥。工资分配在单位内部缺乏公平性，抑制了其激励功能的发挥。基于此，各高校积极探索建立新的工资制度，形成了如岗位业绩津贴制等适合高校自身特点的分配制度。

建立岗位绩效工资制度的工资结构包括岗位工资、薪级工资、绩效工资和津贴补贴四部分。其中，岗位工资、薪级工资为基本工资，实行"一岗一薪、岗变薪变""一级一薪、定期升级"。绩效工资制建立了符合高校自身特点的工资正常调整机制，从制度上与机关及其他事业单位相分离，完善了高层次人才收入分配激励机制。高校岗位绩效工资制度是以教师所聘岗位为基础，根据工作岗位的任务难易、责任大小、劳动强度等确定岗级，以教师的劳动成果和实际业绩贡献为依据，支付劳动报酬，它是高校工资制度与高校用工制度、人事制度密切结合的产物，具有独特的优越性和特色。

其一，高校岗位绩效工资制度，以教师所聘岗位和工作实绩作为确定工资水平的基本因素，与传统的职务工资制、结构工资制等具有本质的区别，在制度上体现了工资分配的"按劳分配、多劳多得"原则。岗位绩效工资制确定各岗位具有明确的任职条件、职责范围、能力要求，教师只有通过考核达到岗位要求才能聘任上岗，实现了岗位与人力资源的优化配置。工资分配以岗位聘用为基础，对岗不对人，兼顾效益与公平，突出了岗位劳动和能力要素在工资分配中的地位。

其二，高校岗位绩效工资制平均主义分配项目的减少、工资项目的简化、工资结构的优化，均有利于工资制度的正常稳定运行。它将职务工资制的工资固定部分和各种津补贴项目并入岗位工资，既解决了岗位工资比重小、对岗位流动导向不力的问题，又解决了日益突出的岗位与工资分离的矛盾，进一步强化了工资的激励和调节功能，便于加强工资管理。

其三，引入市场机制，调整了工资关系，使工资分配以市场人力资源价格为导向，强化了市场机制的基础调节作用。岗位评价中各报酬要素及其权重的科学设置，使得工资分配向教学和关键管理岗位倾斜，并适当降低了一般简单、重复劳动的岗位等级，从岗位职级划分上拉开了差距。岗位收入趋向市场人力资源价格水平，发挥了工资的"经济杠杆"作用，有利于稳定高校骨干人员，促进人力资源的优化配置，激励教师提高自身素质。

其四，教师工资与工作业绩、团队绩效和高校目标实现挂钩，使教师和团队、高校形成利益共同体。工资标准突出"变"字，运行中强调"易岗易薪、岗变薪变"，因而使教师能够尽自己所能地努力做好本职工作。

（二）有效实施高校绩效工资制度的相关因素

高校的绩效工资制度作为一项以岗位责任为重点的分配制度，它的有效实施和稳定运行受到整个岗位绩效体系诸多因素的影响和制约。

1. 实施岗位绩效工资制度的前提是进行合理的岗位设置

在组织中，不同的岗位对应不同性质的工作、职责、劳动条件和工作环境，不同工作岗位对担任该岗位职工的经验、能力等任职条件要求也不同。所以，具体的岗位所对应的岗位工资也就不同。

岗位设置如果不能体现该岗位的基本职责、任务、技术因素，那么，判定岗位系数、确定岗位工资就丧失了基本的依据，以岗位责任为重点的岗位绩效工资制度就无从实现。所以，高校只有在科学的岗位分析和评价上，明确各个岗位的性质、职责、任职条件等，设置合理的岗位，岗位绩效工资制度才具备了实现的前提。

2. 实施岗位绩效工资制度的基础是进行合同化的岗位聘任

岗位聘用制度是单位与职工按照国家有关的法律法规和政策要求，在平等自愿、协商一致的基础上，通过签订聘用合同明确双方人事关系和权利义务的人事管理制度。采用这样的聘用制形式，实行全员聘任，竞争上岗，不仅能优化人岗匹配，还能体现"能上能下""能进能出"的用人机制，充分激发广大教师的工作积极性；聘用过程中增加绩效因素，使教师工资分配与岗位和绩效直接挂钩，确保岗位绩效工资制度的实现。

3. 实施岗位绩效工资制度的关键是进行科学的绩效评估和考核

绩效评估是运用系统的方法、原理，来评定和测量职工在本岗位上的工作行为与工作效果的一项动态性考评工作。其目的就是改善职工的组织行为，充分发挥职工的积极性和潜在能力，通过科学的分配考核制度激励职工更好地实现组织的管理目标。高校岗位工资是随着单位的效益和个人绩效上下浮动的，如果没有科学公正的绩效评估，岗位绩效工资的激励作用就会大打折扣，以岗位工资为主、与单位和个人业绩挂钩的岗位绩效工资制度也就无从实现。只有实施绩效评估，教师的实际劳动贡献才能明确体现，确定工资才具备量化的依据，才能充分发挥工资的激励作用，使岗位绩效工资制度真正贯彻。

第二节 高校人力资源管理的有效性

人力资源管理是指运用现代化的科学方法，对人力进行合理的培训与配置。同时，对人的思想、心理和行为进行恰当的引导，充分发挥人的主观能动性，使人尽其才、事得其人、人事相宜，以实现组织目标。

人力资源管理的基本理念是，人不仅是管理的工具和手段，而且是管理的目的。要建立一种有效的管理制度和运行机制，最大限度地获取人才、培养人才、激励人才，最大限度地挖掘人才的潜质，最大限度地发挥人才的作用，以实现组织和个人的共同发展。

人力资源管理致力达到两个目标，一是在人力资源的配置上，力求精干和高效，用尽量少的人力在尽量短的时间里取得最大的使用价值；二是在人力资源的开发上，力求提高人的素质，通过各种激励手段使人的潜力发挥到极限，在人的全面发展中实现高水平的工作绩效。由此可总结出人力资源的最终目标是，通过各种手段达到人与人之间相互关联的最佳状态，借此最大限度地释放人体内潜在的生产能力，从而产生最大化效益。它把组织中的所有成员都视为人力资源，群体成员在不同方向和层次上，为实现这一目标而发挥作用。

实际上，高校人力资源管理是指运用科学的原理、原则和方法，根据人才成长规律和学校的任务，对学校各类各级人员进行规划与组织，对人际与人事关系进行指导、协调和控制，做好教师的聘任录用、调配交流、奖惩任免、培训考核、工资福利、职级晋升、离休退休等工作，以达到高校人力资源利用的高效率、高效益的目的。

具体地说，高校人力资源管理是指高校的从业人员从招聘、录用、培训、升迁、调动、评价直至离退休全过程的管理。其目的是通过科学管理，谋求教师、师生之间，教师与教育事业、社会环境之间的相互协调，达到人适其事、人尽其才、事尽其功的目的。在高校实施人力资源管理，是由高校的特殊性质和战略地位决定的。高校是人才聚集和培养的场所，在高校内外环境都发生变化的今天，传统的人事管理已严重阻碍了高校的生存与发展。因此，加大高校人力资源的开发与管理力度，是高校在激烈竞争中取胜的必然选择。

一、人力资源开发中存在的问题

我国高校的人力资源管理是建立在传统的计划经济基础上的，在很大程度上应称之为劳动人事管理，不是真正意义上的现代人力资源管理。近几年来，高校虽然在人才引进、干部任免、教师激励等方面进行了一些有益的尝试，但到目前为止仍有传统的选人、用人、管人的影子，没有把人力资源开发与管理作为高校发展战略的一个基本点来考虑。由于长期的计划经济体制在高校的相对持续稳定的环境影响，人力资源的行政配置性和垄断性在高校人事管理中根深蒂固，人力资源开发与管理的体制和机制不健全，人力资源缺乏整体开发。

其运行模式是自上而下的"垂直式"的以事为中心的管理，市场配置的作用还没有充分发挥出来，各类人才还难以实现真正的合理配置、合理使用，价值规律和竞争规律还没有被有效地引进，人力资源开发与管理缺乏科学有效的业绩考核和评价体系，造成了人才浪费的现象。在运行模式上，着重强调人与事的配合，要求事的总量与人的总量在数量上相适应；事的种类和做事人的类型在结构上相适应；人的资格条件和他所从事的具体事情的要求相适应。主张"人事相宜"，是一种"适应型"的被动的管理状态。人力资源管理部门的主要工作是简单的"安排人"和"安排事"。人事管理的任务也从事出发，注重人现有的才干，把工作及操作的合理化、标准化作为管理的重要内容，而较少注重人的未来发展，是一种传统的、执行式的事务型管理，整个系统是一个相对封闭的、呆板的运行模式。

（一）管理模式僵化

传统人事管理注重对个体的管理，各种人事管理制度也只是偏重于以个体为单位，比如，人事档案的记录、个人目标的考核、人事调配手续等事务性工作，将"个体人"作为事业发展的一项成本，而较少涉及人与人之间的相互作用、团队组织的管理开发。人只是简单地依附于事，成了完成事的工具，以完成一项教学任务或科研任务为阶段性目标，大多数职工在一个岗位上"从一而终"。人事部门以事与物为管理对象，用各种条款约束人的行为，以检查、考核现有的工作质量为根本任务，而对于教师未来教学和科研能力的拓展基本上没有相关的管理措施，而教师培训也局限于上岗前的职业技能训练，教师知识更新和学历层次的提高基本上源于教师个体的行为。人事管理部门基本上是一种被动的、约定俗成式的管理方式，各项重复的、简单的培训对教师没有吸引力，造成人力资源的浪费。管理系统缺乏活力，管理职能单一。

（二）管理手段简单

现代人力资本理论认为，人力资源是一种资本性资源，在人力资源、自然资源和经济资源三大资源的可持续性发展中，人力资源具有主导性与决定性的地位。人力资源在与自然资源、经济资源的相互作用中，不但不会被消耗掉，反而可以通过科学管理得到更大增值，创造出新的价值，是国民财富中最大的财富。

因而现代管理的效果绝不仅仅是成本的节约、出勤率的增加、效益的提高等功利目标，还应从人力资本出发，在管理手段的人性化、工作生活质量的改善、员工在组织中的成长与发展进度、员工对组织的归属感等人性相关的目标上，实施有效的管理与开发。作为现代人力资本管理部门的重要职能，就是在人的开发上力求提高人的素质，通过各种激励手段将人的潜力发挥到极限，在人的全面发展中达到工作的高水平。

高校是知识分子云集的地方，他们自身素质较高，接受新知识的能力较强，信息渠道畅通，思维活跃，是人力资源中的一个特殊的群体。他们不仅需要良好的工作生活环境来从事他们的事业，而且更多地希望将个人的价值在工作中得以充分的体现。

因而，高校的人力资源管理的重心应偏重于完整丰富的人性管理，通过切实有效的手段，合理控制职位编制，力求精干和高效，用尽量少的人力在尽量短的时间里创造出尽可能多的财富，实现团队的最大效益和个人的最大价值，并将这种能力作为组织发展的推动力量。知识型员工具有很强的独立性和自主性，具有很强的成就愿望和专业兴趣。传统的人事管理只是将人作为物质生产的一种成本，将人性物化了。由于建立在这样一种以成本为中心的管理思想之上，在管理中主要以减少投资、稳定现状为主要目标，因而管理的手段以执行现行的各种约束条款为主，不注重管理的人性化特点和人的价值的开发利用。传统的管理往往将丰富的人性单一化、片面化，忽略对人力资本的投资，忽视人的主观要求，因而在日常管理中缺少对人的正常需求的理解与支持，缺乏必要的激励机制。其一方面，造成人力资源的相对过剩，因人设事、因人设专业，人才使用效益低下。另一方面，大量的人才外流使得学校人力资源绝对缺乏，直接影响高校自身的发展。

（三）人力资源配置不合理

教学部门是一个学校的核心，肩负着传道、授业、解惑、科研的重要职责，是学校组成的重中之重，在人力资源配置上应全力保证。然而，由于缺乏对人力资源的全面把握，高校在对人力资源进行配置时就容易出现问题，突出表现在，行政管理人员过多，而基层工作人员很少；学科专业过细过窄，交叉学科过多；一人一门课的计划体制，不跨学科或同学科跨专业授课，造成了人力资源的隐性浪费；等等。这样，就导致人力资源优势不能发挥，在一定程度上造成了人力资源浪费。

（四）行政化倾向严重

我国高校的人力资源管理目前仍处于人事管理阶段，带有明显的行政管理色彩。人事处（部）是人事政策的执行部门，从学校的战略发展来看，只是被动地执行，没有参与战略的制定，学校的战略制定及战略实施和人事部门的管理过程联系不大。高校行政管理应为教学和科研服务，但一些高校行政机构臃肿，干部级别分明，职位重于学问，权术胜于学术。有关人事、教学、科研、生活福利等大小事务大多由学校行政"官员"决定，由此造成教师知识面窄、学派单一、知识老化等后果，影响学校教学和科研的质量成了不争的事实。

（五）人才开发观念落后

教师作为高校中最富有活力的群体，他们渴望有一个灵活的组织和自主的工作环境，表现出对工作场所、工作时间的灵活性，以及宽松组织氛围的向往。即使一个高校成功地引进了需要的专业人员，但要真正留住他们，使他们做出成绩，对其后续培养也是非常重要的。很多高校在这方面做得不够，人才引进以后重使用、轻培养，还有很多高校人力资源管理部门仅限于处理人事工作，不从事人力资源开发，更缺少人力资源开发的意识和能力。加之没有科学合理的考核体系，人才引进的决定权更多在使用单位，人员的管理和使用相分离等现象，最终导致高校对人员的培训与开发力度不足。

（六）绩效考评片面局限

目前，一些高校对教师的评价违背知识发现与创造规律。例如，对教师采用"量化管理"，无论是对业务水平还是对教学、科研能力的考评，除教学课时与论文等硬指标外，大多措施乏力。如"论级定薪"以最近几年甚至一年内发表的学术论文或学术著作为评价标准，数量多且级别高者为优，至于个人品格、心理素质、团队意识等，则极少涉及。对其他人员考评时却没有实行"量化"，无形中加大了教师和其他人员之间的不平衡。这样下去，会窒息教师自由创造空间，引发弄虚作假或粗制滥造。

二、人力资源开发中存在的难点

在推进高校人力资源开发的过程中，有以下五个难点问题需要予以重视，认真加以对待。

（一）关于观念的转变

长期以来，"平均主义""大锅饭"的思想，论资排辈的思想，只"能上不能下"的思想，在许多人的头脑中已经根深蒂固，而且长期以来相安无事，习以为常。现在要加以改变，有的教师可能一下子难以接受。尤其是如果改革触动了个人既得利益的话，阻力会更大。因此，要搞好人事制度改革，一定要认真做好宣传舆论和思想政治工作，引导广大教师提高认识，转变观念，树立改革意识、竞争意识，增强改革的自觉性和急迫感，积极支持和参与学校改革。在推进人事制度改革的过程中，要注意做好改革形势、改革目的、改革政策的宣传教育工作。改革总体方案的制订，要广泛征求教师的意见。特别重要的是，一定要经过民主程序，要经过教师代表大会全体代表审议、通过。通过这些措施，使人事制度的改革深入人心，取得共识。

（二）关于效率与公平关系的处理

人事制度改革的重要内容之一是分配制度的改革。既然是分配制度改革，必然要拉开一定的差距。拉开差距，是改革的题中应有之义。分配制度改革的趋势是告别平均主义，告别论资排辈，推崇按岗位分配，按职责任务分配，按能力分配，按业绩分配。无论是企业单位还是事业单位，无论是国内还是国外，都是这样的改革趋势。关键岗位的岗位津贴标准之所以要定得比较高，就是因为这些岗位的职责更为重要，其任务相应的也比较繁重。学校对不同岗位要制定不同的任职条件和岗位职责，在每年年终和聘任期满时进行严格考核，不合格者将取消相应的待遇。也就是说，收入差距与岗位职责的差别、责任大小相匹配，谁的职责大，谁的贡献大，当然拿钱就多。

在拉开差距、适当倾斜关键岗位教师的同时，还应考虑到面上的普遍提高。在改革的过程中，要注意做好广大教师的预期心理和公平心理的疏导工作，树立正确的公平观，引导大家从改革的大局出发，理解拉开差距的必要性。

（三）关于改革成本的确定

推进分配制度改革，提高岗位津贴标准，加大业绩酬金奖励力度，目的在于形成激励竞争机制。要形成激励竞争机制，就需要一定的投入。这种投入，不能太小，太小达不到激励的目的；但也不能太高，太高学校财力承受不了。学校的持续发展需要加大对学科建设和教学、科研设施的投入。一方面，要态度积极、果断，具有早改革早主动、晚改革就被动、不改革无出路的紧迫感，坚定地拿出一部分资金，投入到分配制度改革之中；另一方面，也不要盲目地照搬外校的做法，过分加大薪酬激励的投入成本。各个学校的财力状况是不同的，一定要考虑本校的实际情况，根据本校财力的承受能力，本着学校可持续发展的战略要求，在教师收入总体受益的基础上，合理设计岗位津贴的档级及每类岗位津贴增幅，突出倾斜少量关键岗位，使"拉大差距"的原则主要体现在普通岗位与关键岗位之间的收入上，而不是大面积地"拉大差距"，从而避免激励成本的过分扩张。与此同时，要重视和发挥绩效奖酬的激励作用，加大对那些在教学、科研和管理工作中做出贡献的人的一次性奖励力度。这样就可以集中现有财力，突出重点，减少分配制度改革的总投入，降低激励成本，提高激励效果。

（四）关于改革力度的把握

推进人事制度改革，有的人主张力度不要太大，要考虑历史成因和现状，保留各自原有的待遇，只是普遍增加收入就可以了；也有的人认为，改革的力度要大，投入应当更多一些，分配差距拉得应当大一些，淡化身份应当更彻底一些，编制应当更紧一些。这些不同的观点，说明了人们对人事制度改革的力度抱有不同的预期心理。

人事制度改革的力度如何把握，涉及如何处理改革、发展和稳定的关系。一方面，要求改革必须有一定的力度，能够引起一定的思想震动，对旧有的观念和习惯形成一定的冲击，促进激励竞争机制的形成。另一方面，也要考虑改革目标和现实条件之间的矛盾，提出切实可行的方案，分步实施，在实践中逐步完善，逐步到位。

（五）关于未聘人员的安置

总的原则是"新人新办法，老人老办法"，即对今后新聘用的教师，严格按照聘用合同管理的规定，在聘期内双方履行规定的权利和义务，聘期满后根据考核结果和自愿的原则续聘或不再续聘；对原有教师中的落聘、待聘人员，可以采取学习培训、校内转岗、校外流动、自谋职业等形式加以处理。高校内部可以设立人才交流中心，与所在地政府人才交流机构形成网络，积极地为未聘人员的流动搞好服务。

三、人力资源开发中的应对措施

（一）树立人力资源管理理念

高校要牢固树立"人力资源是第一资源""人才资本是第一资本"的理念，要有完整的人力资源开发观念和思路，并把这种观念渗透到各个层面中去。高校是多种人才的聚合体，实现学校跨越式发展，既需要高水平的教师队伍，也需要高水平的管理人员队伍、教学科研辅助人员队伍、后勤保障人员队伍，要始终着眼于促进各类人才的健康成长，着眼于调动各类人才的积极性、主动性和创造性。

在人才培养、吸引和使用的三个关键环节，充分遵循人才发展的一般规律，以充分尊重人才的特殊禀赋和个性，放手让所有劳动、知识、技术、管理和资本的活力竞相迸发，让人力资源优势得到充分发挥。尤其是领导应该把人力资源开发工作作为学校发展大计，落实到各个层面的工作中去。要让全校师生在日常工作学习中能够感受到这种理念和思路，从而形成一种特定的文化氛围。这样一来，无论是现有人才还是引进的人才，都能看准方向，看到前途，长此以往就会形成人才辈出的局面。从根本上转变思想观念。只有实现观念的转变才能带来管理方式的变革，才能有管理目标和结果的转变。

高校人力资源管理工作者要不断提高自身的思想认识水平，摆脱传统的办事思路，树立"教师为本，人才第一"的人力资源管理观念，努力进行人才整体开发和管理的探索；全面推进聘任制，进一步深化人事制度改革。人力资源的优化配置直接关系到高校办学质量和效益的提高，而真正实现效益的最大化，更需要高效的人事管理制度。

从现状看，最为有效的办法就是全面推进真正意义上的聘用合同制，淡化"身份管理"，强化"岗位管理"，树立与市场竞争机制相适应的"能进能出""能上能下"的用人观，调动各方面的积极性、能动性和创造性，人尽其才，物尽其用，防止人力资源的闲置和浪费。

调动人的积极性，一方面，靠人的觉悟，另一方面，靠制度保证。高校应努力创造一种宽松的、有利于人才自我发展的人文环境，让他们既能感受到身在这样一种氛围中的温暖，并能清楚地看到自己在组织中的发展前途，从而真正做到能吸引人才，留住人才，激发人才的潜能，充分调动人才的积极性。

（二）与时俱进，实现观念转变

高校人力资源管理部门，首先要牢固树立"人力资源是第一资源"的观念，从观念上将人看作是一种可开发、可交流、可再生的重要资本。现代高校人力资源管理的方向，是建立具有中国特色的高校人力资源管理模式，树立"人力资源是第一资源"的观念，树立人才强国、人才强校的观念，充分开发和利用人力资源，使高校的各类人才适其位、用其能、献其智，最大限度地在办学兴校中充分发挥作用。因此，建立与市场经济体制相适应的高校人力资源开发管理体制，是增强高校人力资源管理的有效途径。

（三）开发人才，提高整体素质

提高员工素质、增强员工能力，是21世纪每一个组织求得发展的重要因素。在知识经济时代，面临世界新技术革命的挑战和人才的激烈竞争，信息和知识的发展迅速倍增，如若不持续地学习和及时地掌握新知识，原有的优势将不复存在。高校人力资源开发，是指高校组织通过多种有效手段提高教师工作能力、业务水平和组织业绩的一种有计划、连续性的工作。而培养人才是开发利用人才的重要组成部分，在培养人才方面，高校应该始终贯彻理论联系实际、学以致用、讲求实效的原则，来确定培训内容和目标。对高校教师的培训应该建立在继续教育与终身学习的基础上，除大力加强教师的学历教育培训外，还要加强教师以创新精神、创新意识、创新技能为核心的高新技术和先进技术等方面的培训，培养创造型人才。

同时，要加强师资培训的制度化建设，坚持重点培养与整体素质提高相结合的原则，以优化教师梯队为目标，以中青年骨干教师为重点，培养具有较强竞争力的学术带头人和青年骨干教师，不断提高学校的教育教学和科研水平。与此同时，由于知识型员工自身具有较高的流动意愿，内在需求模式是多层面的，因而人才自身也具有较高的流动性，使得现代人力资源管理部门必须做好人才资本的积累与更新，高校人才资源的储备方式应该是动态的，具有前瞻性和预见性。

（四）以人为本，实施人才战略

高校在办学过程中，应坚持"以人为本"的办学原则，坚持以教学和科研为中心，树立正确的人才观念。当个人的物质需求得到一定的满足后，精神方面的需求就会凸显出来，人的注意力就会更多地集中在爱与被爱的需求和自我实现的需求上。

高校是一个人才相对集中的地方，是知识分子会集的地方。因此，员工在成长的过程中更多的是需要受到人性的尊重，他们需要经过自身的努力取得良好的工作业绩，实现自己的价值，获得社会的承认。因而，物质奖励固然重要，但对其工作的赞许、真诚的认同或是拓展工作内容，满足新的工作意愿，提供更具挑战性的工作空间，都是人力资源开发管理的重要内容。如何能体现一个人的价值，有利于人才的成长是高校的人力资源管理的目标，不能简单地将人从事的一切活动的动机归结为经济利益的驱动。

所以，在管理上要激励和约束并存，物质与精神并重，承认人的各种需要的合理性，尽可能创造各种条件予以满足，张扬人性的优点，既要保证制度实施的统一性，又要包容人才个性的多元化。

（五）优化配置，建立科学管理机制

未来组织强调的是信息共享、团队建设、组织参与和共同决策。要提高人力资源管理的效能，就必须强调建立个人目标与组织目标的共同愿景，使集体目标与个人目标相结合，满足员工事业的发展期望。

在高校中，主体是知识型工作。知识型工作的特点往往是员工与项目合作，其工作通常是跨专业、跨部门的，不一定有固定的工作场所，需要通过信息、网络组成合作团队。这样，信息的交流和共享、各部门和团队的合作与协调就显得格外重要。

因此，人力资源管理的职能须由行政权力的控制转为服务支持，经常与下级沟通，形成共识，建立互信。要突破旧规则，抛弃传统刻板的旧方法，采取灵活的管理技巧，争取更多的机会激发人力资源管理的潜能。有效地协调人与人之间、人与事之间的各种矛盾，使之保持一种均衡的状态。在制度管理中，必须突破原有的思维模式和运作方式，要有创造性，不断满足人的丰富多变的需求。领导不仅要下达命令，更应负起组织和学习的责任，建立起一个能让每一个成员都能施展自身才华的组织。

高校的人力资本是学校总资本中最重要的资本，它是高校教育功能、科研能力和社会服务的主要载体。各系统之间存在着相互依赖和相互制约的关系。人力资源管理有明显的系统性和科学性，它直接影响到其他子系统的正常运转，关系到高校的发展和兴衰。

随着教育体制改革的不断深化，高校人力资源市场要适应市场经济发展的要求，打破封闭的管理模式，建立以市场为导向的人力资源管理机制，形成高校内部人力资源市场和外部市场统一的人力资源市场体系。只有这样，才能不断发展和壮大高校的人才队伍，提高高校的整体素质和综合实力，从而实现高校的可持续稳定发展和全面腾飞。

第三节 人力资源开发中的团队建设

随着事业单位人事分配制度改革的推进，高校人力资源开发已经成为当前人事管理改革的一项重要任务。事业单位要按照科学合理、精简效能的原则进行岗位设置，坚持按需设岗、竞聘上岗、按岗聘用、合同管理。确定具体岗位，明确岗位等级，聘用工作人员，签订聘用合同。

在人力资源开发中，如何结合学科专业建设、教学科研工作实际和学校发展，进行教师岗位的科学设岗与聘后管理，加强教学、科研团队建设，充分调动和发挥教师的积极性和创造性，是人力资源开发过程中，需要进一步思考和探索的问题。

一、在人力资源开发中强化岗位设置，促进团队建设工作

目前，行政主管部门颁布和出台的各项政策，为高校实施人事管理由身份管理向岗位管理指明了方向。新一轮的事业单位人事制度改革集中于用人制度和分配制度两方面。在用人制度方面，改革旨在建立岗位设置与分级管理，实现由身份管理向岗位管理的转变；在分配制度方面，改革旨在建立与岗位职责、工作业绩与实际贡献紧密联系的分配激励机制。在岗位设置中，各类各级岗位及内部的比例结构都有一定的控制要求。因此，高校要根据岗位资源管理要求、办学实际和发展需要，科学合理地使用岗位资源，设置各类各级岗位，加强规范化管理是岗位设置管理的重要工作内容。

科学的岗位设置是岗位聘任制度的基础，作为高校人力资源重点的教师队伍，岗位设置是否合理，直接关系到学校人力资源的使用效益及学校事业的可持续发展。因此，要高度重视教师队伍岗位设置与管理。以教师岗位设置为例，教师岗位设置的基本原则有如下三点。

规范、合理原则。要根据学校办学实际、学科专业的设置、教学科研任务承担情况，制定岗位设置规范，合理分配岗位资源。

倾斜原则。从学校层面，专业技术岗位的数量及比例结构的设置要向教师队伍倾斜，优质岗位资源要向业绩突出、发展态势好的二级办学单位及学科专业倾斜。

有利与可持续发展的原则。岗位资源的设置及使用，既要考虑现有人员实际，更要充分考虑教师队伍的可持续发展，为高层次人才的引进和中青年学术骨干的成长发展留有空间。

遵循以上原则，结合校内的目标管理，可以探索建立根据学科专业数量、层次水平、教

师队伍结构，以及团队建设、学生规模、教学科研目标任务及实际工作绩效等因素的教师岗位设置、聘用办法及工作机制。实行岗位设置与管理，要注重对学校未来的发展有一个前瞻性的分析，包括学校发展目标定位，人才队伍建设规划，学科建设规划等。只有对这些情况有了深入了解和掌握，才能明确岗位设置工作的目标，既要立足现在，又要着眼未来，适应学校长远发展的需要。

在进行岗位设置和聘用时，采取分步实施，逐步过渡到位的办法。在岗位设置数量上，要遵循科学合理、精简高效的原则，进行总量控制，岗位总量使用过多，容易产生以次充好的现象，增加人力资源成本开支；岗位总量使用少，就会制约优秀人才的正常晋升，不利于调动人力资源的积极性和创造性，也可能会影响到教师队伍的稳定。

（一）结合岗位设置管理及聘用，深化学科团队建设工作

高水平大学的特色与优势，往往体现在学科发展建设方面，学科是人才培养、学术研究及社会服务工作的基础，因此可以说，学科建设也是高水平大学发展建设的中心工作。学科建设除硬件环境条件建设外，更重要的是带头人、学术骨干培养扶持及团队建设。

在学科的建设管理中，需要有科学合理的组织模式、运行机制、带头人、队伍构成，才能更好地凝练学科方向，会聚学术队伍，凸显学术特色，支撑学科带头人及学术骨干的成长，提升人才培养质量，承接重大科技研究任务，产生标志性成果，并形成可持续发展态势。

教育行政主管部门出台的岗位设置管理办法中，对教师岗位的正高、副高、中级和初级等各职级内部都有一定的比例控制要求，这既是加强岗位规范管理的举措，也为高校根据自身办学发展及具体的学科专业队伍建设需要进行岗位设置提供了政策依据。因此，在岗位设置管理中，优化人力资源，加强教学科研团队建设，既是规范岗位设置管理工作的内在要求，也是加强学科团队建设的契机。

（二）岗位设置管理中的学科团队建设工作思路

就学科团队的构建而言，从高校现行的一般教学科研组织模式看，可以把二级教学科研单位看作一个基于一级学科或从事某种系统性教学科研工作的"大学科团队"，把博士点或硕士点或本科专业中的教师队伍建设看作"学科（专业）团队"，其中面向具体学科的教学科研方向的团队可以看作"学科方向团队"。建设好这三个层次的学科队伍，对促进教学科研工作，提升高校办学水平，是至关重要的。

首先，在岗位设置管理中，做好大学科团队教师队伍建设工作。大学科团队承担着系统性的教学与科研任务。因此，要从系统性的观点来建设大学科团队教师队伍，在教育行政主管部门实行岗位（编制）数管理背景下的岗位设置与聘用中，高校可以根据自身的编制总量，在各发展建设阶段，合理规划使用岗位资源，总体上要使大学科团队规模适宜、专业技术职务及年龄结构合理。在向大学科团队分配教师岗位资源时，可以根据各单位的基本的学生规模数、学科（专业）分布情况、发展态势、具体承担的教学科研工作任务等要素，

给予大学科团队合理的岗位（编制）数及基本的高级专业技术岗位比例数。这是岗位资源的宏观设置管理。

其次，根据学科（专业）团队发展建设水平，以优质岗位资源分配为杠杆，优化学科（专业）团队队伍。为加强学科队伍建设，在岗位设置中，要优先考虑重点建设学科、优势学科（专业）的教师高级岗位数，兼顾基础学科和一般学科。学校在高级岗位数及其比例的使用中，高级职务岗位必须适当控制，既考虑教师队伍的现实情况，也适度留有发展空间，并适时动态调整，保证长远发展建设需要。

对正高二级、三级、四级、副高五级、六级、七级岗位，综合考虑学科点教师队伍的规模、质量建设需要，以博士、硕士学科点，科研基地（中心），本科专业及本科教学质量工程建设层次、水平及数量为分配因素，以学科应具有的教师队伍构成为目标，设定基于学科专业、教学、科研等因素的高级岗位设置标准，以"是什么层次水平，给相应资源"的拼盘式的方式，设定各学科（专业）的正、副高级岗位数。扶优、扶强，比如，重点保证国家重点学科、重点实验室、工程研究中心、211工程重点建设学科、省部级重点学科、博士点学科等所需要的职务岗位数量，兼顾一般即兼顾无博士、硕士点和公共及基础课教学需要。这是岗位资源的中观设置管理。

在实际的岗位聘用中，以岗位、条件、评聘相结合，控制各层次最高级岗位实际上岗数量，发挥岗位、条件的激励引导作用。

最后，根据发展建设需要，重点建设具有优势和潜力的学科方向团队。学科方向团队是学科发展建设基础的、核心的人力资源生产力，是大学科团队和学科（专业）团队的组成单元，直接关系到学科建设水平及可持续发展。因此，在岗位设置管理中，要高度重视学科方向团队建设。

在岗位设置与聘用工作中，第一，要根据学校的学科特色和重点建设目标，设置具体学科带头人及方向带头人（学术骨干）岗位。第二，要明确相应的岗位条件、岗位职责及年度和聘期目标任务。第三，要建立遴选聘用的工作机制，公平合理地遴选学术水平高、管理能力强、德行俱佳的学科带头人及方向带头人（学术骨干），结合基层学术组织改革的推进，在各学科方向整合人力资源，根据学科方向科研和学术研究交叉、融合的需要，合理地配置人员，构建相对稳定的学科方向队伍。在此基础上可以探索实行学科及重点研究方向学科负责人制度，在现行的岗位设置与聘用中，正高二级、三级岗位的被聘用者应该赋予博士点的带头人（或负责人、方向负责人）职责与权利，借以改变学科点目前普遍存在表面上人员集中实际上分散"经营"的现状。这是岗位资源的微观设置管理。

在实施岗位设置和人员聘用工作中，对以上三个层面的团队建设，应把握好以下四个原则。能满足学校基本的教学、科研和社会服务职能的充分发挥；能适应学科发展建设需要，使学科队伍能持续发展；有利于激励群体的人力资源效益；注重专业技术职务结构、学缘结构、年龄结构、知识结构的合理构成，能稳定现有优秀人才并吸引校外优秀人才。

（三）探索建立适应岗位设置管理的团队考核机制

考核评价是岗位聘任与管理工作的内在要求，是对教师、团队工作情况进行评判的主要手段，是奖惩的依据，也是宏观上发挥岗位聘任的激励与约束作用的重要环节。因此，考核评价标准的制定要科学、全面，考核评价的程序、方法和机制要合理，考核评价的结果要客观、公正。学校应建立相应的人事分配制度及工作机制，主要侧重在以业绩考核为基础的奖惩工作体系、配套措施和激励约束机制，促进团队的建设发展和工作绩效的提升。

对大学科团队的考核，采取两级目标管理的方式进行，对大学科目标管理考核的原则应该是坚持分项与整体考核相结合、以整体考核为主、突出实绩的原则，坚持定性与定量考核相结合、以定量考核为主、突出标志性成果的原则，坚持公开、公平、公正的原则。

考核内容为目标责任制任务书中明确的内容，包括本科生教学工作目标、研究生培养工作目标、科研工作目标、学科建设工作目标、师资队伍建设工作目标、实验室建设与管理工作目标、学生工作目标等。根据考核结果，兑现校内包干津贴。综合考核结果与大学科主要负责人的考核结果直接挂钩。

在实行两级目标管理的情况下，为充分发挥二级教学单位的作用和积极性，对学科（专业）团队及学科方向团队目标任务的制定、年度级聘期考核、激励与约束，可由二级单位自行组织实施。

在岗位设置管理背景下，要兼顾对团队和教师个体的绩效考核，既要考虑团队整体的绩效及激励约束，也要针对不同教师个体的绩效差别及相应激励约束。在岗位聘用中，要完善配套的政策与制度设计。可以采取组合性的考核评价方式。一是建立完善对二级单位的目标管理考核体系；二是建立对各级教师岗位的基本职责要求及考核评价标准，要全面反映对教学工作、学术研究与科研工作，以及学科专业建设工作、管理工作、学生工作等公益工作的基本内容，明确"质"和"量"的综合性基本要求，借以实施基本的约束，保证教师队伍的整体效能与绩效；三是建立关键绩效奖励办法，激励标志性成果的产生；四是对学科带头人或学术方向带头人，突出"质"的综合要求，综合考核评价其学术水平、组织协调能力及所负责团队或方向的整体工作绩效。

二、建设高水平教学团队，切实提高教学质量

我国高校的教师人事管理和利益分配，基本上是以学校的二级管理的学院或系为单位进行的，教学任务的安排也是以某个单位的某位教师可以开设某门课程的能力为出发点的，教学方式、教学质量几乎完全受教师个人因素的影响，课程大纲、教案、教材、教学进程、成绩评价标准等随意性很强，由此直接影响教学质量的提高，不利于为学生提供优质的学习资源。

所谓团队，是指一些才能互补、团结和谐并为负有共同责任的统一目标和标准而奉献的一群人。其作用在于提高组织的绩效，使团队的工作业绩超过甚至大大超过各个团队成员个人业绩的简单之和。

（一）教学团队形成的动因

学习型组织是一群能不断增强自身的创造能力的人组成的集合或团队。在其中大家得以不断突破自己的能力上限，创造真心向往的结果，培养全新、前瞻而开阔的思考方式，全力实现共同的抱负，并不断学习如何共同学习。教学团队应该是高校组织中一种典型的学习型组织，是教师专业发展的内在要求。

（二）教学团队建设的目标

科学地为团队设定一个共同的奋斗目标，是教学团队建设的第一大要素。只有合理的并能集中体现团队成员共同价值观的目标，才能使团队的队员具有归属感，愿意为这个目标竭尽全力，贡献自己的力量。确定教学团队的目标应该具有三个特点，即目标定位应具有前瞻性、全面性、现实性。

从提高教学质量的角度而言，教学团队承担的任务主要有三项。一是创新教育理念。二是创新教学模式。三是推进教学改革。

通过建设，教师队伍整体素质得以进一步提高，专业人才培养模式改革取得突破；教学质量得到切实提高，学生的实践能力和创新精神显著增强；科技创新和人才培养的结合更加紧密；基本形成新型的、适应现代发展的教学模式和方法，使得教育在组织结构、过程管理和教学质量等方面协调发展，创建教育和人才培养可持续发展的机制；基本适应我国经济社会发展的需要。

（三）教学团队建设的基本思路

1. 以课程群建设为平台，搭建教学团队的框架结构

关于课程群的界定，目前学术界存在不同的观点。

一种是以学科为依据划分群与群的界限，另一种是以专业为依据划分群与群的界限。一种观点认为，课程群应该是指从属于某一个学科、相互之间有着合理分工、能满足不同专业教学要求的系统化的课程群体。另一种观点认为，无论课程群的内涵如何界定，课程群建设一般都遵循三大原则，即关联性原则、整体性原则和独立性原则。课程内在联系非常紧密，同时，又各自形成相对独立的内容体系，比较适宜作为一个课程群进行建设，理由有三，其一，课程群建设可以处理好群内课程之间的相互关系，避免课程之间的重复或界限不清；其二，课程群建设能够照顾到专业的需求，根据专业特点，形成层次分明、界限清晰、彼此照应、各具特色的系列课程；其三，课程群建设有利于形成先进的教育理念并推进教学改革，兼顾学科与专业发展，兼顾教师与学生、"教"与"学"的互动相长。

课程群建设的首要内容是师资队伍建设，即是说课程群建设为教学团队的构建提供了一个天然平台。

在组织结构上，应充分考虑团队的稳定与发展，使团队内教师的年龄结构、职称结构、学历结构趋于平衡，形成以中青年教师为主体、以中高级职称教师为主体、以研究生（硕士、博士）学历为主体，具有鲜明教学特色和较高学术水平的教学团队。

在规模上，教学团队成员总数在10人左右。教学团队可设置一个首席教师岗位；各门课程均设置一名责任教师岗位，责任教师下设一两个主讲教师岗位，主讲教师下设若干个中青年骨干教师岗位；首席教师、责任教师和主讲教师可兼任。

在团队领导上，应选择合适的团队负责人。教学团队的负责人应该由首席教师担任。首席教师应该具有较高的学术水平，教学经验丰富，教学效果好，威信高，善于开拓创新，有较强的号召力和组织管理能力。

在运作模式上，首先，首席教师与团队中其他成员教师双向选择，使团队的结合力达到最强。团队内教师之间的相互配合就像一支球队，在教学工作中每个成员都有一个合适的位置。其次，领导权与决策权共享。首席教师的作用不是传统意义上的领导权与决策权的独享，而是在沟通、协调与尊重的基础上，为团队提供组织与服务，外部激励与考核的对象是整个团队，而不是每一个教师。

2. 以教学研究项目为抓手，创新教学团队的教育理念

大学教学是学术，学术性教学包含于教学学术。学术性教学是在教学中有策略地选取根植于本学科领域资源中相应的思想和例证，并有计划地对课程进行设计、开发、传授、互动和评价，以及与学术团体中的其他成员进行交流，提供教学沟通研讨的论坛和平台，在对教学的系统反思过程中创新教育教学的理念和方法。通过承担各级各类教学研究项目，具体分析教与学的各个环节，从多角度研究教学模式、教学内容与教材、课程体系、教学方法与手段等，并将研究成果应用于教学实践。教学团队要以人才的应用性和创新性培养为目标，确定教学研究内容，把研究成果贯穿于课程教学实践，体现教育理念的先进性。在教育教学中，应强调两个方面。

一是转变以传授知识为中心的继承型教育观念，树立培养创新精神的教育观念。传统的教育以继承已有知识为根本目的，使之渗透到课程体系、教学内容、教学方法、评估标准、考试制度等各个方面，极大地束缚了学生的独立思考和创新精神。创新型教育旨在培养学生的创新精神——敢于质疑、发现问题、善于综合、正确思辨、勤于实践、求真求实。

二是转变局限于专业知识教育的观念，树立综合化知识教育观念。由于现有的专业本身划分得比较窄，所以仅仅从知识的角度进行教学，其范围十分有限，难以满足新的经济和社会发展趋势对人才培养的要求。教学团队要在所提供的课程资源中，拓展与本专业相关的其他专业背景，注重学科知识的交叉融合，提供给学生较多的创造性思维训练的空间。

3. 以精品课程建设为载体，推动教学团队的教学改革

如果说课程群涉及的是"面"，那么精品课程则是"点"。按照我国教育部的界定，精

品课程是具有一流教师队伍、一流教学内容、一流教学方法、一流教材、一流教学管理等特点的示范性课程。精品课程建设是一支团队在教学内容、教学方法、教学管理等方面进行改革创新的过程，也是先进的教育理念统筹实施的过程。

精品课程建设直接推动了教学团队的教学改革，主要体现在三方面。

第一，促进教师的团队合作。因为精品课程建设是一种系统、持续的行为，仅凭单个教师的力量无法完成，需要团队合作，精品课程是团队成员长久合作与积累的结果。同时，精品课程的整体性要求团队成员具有互补性，具有合理的梯队结构。所以，精品课程建设对教师提出的要求中最重要的就是团队合作互补，形成梯队。

第二，更新教学内容、课程体系与教材。改革的前提是结合当今国内外先进理论与实践的发展、满足社会对人才培养的要求以及应对兄弟院校的竞争。协调课程群内各课程内容的关系，做好课程间的衔接，避免重复。理论的演进与实践的发展密切结合。提高教学效率和效果。

第三，创新教学方法。课程专业教育不应仅仅局限于知识点的传播，更为重要的是学习方法的传授，激发学生求知的欲望，培养其创造能力。"教""学"互动，把教学工作的重点放在学生的"学习"上，要用更加系统和学术性的方法来研究，促进学生的"有效学习"。精品课程的示范性作用，会将教学团队的改革成果辐射至其他相关课程和系列课程群，扩大教学团队的积极影响，促进团队发展，提高教育教学质量。

4.以学术研究为支撑，提高教学团队的业务素质

大学本科教学过程具有很强的探索性，它不仅要传授知识，还担负着发现未知和培养学生探求新知能力的任务。因此，大学本科教学过程本身就包含教学与科研两个因素。科研可以促进教学内容的更新，可以促进教学方法的改革，是确保教学质量的重要支撑。

教师必须要有较强的科研能力和教学能力，在整个教学团队中，最好采用"科研能力与教学能力互补"的模式。一方面，科学研究能力较强的教师到教学第一线上课，把学科研究的最新成果应用到所教课程中去。注重教育科学研究，注重新教学方法运用，并由名师指点，使他们尽快成为教学骨干力量。另一方面，对于教学能力强的教师，要安排他们结合教学内容进行科学研究，给他们搭建学术研究平台提供科研条件，提高学术研究能力。坚持以教学引导科研、以科研促进教学，将研究成果运用于课程教学之中，实现教学与科研的互动，提升教师团队的业务水平，促进教学质量的提高。

三、建设创新型科研团队，提升学校整体水平

在当今提倡科技自主创新的知识经济时代，高校构建高绩效的科研团队，一方面是解决经济社会发展各领域中面临的许多复杂问题的需要，另一方面是科研人员自身获得发展的需要，同时也是提高我国科技自主创新能力的要求。可以说，高校科研团队是以科学技术研究与开发为内容，由为数不多的技能互补、愿意为实现共同的科研目标而相互协作的具

有较强创新能力的科研人员组成的群体，它大多是指以学科梯队、课题组等为代表的科研型团体组织，是高校开展科研活动的基础力量和培养、造就高校学科带头人、学术骨干的沃土。建设一支高质量的科研团队，对提升学校整体水平，扩大学校影响具有重大意义。

（一）高校现存科研团队建设存在的问题

高校科研团队特别是高水平科研团队的建设，无论对于团队成员个人还是对于团队整体而言都具有积极的意义。正是基于这一点，高校中出现了许多科研团队，试图通过组建团队提升个人和集体的科研水平。但是许多科研团队都存在一个突出的共性问题，就是"形似而神不似、整体质量不高"。多数科研团队仅仅是一个形式上的团队，团队成员还是"以我为主、单兵作战"，科研团队整体的优势并没有发挥出来。深入分析后可以发现，问题的存在与以下四个因素有较大关系。

1. 缺乏有利于团队发展的互助、合作精神

高水平科研团队需要团队成员具备精诚合作、互帮互助的精神，而这种精神需要团队成员在日常的工作中就能够形成，并在团队中进一步培养和运用。目前，高校中科研人员之间互助、合作的精神还有待进一步加强。不同学科间的科研人员由于缺乏交流而少有合作。在同一学科、专业内部，职称评定、聘任方面的竞争导致了科研人员之间竞争有余，合作不足。长此以往，科研工作者之间合作的精神很难真正培养起来，互助、合作精神的匮乏，也直接导致在科研团队中成员彼此之间合作过少，不利于团体优势的发挥。

2. 缺乏有利于团队合作的评价机制

目前，许多高校评定职称时，只认论文或研究成果的第一或前两位署名人，这一举措虽然能够在一定程度上防止某些人在发表成果时互相署名，滋生学术腐败，但是也在一定程度上对合作研究起到了反向激励作用。另外，现行的高校评价体系更多的是对个人业绩的评价，对团队业绩的评价尚未引起足够重视。不鼓励合作的评价机制会使科研工作者合作的积极性大打折扣，这显然不利于科研团队集体科研活动的开展。

3. 缺乏有利于科研团队组建、发展的管理平台

组建跨学科的高水平团队已经在许多高校中形成共识，成为高校科研管理的重要内容之一。但在适应和满足科学研究发展需要方面，科研部门迅速提供必要的组织保障的反应能力还比较弱。面对各级各类的科研项目和课题，科研行政组织的反应往往滞后于科研工作者的反应，其主动配置人员和优化资源的意识还比较薄弱，掌握的人员和资源优势并未能充分发挥出来。就科研团队内部的管理而言，不少科研团队是为了申请科研项目而临时组建的，在团队内部并未形成科学合理的管理机制，只是在项目申请、科研任务分工时召集相关人员进行简单的沟通交流。团队对其成员缺乏有效的管理和约束，团队成员对团队认同感不高。

4. "近亲繁殖"阻碍了高水平科研团队的组建

高校中，目前广泛存在的是"导师＋学生"模式的科研团队，团队成员间彼此非常熟悉、

联系便利，因此这种类型的科研团队有助于互相的沟通和交流。但是，这种科研团队也存在着一些问题。首先，这种科研团队成员的知识结构非常接近，不利于发挥多学科的优势、开阔新的研究领域、发现新的研究视角，这也与科研团队多学科、多专业的组建理念背道而驰。其次，在这种团队中，作为学生有可能慑于导师的权威而不敢提出相悖的一些意见或看法，不利于新的学术观点的产生和发展。以上因素给"导师＋学生"模式的科研团队发展成为一支高水平科研团队制造了许多阻碍。

（二）创新型科研团队建设的若干举措

随着科学技术的发展，科学融合和交叉趋势不断加强，高校在国家创新体系中的地位也越来越重要，高校之间的竞争越来越激烈，要想在激烈的竞争中取胜，必须注重科研的效率。知识的不断拓展更新和高度分化，也使得个体研究活动越来越难以实现，科学研究本身要求科研人员自然形成的科研团队能不断地进行知识更新和共享。

科研创新团队为科研人员提供了良好的科研工作平台，科研效率的提升、知识共享的需求，又在客观上要求把落脚点放在富有持续创新能力科研创新团队的建设上。

1. 建立科研团队的内部沟通机制，加强学术沟通和人际沟通

科研创新团队采用先进的信息技术，保证沟通的顺利、及时进行。团队成员及团队带头人要正确认识自己的知识范围及其自身知识的局限性，从而有利于团队成员之间的相互合作和沟通。树立正确的沟通理念，提高沟通的主动意识。尤其是团队带头人要诚心诚意地对待下属所提的意见和建议，鼓励成员积极思考，为团队的健康发展出力出策，维护学术团队的形象和凝聚力。

科研创新团队成员在科研工作中互相合作、沟通、学习，可实现信息和知识的共享，个人技能和水平都能得到提高。这又可进一步加强合作，激发创新的热情。团队对目标的共同追求和浓厚的学习与合作气氛鼓励成员追求价值的实现，实现创新，并从工作中获得成就感和满足感。成员相互间的高度信任是科研创新团队必须具备的要素。

2. 加强团队带头人的培养

一个优秀的带头人，不仅能带动一个团队的发展，而且对整个学校科研工作的发展也起着至关重要的作用。科研工作是独特的、整体的任务，科研工作能否真正及时、有效地完成，能否出高水平科研成果，在很大程度上取决于带头人所具备的素质和能力。高校要想在竞争中占有优势，就必须采取措施优先培养出一批团队的科研带头人，从而带动团队科研实力的提高。创造条件，积极鼓励科研骨干承担高层次项目，逐步培养其科研能力。营造活跃的学术文化气氛。

学校要为团队带头人的成长营造良好环境，注意培养和保护。团队带头人必须加强自身的学习，不断更新管理理念和知识结构，提高自身的素质，当好团队的带头人，这是提高团队组织学习效能的关键。

3. 打造优势互补的科研群体

科研团队应该是一个其成员优势互补的科研群体。这里所说的"优势互补",是在围绕团队研究方向和研究目标的前提下,实现团队成员知识结构、能力、思维方式、研究经验的优势互补,以及年龄、性格特征、工作风格、人文素养的优势互补。目前,国内一些有突出成就的科研团队,都具有多学科多专业交叉的特点,这样才能发挥优势互补的作用,适于攻克跨学科的重大难题。不同年龄、不同研究经验、不同科学背景、不同研究水平的人相互交流、相互影响、相互熏陶,但又不脱离核心科学家的研究方向,这种类型的团队才能够在科研创新上取得突破性进展。

4. 确立稳定的研究方向与目标

创新型科研团队应确立相对稳定的研究方向。只有这样,团队才能少走弯路,使研究工作得以顺利开展,且能在本学科领域形成优势和特色,从而多出成果,出好成果。在选择科研方向时,应全面了解研究领域国内外发展动态及国家经济、科技发展的重点,使团队的科研工作始终处于本学科领域的领先地位。

5. 合理整合科研优质资源

合理整合高校自身和所在地方、区域内的优质科研资源,加大与其他地方高校、地方科研院所、地方政府的合作,在尊重知识产权的基础上实现高校与地方的信息资源共享,是高校创新型科研团队建设的一条重要路径。与地方共建,促使高校与地方科研院所和企业研发中心依靠现有资源建立科研公用数据库、科研公用图书资料库、科研公用大型仪器设备等一批科研公用平台,针对地方特色产业发展中的重大科技问题确立系列攻关目标,在基础研究、应用开发、产品创新上更好地为地方经济建设发展服务。

总之,在创新型科研团队建设中,要真正体现"内外受益,多方共赢"宗旨,不仅要使团队成员自身获得较快的成长与发展,而且要促进团队工作绩效不断提高,从而在不断实现科研团队预定的共同目标过程中,充分发挥高校科研团队在建设创新型国家中积极作用。

第五章 高校人事档案管理

第一节 高校人事档案的含义及作用

一、高校人事档案的含义

高校人事档案是人才信息的重要载体，是记录和反映教师个人学习、工作和生活经历有关情况的原始记录。它准确、真实地呈现了高校教师德、才、能、绩各方面的表现，能反映出他们的工作表现、奖惩情况、行为轨迹、家庭历史背景和经历的各种重大事件。因此，其管理工作的好坏优劣，直接影响着高校的人才选拔、任用，关系到学校教学水平的提高和科研层次的提升，制约着高校人才培养的质量水平和长远发展战略的实施。高校人事档案管理工作，虽然内容比较庞杂，但总体来说，主要是指人事档案材料的收集、鉴别、整理、保管、转递与利用等环节。在工作对象上，它既要与物（纸质材料、电子材料）打交道，又要服务于人（教师）。在工作属性上，它既有主动性，要从高校各个相关部门、院部等收集原始材料，又有被动性，要服务、服从于学校发展和教师的各方面的需要。在工作要求上，它既有传统性的一面，大部分时间要按照相关要求和基本流程做好文档的收集、归类和利用，工作枯燥、单一；又要不断学习、与时俱进，引入现代化的管理。因此，总体上看，高校人事档案管理工作是一项富有挑战性和开拓性的工作，地位和作用不容忽视。从其对高校发展的功能上看，首先，管理好作为学校发展轨迹和教师个人成长经历记录的档案，能协助各高校根据自身的历史和发展，提出比较符合其特点的办学定位、指导思想，还能不断提升高校内部干部和教师的管理水平和业务能力。其次，它是高校组织、人事工作的重要组成部分，能为单位选拔、聘用和晋升等工作提供真实依据和凭证，是干部工作和人才工作的重要工具。只有全面考察教师个人经历和不同时期的德、能、勤、绩、廉的表现，才能全面地了解每一个人，做到人尽其才，才尽其用。最后，人事档案是教师教学和科研情况的真实凭证。人事档案管理工作，在人才引进与培养、人才政策制定方面具有举足轻重的作用，它是高校实施人才强校战略的必要条件。近年来，学术理论界围绕高校人事档案管理工作进行了诸多方面的分析和探讨，在理论建构和实践操作层面，都提出了很多新的观点和做法。

二、高校人事档案的作用

（一）人事档案的凭证作用

高校人事档案与其他各类档案相比，其凭证的价值不仅具有法律效应，而且更加具有现实效用。由于它是个人的经历、思想品质、业务能力经过组织认可的真实记录。从内容上看，人事档案由组织定期布置填写的履历表、年度考核表、鉴定表、学历、职称、政审、党（团）材料、奖罚、工资待遇、任免等各种材料组成。它在个人的工作及生活待遇方面，都起着极其重要的凭证作用。

高校的人事档案管理是高校人事管理工作开展必须具备的条件。在高校中，人事档案对于人事管理工作有着凭证性的作用。在对学校工作人员进行任用、罢免、调动及人才选拔方面提供了非常重要的参考价值。通过对人事档案的查阅及分析，能够很方便地了解到某人的基本情况和信息，由此能够看出高校的人事档案管理是高校人事管理工作开展必须具备的条件。

（二）人事档案是选拔和培养人才的重要依据

人事档案具有双重作用。一方面它是在人事管理的活动中形成的，反映了组织对个人培养的过程，是个人历史的记载。一个人如果缺少了个人档案，是难以得到社会认可的。另一方面人事档案又服务于人事管理和组织的发展，通过掌握齐备的人事档案，组织可以及时准确地了解每个人的工作经历、思想品德、业务能力、技能状况、工资待遇等情况，为任用干部、评聘专业技术职称提供重要依据。由此可见，人事档案在干部队伍的年轻化、知识化、专业化建设中，在加强人才的保障和干部梯队建设中有着不可替代的作用。

高校的人事档案管理工作为高校的人事管理提供相关的参考依据。在高校的人事管理工作中，高校人事档案的管理在其中起着非常重要的参考价值。高校人事档案能够清晰地将每个人以往的工作经历和基本情况反映出来，因此能够为学校人事管理部门在对学校的人事进行管理时提供一定的参考依据。目前，人事档案的管理已经受到各高校人事管理者的关注与重视，学校也普遍成立了相关的人事档案管理部门，能够很方便地开展人事档案的管理工作，进而为学校的人事管理提供合理的参考依据。

（三）人事档案在开发人才资源方面的作用

社会的发展紧紧依赖于科学技术的进步，而科学技术的进步又取决于人才的素质，人才资源的开发已成为科技进步和促进经济发展的重要因素。作为人才信息"缩影"的人事档案，在开发人才资源方面起着积极的作用。如向学院人才信息库提供各种有价值的信息，院校组织部门可以根据人才信息库提供的信息，及时发现能人，避免压抑人才、埋没人才，使各种人才扬其长、避其短、司其职、用其智，最大限度地发挥人才效益，并且使部门之间、系统之间、单位之间的人才合理流动，避免产生人才积压和所学非所用现象。

高校的人事档案管理工作是高校人事管理工作中非常重要的一个组成部分。在高校中，是否有一个比较完善的人事档案管理对于高校人事管理工作的顺利进行，以及高校人事管理的相关规章和制度的改革及完善和人员岗位的调动都有着很重要的作用。合理地对人事档案进行管理，能够很方便地给学校提供合理的在对人员管理方面的意见，进而促进学校的改革发展。因此，必须要努力地将人事档案的管理工作做好做完善，有效地提高档案的整体利用效率，真正地发挥出人事档案应有的价值，为学校的管理起到一定的推动作用。

三、高校人事档案的意义

高校人事档案工作是高校人事工作的重要组成部分，是高校干部工作、人才工作的基础性工作。只有将反映教师个人经历和不同时期德、能、勤、绩、廉表现情况的全部材料及时准确、完整地集中起来，有条理地整理成卷，才能客观、全面地了解高校里的每一位成员。同时，只有具备完整真实的人事档案材料才能真正发挥高校人事档案的作用，做到人尽其才，才尽其用。

（一）高校人事档案工作是干部选拔和任用的重要基础

要顺利地完成加强党的执政能力建设和先进性建设、贯彻落实科学发展观，构建社会主义和谐社会等重大战略任务，关键是要切实加强干部职工队伍建设，把优秀干部选拔出来，担当重任。同样，面对飞速发展的知识经济环境，高校要求得生存和长远发展，就必须拥有一支革命化、知识化、年轻化、专业化的技术干部队伍。这就需要学校人事部门对各类人员的综合情况了如指掌，建立准确完整的人事档案管理机制，从而及时有效地为学校管理者提供有价值的关键信息和数据。

（二）高校人事档案工作是实施人才强校战略的必要条件

人事档案工作在高校管理工作中具有导向和联结作用。从当前高校现实来看，人事档案是高校档案的重要组成部分，是高校人事管理资料的核心内容，也是高校人事工作的基础工程。做好人事档案工作，对于高校人才的培养与引进、人才预测以及人才政策的制定等方面都具有十分重要的作用。在实施"人才强校"战略的背景下，加强人事档案工作，建立科学有效的人事档案管理制度，可以为发现人才、识别人才、培养人才、使用人才提供真实、准确的信息。

（三）高校人事档案工作是学校人事管理工作的重要依据

随着高校人事分配制度改革的不断深化，人事档案已成为一所高校教师职称评定、履行岗位职责、考核等方面的重要依据。一方面，由于高校中专业技术人员较多，职称作为评价其德、能、勤、绩的重要依据，作为他们切身利益的重要保障越来越被重视。在使职称评定更加规范化，真正做到公平公正方面，人事档案可以提供可靠有效的鉴定材料。人事部门根据本人档案提供的有关依据，综合其平时表现，提出合理化的评审意见和建议。另一方面，利用人事档案，结合单位自身特点和各专业人员的岗位职责，建立和完善考核制度，制定可操作的检查、考核标准以及监督措施，根据专业技术人员完成工作的数量、质量、效率、效益等综合情况，细化、量化考核标准，可以及时调整受聘人员的岗位。

（四）高校人事档案工作是教师教学和科研情况的真实凭证

教师是高校教学过程中的主导因素，教师队伍的素质、水平直接影响教学质量乃至所培养人才的质量。而人事档案具有系统反映每位教师的业务能力、学术水平、工作业绩的历史真实情况的凭证功能。此外，随着科学研究在高水平大学的建设中发挥着越来越重要的作用，科技人才的人事档案可以帮助学校各级领导在组织和实施科学研究中确定研究方向、选择科研课题、设立科研机构和组建科研队伍，进而组织强有力的科研团队，形成知识和智能结构合理的课题组。因此，人事档案在科学研究工作中具有选才作用。

第二节 高校人事档案的内容及特征

随着我国高等教育改革的不断发展与高校办学规模的不断扩大，高校之间人事流动日趋频繁，信息交流日渐扩大，使得高校档案业务量急剧增加，档案信息内容与应用更为复杂化和多元化，呈现出诸多特征。了解现代高校档案建设中的趋势特征，对于提高高校档案管理质量与效率，实现高校档案制度化、信息化管理具有十分重要的意义。

一、科学的档案制度化特征

制度化是群体与组织发展走向成熟的过程，也是整个社会活动规范化、有序化的变迁过程。实现高校档案制度化管理是高校档案建设的重要方面，主要包括高校档案收集制度、高校档案管理制度两方面内容。高校档案收集制度是建立高校档案的首要环节，制定档案收集的相关程序制度是实现收集工作规范化、有序化的重要保证，必须严格把关，确保档案收集的全面性、系统化。在档案管理制度方面，需要采取科学合理的管理原则，建立档案管理机构组织，建立档案管理网络，形成一个自下而上的有机体。此外，高校需要建立有效的档案辅助机制，如档案运作机制、教育机制、评估机制、奖惩机制、承诺机制等。

二、全面的档案信息化特征

高校档案信息化建设是指利用信息技术工具获取、处理、传输、应用档案资源，提高档案管理效率与效益，发掘和整合档案资源，向社会提供更多有价值的档案信息，从而实现档案信息资源共享。因此，在高校档案信息化建设方面，第一，要转变观念，正确认识档案信息化建设的重要性，加大组织领导力度，提高信息化建设的主动意识。第二，要加强档案信息数据库建设。加快数据库建设进程，丰富档案数据资源储备，为高校档案信息化做好后台数据库支持，并为政务信息化大型基础数据提供核心资源，逐步实现高校馆藏档案信息传输网络化和利用在线化。第三，网络安全建设是信息化建设的重要条件。为了防止档案信息的损毁和遗失，必须减少操作失误、保证设备正常运转、防止病毒感染与黑客攻击等。对于涉密信息，要制定合理严格的档案信息化安全保密制度，建立严格的监控机制，引入科学实用的网络安全应对策略，使用物理隔离和逻辑隔离等多种安全防范手段，并注意做好纸质档案的保存和重要电子档案的异地备份工作。

三、多渠道的档案管理模式特征

首先，高校馆藏模式需要由传统单一的纸质档案向电子档案转化，这一转变不仅能真正实现海量存储，还能使文件传输、处理、归档保存更加快速、长期、有效。其次，高校档案管理重点需要从档案实体管理向档案信息化管理转变，使得高校档案管理模式向多渠道、多途径拓展。然而，"重收集轻开发""重保管轻利用""闭架借阅""你查我调"等传统做法已不能满足当今社会发展的要求。因此，只有多形式加强档案管理模式创新，才能使档案管理工作更加科学、有效。

四、多形式的档案服务意识特征

要提高高校档案利用服务的质量与效率，必须树立适应高等教育发展与人才培养要求的档案利用服务观念。一是全面服务观念，通过各种服务方式与方法满足学校内外用户的利用需求。二是主动服务观念，摒弃被动的传统服务观念，主动寻找用户。三是及时服务观念，在第一时间内满足档案用户的利用需求。四是优质服务观念，在准确把握用户利用需求基础上提供档案利用服务，帮助用户获得资料。

五、周期性的档案评估机制特征

周期性的高校档案评估是对高校档案管理条件、管理水平、档案质量的全面考核，是提高高校档案质量、提升办学水平、扩大社会声誉的重大举措，对于增强高校办学实力、拓展发展道路具有重要意义。通过周期性评估，有利于促进档案工作的整顿、改革和建设，提高档案管理效能，从而形成一种周期性的自查、自评、整改和自建的长效机制，以此为档案管理日常运行机制提供质量上的监控与保证。同时，通过周期性评估有利于进一步加强国家对高校档案工作的宏观管理，促使各级教育主管部门重视和支持高校档案工作，促进各高校自觉按照档案管理要求不断明确档案管理指导思想、改善档案管理条件、加强档案业务建设、强化档案管理要求、深化档案管理改革、全面提高档案质量和档案效益，促进我国高等教育档案管理水平的提高。

六、"以人为本"的档案服务模式特征

倡导"以人为本""人本管理"是现代管理学的重要理论。"以人为本"中的"人"，对于高校档案管理工作而言，包括两个方面内容，即作为主体的档案工作者和作为客体的档案用户。档案工作的三要素为档案工作者、档案和档案利用者。其中作为主体的档案工作者是最基本、最重要的因素，是联系档案实体与档案利用者的桥梁。档案工作者的业务水平、工作能力、文化素养、创新意识、敬业精神越强，则高校档案管理的整体水平越高。

因此，高校档案工作要"以人为本"，首先要以档案工作者为本；其次体现在服务工作中，即以用户为本，服务至上。档案用户一般分为两大块，即单位用户和个人用户。当前，部分高校档案的利用服务工作仍存在着重部门、轻个人的现象，即只重视为校内各单位、各部门提供利用服务，而忽略了对个体档案用户进行服务，这是导致当前档案利用率较低的一个重要因素。因此，在档案服务工作中，应当以"用户"为本，从用户的需求、动机等因素出发，最大限度地满足各种用户群的利用需求。

第三节 高校人事档案管理的基本原则

一、人事档案管理工作

人事档案管理是人事管理工作中不可缺少的一个重要组成部分，是人事工作的基本条件之一，直接影响到单位和个人的工作效率和质量。认识新时期高校人事档案管理的特点和作用，分析存在的问题和不足，切实做好高校人事档案管理工作，对于促进高校各项工作及经济社会发展进步具有积极的意义。

（一）注重宣传，强化管理，提高对高校人事档案工作重要性的认识

高校档案部门一要采取多种措施增强全校师生对人事档案管理工作的了解与支持，如经常利用高校宣传栏，宣传人事档案相关知识；积极参与学校的人事政策调整、人才选拔、工资晋级、职务晋升等工作，以优质的服务引起并取得人们认可、认知，促使更多的人了解人事档案工作及其在高校工作、社会生活中的重要作用。二要健全各项规章制度，制定符合校情的实施细则，明确人事档案部门的职责范围，赋予其必要的管理权限，突出档案管理的行政管理职能。三要形成坚强的组织保证，建立一个以主管校领导牵头、档案馆负责、各职能部门具体实施的网络式责任制，提高监管、反馈的整体意识，努力促使人事档案工作走上规范化发展的轨道，确保人事档案材料的科学性和完整性，创建管理与服务之间的和谐氛围，使人事档案在被社会认可的同时，被人们所关注和重视。

（二）充实内容，增加信息量，确保高校人事档案的实用性和真实性

一方面，要根据高校特点，以新的人才标准来更新档案内容，通过补充内容，更全面、更直观地反映个人的综合素质。通过全面、科学、完整地收集档案材料，提高人事档案的全面性、客观性，增强实用性。为有效充实人事档案内容，人事资料的收集工作应具备四个原则：一是注重档案材料的多样性。人事档案部门应主动与各档案材料提供部门形成部门沟通联系，及时将反映档案当事人业务水平、工作实绩、学习进修，以及在从事岗位工作过程中形成的聘约、合同等最新材料及时纳入档案管理，并从大量的人事档案材料中去粗取精、去伪存真，从源头上确保人事档案内容的完整、真实。二是注重"活信息"的收集。将以电子文本、数据库及相关程序、多媒体资料、各类网页等形式保存的材料及时收

集，并对人事档案材料收集实行动态跟踪。三是注重特色档案材料的收集。四是探索通过现代化手段建立人才业绩跟踪系统，将最新的业绩信息不断充实到人事档案信息管理系统。另外，真实性是干部人事档案的生命，档案材料的内容必须准确可靠。只有实事求是地反映一个人的情况，档案才能成为提拔干部、录用人才、调资、专业技术职务晋升、离退休、出国政审等人事工作的重要依据。因此，要严把"三关"即材料审查关、材料转入关和档案转递关，避免失真档案信息入档，增强真实性。

（三）更新手段，强化利用，保证高校人事档案信息功能的实现率

人事档案能较为原始地记录当事人的个人经历、德才表现及发展历程，是全面考察当事人的重要依据。因此，在相关法律法规允许的范围内，对高校人事档案信息进行开发利用是促进高校人力资源合理配置的重要手段，也是发挥人事档案信息功能的有效途径。可以探讨的途径有，一是建立职工信息数据库，为人力资源管理服务；二是积极创造条件，开展诸如人才信息报道、信息咨询、信息调研分析等深层次服务；三是在正确处理好利用和保密关系的前提下，组建各类人才信息库，以反映各类专业人才个性特点和专业特长的信息，使学校在选才时，用其长，避其短，更大限度地发挥人才效力；四是建立高校人事档案信息管理系统，实现个人基本信息的联机网络检索和联网查询，用现代化手段的管理和利用，为用人单位选才提供保障。此外，从保护人事档案原件和提高利用率的角度出发，必须大力开发电子档案，提高人事档案信息化建设水平。要利用计算机、扫描仪等现代设备和现代技术，将人事档案资料整理输入计算机，通过相应的技术处理，将文字图片、声像资料转换成数据信息，实现人事档案纸质与数据格式并存。即使不能完全建立电子信息系统，也应将有关档案信息进行计算机处理，以方便自动检索统计、加工整理、及时更新和提取利用，提高人事档案工作效率。有条件的地方还可参照教育部学历查询网的做法，建立人事档案信息网，将个人可以公开的一些信息进行网上公布，方便用人单位查阅；在档案管理部门之间建立网络连接，通过局域网实现档案信息资源的共享，最大限度地发挥作用。当然在人事档案信息利用过程中，要注意使用权和管理权问题，严防失密。

（四）人本管理，建设队伍，提升高校人事档案管理人员的专业性

人才队伍建设是高校人事档案工作发展的关键。因此，实施人本管理，在保证人事档案部门有一定专业人才的基础上，进行合理的人力资源规划与管理，是高校人事档案管理发展的必然要求。建设一支高素质的档案管理人员队伍始终是高校人事档案管理工作的重点。随着近几年高校的快速发展，高校人事档案管理的状况发生了较大的变化，加之人事档案管理的信息化建设，使原有的管理队伍面临着在新的形势下如何适应新情况、解决新问题等局面，这就要求我们的管理人员要与时俱进，不断提高自己各方面的素质。一是实现人力资源合理配置。在加强人事档案队伍建设方面，要确保档案管理工作人员数量，并且要以主要精力从事人事档案工作。二是实现人力资源人性管理。学校领导应加强对人事档案

工作人员的关心，在日常管理中注入人情化手段，尊重他们的价值，倾听他们的需求，提高他们的合理待遇，以人为本，营造档案部门的人文氛围。

二、高校人事档案管理应坚持的原则

（一）专人管理、分级负责

高校的人事档案管理是一项政策性强、业务要求高的基础性工作，应由人事部门配备专人收集整理。工作人员必须认真学习党的干部人事工作方针、政策和高校档案工作的专业知识，熟悉人事档案的有关规定，掌握整理人事档案的基本方法和技能，做好收集、整理、补充等工作。人事档案的业务工作应注意协调好与校档案管理中心及各院系的关系，接受本校组织人事部门和上级业务部门的检查指导。

（二）一人一档，真实可靠

人事部门在收集清理人事档案过程中，应本着"一人一档"的原则，对同名异人、张冠李戴的材料要及时清理出来，对其中有价值的材料交由有关部门保存，组织不需要保存的退给本人，不宜退给本人的报主管部门销毁。

（三）突击性收集和经常性收集相结合

突击性收集是指一次性、有计划、广泛地收集工作，高校引进人才时对新进教师人事档案进行的整理。经常性收集是指贯穿在人事部门日常工作中的一种补充性的收集工作。每年的年终考核情况表、教师晋升职称后的职称材料等都要由人事部门审核后补充归档。两种收集方式结合使用，可有效地确保档案材料的真实性、时效性。

第四节 高校人事档案管理的方法及要求

一、加强领导，强化人事档案意识

档案意识是人事档案赖以存在和发展的基础，是人们对档案和档案工作了解的程度和认识水平。高校人事档案管理工作不是一个完全封闭的系统，它的生存与发展受制于社会、单位领导与档案形成者。目前，我国政府对档案的重视程度越来越高，不仅出台了相关的档案法规，同时也建立健全了相关的档案机构以及有关制度政策。教师对人事档案的重视程度也在不断地提升。作为档案管理人员，要积极争取领导的重视和支持，将人事档案工作纳入工作计划，加大经费投入，确保足够的人力、物力和资源配备。向教职员工宣传人事档案工作的重要性，使他们认识到，干部人事档案是组织上考察、了解、用人和培养人的重要工具，是开发人才信息资源的源泉，对于档案形成者本人，则是维护个人权益、福利，落实党的政策、待遇，澄清问题的可靠凭证，它和个人的成长与发展密切相关。要认真贯彻落实好相关法律法规，按照法律和政策规定，本着对党负责、尊重历史、服务于人民的态度和责任感做好档案工作，使人们理解、重视和支持人事档案管理工作。

过去，人事档案在人们心目中比较神秘，甚至在某些方面决定着一个人的前途和命运。因此，突出人事档案管理工作的政治性和保密性是一个重要特点，同时也使得相关领导和管理人员易在思想意识上形成一种"保管型"观念。而现代社会的发展，使得人事档案管理工作在作用和性质上发生了一些变化，尤其是在高校，作为现代高等教育、科研和技术创新的前沿阵地，需要的是开放、民主和充分利用人才的良好氛围，深入了解本校人才的状况，做到人尽其才。因此，转变传统观念，树立现代人事档案管理意识包括提高领导对人事档案管理的重视意识，提高管理人员的责任意识和职业道德素养，提高对人事档案信息资源的开发利用意识，使得人事档案管理工作在信息资源的利用上真正发挥促进学校发展的应有作用。

为增加教师的档案意识可印发高校人事档案制度汇编；开展有关知识讲座、培训；在干部会上宣传人事档案的重要性；将人事档案的十大需要归档内容挂在校园网上，以便大家平时加以收集、积累，及时存档。

二、完善制度建设，确保人事档案的齐全、完整和真实

完善制度建设是做好人事档案工作的重要保障。档案部门应根据中共中央组织部《干部人事档案工作条例》有关规定，结合学校实际情况，制定《干部人事档案管理人员职责及档案室管理职责》《干部人事档案材料收集制度》《干部人事档案鉴别归档制度》《干部人事档案查（借）阅制度》《干部人事档案转递制度》《干部人事检查核对制度》《干部人事保管保密制度》《干部人事档案计算机使用管理制度》等，坚持按照八项制度的要求逐步健全档案室的一系列管理措施，使档案管理工作有章可循、有法可依，使人事档案管理工作更加标准化、规范化、制度化。要主动与人才交流中心沟通，争取把人事代理人员的档案转至本单位，由单位的组织、人事部门统一进行管理，改善人事档案管理分散的局面；在引进人才方面，做到"先见档，后进入"；要增强责任心，严格把好档案关，坚决杜绝擅自改档现象的发生。

人事档案是人事工作的一个重要组成部分，档案室是人事工作服务的窗口，要发挥档案的作用，要以人为本，以服务为本。在日常工作中，档案管理人员要做到嘴勤、腿勤，善于主动联系、掌握信息，根据形势的需要，主动向形成材料的部门收集材料，发现不齐全、不完整的，管档部门要主动催要，及时补齐，确保职工档案能够不断得到充实和完善。要勤于鉴别档案内容的翔实，精确检验档案质量的标准。在档案整理及收集材料过程中，做到认真鉴别，发现问题及时解决，对有些材料归档不及时的，当即进行催办，对一些有明显问题的材料，要及时纠正，限期改正后归档。增强监管机制，在一定范围内增加人事档案的透明度。

在管理体制上，首先，要改变目前人事档案管理中管理体制的混乱所造成的效率低下的状况，必须按照《高等学校档案管理方法》设立档案综合管理室或档案馆，实行集中综合管理体制。其次，按照该校人事档案的类别，即干部档案、教师档案和学生档案，根据对人事档案信息资源的不同需求，可以分别采取纳入管理模式和非纳入管理模式，这样既可以节约不必要的人力、物力，实现各负其责，又可以兼顾人事档案的保密性和利用率，从而提高管理的效率。最后，为了避免人事档案管理中的工作漏洞所造成的材料失真问题，必须建立完善的人事档案管理工作制度。针对高校的特点制定归档制度，把归档范围、归档途径、归档时间、归档手续和归档要求落实到每一个相关人员，形成一整套查（借）阅、传递、材料收集、清理、整理的体系，使人事档案管理工作有法可依、有章可循、职责分明，从而提高工作的科学性和规范性。

三、建立高素质的档案人才队伍，提高人事档案管理工作质量

档案人员素质的高低直接关系到档案工作的好坏，要做好档案工作，必须建立一支思想素质、业务素质和知识素质很强的档案人才队伍。

经济社会的发展推动了档案事业的发展，特别是信息时代的今天，从事档案工作的人员面临着政治素养、文化知识、专业水平和操作技能等方面的挑战。档案工作是一项政策性、法规性很强的工作，其性质决定了从事这项工作的人必须具备良好的政治思想素质。档案管理人员要热爱档案事业，有高度的为人民服务的事业心与责任感，树立法纪观念，以国家的法律和档案法规规范自己的职业行为；要有淡泊名利，无私奉献精神；要尊重档案，尊重历史；树立严格的保密观念，养成良好的保密习惯，确保档案在政治上的安全。建立良好的学习机制，有计划地对在岗人员进行岗位培训与继续教育，全面提高档案人员的专业知识素质，培养复合型、多方位的档案工作人才，使档案工作人员在能力、智力、成绩、学历和资历等诸方面得到提高。

要通过多种途径积极提高管理人员的业务素质和综合素质。包括建立优胜劣汰的业务能力考核制度，建立公开、公平的奖惩制度，对档案管理人员的业务能力水平和工作表现进行定期考核，采取对业务能力水平和工作表现不佳的人员进行警告、责令改正，甚至调离工作岗位等措施，营造一种压力与动力并存的有效机制，通过激发档案管理人员的危机意识来激励他们通过多种途径提高自身的业务能力水平；为他们提高自身业务水平和综合素质提供种种便利条件，如对自觉参与业务学习的人员进行时间和财力上的支持，鼓励他们积极参加继续教育和业务培训；对在岗人员进行在职学习与全面系统培养相结合，自学提高与脱产培训相结合。并且高校应为人事档案管理提供必要的"物"的因素，如计算机等设备的购置，既可以鼓励和实现人事档案管理人员采用现代管理工具，取代传统落后的手工管理手段，又可以实现资源共享，有利于人事信息资源的开发利用，从而提高管理的实效。

四、加强人事档案现代化管理手段，提供科学、全面、高效的服务

信息化社会给传统的档案工作带来了巨大的影响和冲击。如果档案事业长期处于落后状态，在未来信息业的竞争中档案事业将处于不利地位，档案信息资源的开发将受到影响。

只有以现代化的管理方式和手段来提高档案工作的效率和质量，档案事业才能获得应有的地位，发挥更大的作用，档案事业本身也才有光明的发展前途。

要努力实现高校人事档案管理现代化。运用电子计算机技术，实现人事档案管理的自动化；运用网络技术建立用人单位、上级主管部门和高校内部的局域网和广域网，使不同的利用者能够共享人事档案信息资源；运用现代光学技术，实现人事档案缩微化；运用现代技术提高人事档案保护水平；运用现代化管理手段，完整、准确、高效地为领导决策提供各种人事数据，为合理配置、使用人才，及时有效地在更大范围内开发人才提供科学、全面和及时的服务。

第五节 高校人员聘用制度下的人事档案管理

当前，全国各地高校正普遍进行以人事制度改革为重点的新一轮内部管理体制改革，目的在于"转换机制、优化结构、增强活力、提高效益"，促进高等教育的深入发展。在高校实施人事制度改革的过程中，高校内部的一系列管理制度必然要发生革命性的变革，如多数高校进行的内部分配制度、教师职务评聘机制等多项改革、实行绩效考核等。人事档案管理工作作为人事管理工作的重要组成部分，也必须顺应潮流，做出相应的变革，才能适应高校发展变革的需要。根据党中央、国务院关于人事制度改革的政策，高校聘用制的实施将成为高校人事制度改革的必然。于是以人事制度为基础的人事档案制度，也必然要迎接这一挑战，以适应时代的变化，促进自身发展。

一、聘用制对高校人事制度改革中档案管理的影响

聘用制的实施，对高校人事档案管理工作产生了深远的影响。人事档案管理工作将面临新的机遇与挑战，人事档案工作者应认真分析，对工作的各个方面、各个环节进行相应变革，才能适应聘用制发展的要求。

（一）聘用制对档案工作程序的影响

聘用制下人事档案管理工作必然面临着管理流程的重组。高校原有的人事档案文件的收集、整理、价值的鉴定、保管、提供利用、档案编研等工作环节将会呈现出新的特征。随着人事制度改革的逐步深化，人才的竞争更趋激烈，高校人才流动将更加频繁，这就需要人事档案管理工作积极与档案人建立紧密的联系，及时将具有保存价值的档案材料整理归档。档案的整理工作也将从片面强调保管的有序化、条理化、轻利用的模式向有利于人事档案利用的模式转变，力图在尊重和维护档案本质特性，保持档案文件之间的历史联系的同时，更多地考虑方便利用，探索用多样的整理方法来满足不同利用者的需求，并保证材料的精练。在人事档案提供利用方面，要简化利用程序，尽可能地以多样化的服务，高效、快捷地使人事档案成为社会公共服务领域重要的参考依据，成为高校人力资源开发的信息库。

（二）聘用制对档案内容的影响

事业单位人员聘用程序是一个动态的过程，要经过若干阶段或步骤，人事档案要系统地记载和反映这些阶段的不同特点、不同内容，以全面直观地反映本单位教师在聘用过程中的全貌，作为继续聘用或晋升的依据。聘用制下人才流动将更加频繁，于是对人才诚信的了解将被提上重要议程。人事档案应扩展原有的收集范围，注重于收集个人和社会生活中信用状况的原始记录，目前我国的人事档案在诚信建设方面还存在着许多问题，造假现象屡屡发生，人事档案的可信度在大幅降低。因此，应为公民建立个人信用档案，在人事档案中增加个人信用情况的记录。

二、聘用制下高校人事档案管理存在的问题

（一）对档案工作的重要性认识不够

当前，很多高校都存在着聘用制人员人事档案工作"无用论"的思想，错误地认为对于这些不占全民职工编制的人员只要能够反映出这些人员的工资、津贴等基本的信息就可以了，没有必要费神费力地把材料审核、整理、归档等每一个细节做好。这种思想意识在高校领导和从事档案管理工作的人员中更为普遍。但是聘用制人员作为全员聘用制形势下事业单位中最为主要的组成部分，应该完全消除"身份"这一对人本身进行区别的概念，上述的这种思想意识势必会影响到各项工作的开展和改革的推进。

（二）重新建档现象严重

"重新建档"原是人事档案工作中一种非常规措施，其本意是为了方便人事档案管理，对人事档案丢失或无从考查的人员重新建立人事档案，是由于人事档案管理中的某些环节疏忽而导致的补救方法。而随着聘用制的实施，高校人才流动加剧，扣留人事档案成了有些单位防止人才流失的杀手锏和维护自身利益的有力手段。而通过重新建档，有些用人单位也收到了意想不到的人才引进和"留人"效果。"重建档案"行为导致的直接后果是"一人多档""有档无人""管档与管人不统一"，这严重地违背了人事档案的管理原则。一方面对于员工的原单位来说，大量的档案由于档案主人的弃档而积压，这些档案，既不能转出去，又不能销毁，不仅不能发挥作用，还要花费大量的人力、财力去管理，造成极大的浪费；另一方面，对于员工的新单位来说，大量的无档人员由于缺乏档案作为依据，增加了主管单位，特别是人事组织部门对员工考察了解的难度，降低了人事档案的利用率和可靠性。

（三）档案内容欠完整

人事档案包括了职工的自然情况和德、能、勤、绩等方面的情况，可较为完整地反映一个人的全部面貌。缺少任何一个阶段的材料或任何一张材料上的手续不完备，都有可能给职工个人利益带来影响。此外，长期以来，人事档案侧重于记载和反映个人的社会经历、政治面貌、思想表现等方面的内容，千人一面，对反映个人知识结构、能力特点、工作实绩的材料收集过少,体现不出个性特点,人事档案基本上是静态的、固定的,不能反映出即时信息。因此,从已保存的人事档案来看,普遍存在着管理模式雷同,管理形式单一,档案内容匮乏,人事档案不能客观反映一个人的近况和全貌,不能为单位用才选能提供人才信息保障。

(四)档案遗弃严重

随着独资、合资、三资、民营等企业形式的蓬勃发展,为社会提供了较多的就业机会,也带来了全新的用人机制,这些企业对员工的约束主要是靠合同、协议,而不是人事档案。聘用制下的高校亦是如此,教师为了自由流动,往往放弃档案,选择更适合自己的岗位。在此种背景下,人事档案似乎变得可有可无,许多人选择了"弃档"。再加之人事档案信息单一,信息失真等原因,使弃档人数激增。在高校,"弃档"最严重的主要有出国人员、待业人员、跳槽人才。

三、实行聘用制形势下高校人事档案管理的对策

随着高校岗位聘任制的实行和制度的不断完善,对人事档案工作提出了更新、更高的要求。人事档案工作在管理的策略及方法上需要重新审视和改进的地方突出体现在以下五个方面。

(一)提高对人事档案工作的认识

做好人事档案工作必须提高各级领导和工作人员对聘任制人员档案管理工作重要性的认识,并给予充分支持和高度重视。要以《中华人民共和国档案法》为基础,健全各项规章和奖惩制度,制定符合各自学校校情的细则,明确人事档案工作的职责范围,赋予其必要的管理权限,突出档案管理的行政管理职能,视之为一项长期的基础工作一抓到底。并建立一个以校长牵头,主管校长负责的层层责任制,形成涵盖所有部处、科室的有效网络,提高上下监管、反馈的整体意识,努力使人事档案工作走上最佳的轨道,确保人事档案及相关材料的科学性和完整性,创建管理与服务之间的和谐氛围。

(二)人事档案管理标准化

标准化是实现干部人事档案工作现代化、信息化的重要手段,是科学管理的重要组成部分。没有标准化,就没有专业化,就没有高质量、高速度。标准化是干部人事档案工作现代化的基石,是实现科学管理的必要条件,是提高工作质量和效率,节约人力物力的技术保证。高校人事档案管理标准化,前提之一就是人事档案材料实体的标准化。使聘用制下高校人事档案工作的实现,档案信息的现代化采集、处理、传输和利用等工作标准化,尽快出台网络环境下人事档案信息的等级划分和权限的规范标准,人事档案信息数据输入规定,软件使用标准及数据编排细则等事关基础性工作的国家标准。

(三)提高档案管理人员的整体水平

许多高校的档案管理人员水平不高是由于人们对人事档案工作的认识还停留在起初的收发、整理、剪裁等最基本的文秘工作的阶段,认为只要工作态度端正即可,根本不需要一

些高学历、高文化背景的人去做，所以导致一线工作人员的业务水平偏低。但是，这种情形在实行全员聘用制的情况下，直接违背了"公开、平等、竞争、择优"的用人原则。我们应该对从事人事档案管理的人员进行培训、激励、考核机制，竞争上岗；要形成合理的人才梯队；要保证工作的连续有效性；聘请专家做专场的报告或现场的技术指导，扩大我们的眼界。总之，要真正选出那些有良好的服务态度和工作热情，能够胜任工作并且有活力、有热情、有条不紊的人员充实队伍，并进行合理的有计划的培训、培养，使人事档案工作成为一个培养人才的良好有效的平台，让每一个寻求服务的人"带着困难而来，带着满意的微笑而去"，让人事档案工作在突出管理职能的同时走上正规的服务化道路。

（四）建立高校的兼职档案信息员队伍

在学校建立兼职档案信息员队伍，定期培训。学校各部门指定专人收集、整理、归档、上缴本部门的纸质、电子人事档案资料。

（五）建立长效发展机制

聘用制下加强高校人事档案管理，对档案工作者来说，是一项迫切而复杂的任务。在具体的工作中一定会遇到各种各样的问题，必须有现代化的技术和管理手段作保障。可能考虑的途径有，培训培养一批档案部门自己的技术队伍，解决档案信息资源开发利用中的关键技术问题；建立专家咨询委员会，对工作中出现的问题和争议提供参考意见；实行开放式的人才管理模式，密切与技术力量雄厚的单位联合和联系，解决人事档案管理过程中的尖端技术难题。

要确立服务保障机制。不断拓展服务领域，创新服务机制，变被动服务为主动服务，建立教学、科研单位与档案部门的横向联系，进一步整合相关学科科技创新人才资源，实现优势互补，共同推进人事档案建设。同时，要健全信息共享机制，联合进行档案信息资源的开发利用，促进基础研究、应用研究和科技成果的转化。

人事档案管理工作的推进显然不是一朝一夕能够完成的。在其发展变革的过程中，还将涌现出许多新的问题，还要涉及更为广泛的社会领域。但是，在广大人事档案工作者的努力下，一定能集各学科人才聪明才智之大成，使人事档案管理工作更好地服务于高校和社会的发展。

第六章 高校人力资源绩效管理

第一节 高校人力资源绩效管理

随着社会的发展，高校间的竞争越来越激烈。原有的人事管理已经不能适应新时代的发展需要，高校人力资源急切需要全新管理办法和模式，提高高校竞争力的重要途径是人力资源绩效管理。绩效管理是高校改革的一个重点，绩效管理是一个现代人力资源管理的概念，是一个系统。高校改革绩效管理的合理化，对于高校推动与提升整体团队能力有强大的促进作用。运用系统的绩效管理理论对高校教师及管理人员进行管理，是新时期高校人力资源管理中一项比较重要的任务。

一、高校人力资源绩效管理理念

要了解什么是绩效管理，首先应该对绩效有一个清楚的认识。绩效，一个经常挂在嘴边的词，对它的解释众说纷纭，在不同的情境之下有不同的理解。本书所讲的绩效主要是指员工根据自己知识能力在教学中运用，为组织团体创造价值或者财富的多少。主要反映教师在固定的时间内以某种方式实现某种结果的过程。绩效管理是人力资源管理中比较有意义的方法，可帮助员工提高业绩、促进团队和谐及开发个人潜力。绩效管理是一个需要管理者和其他直接主管协商来完成的过程，并在协商过程中对未来工作达成共识。高校人力资源管理的核心部分就是绩效管理，主要目的就是实现员工的任务和绩效目标，完成对员工能力的促进和高校未来发展战略。

绩效管理过程为绩效管理者和员工提供一个机会：大家能够共同商讨发展目标和制订达到这些目标的计划的机会。制定的目标必须服从于组织目标，并有利于员工的职业发展。在计划的制订过程中也必须考虑到学校不断变化的环境。主要步骤一般包括五个。第一步，制订工作说明书和战略计划。工作说明书的编写是系统地收集、整理和分析有关工作的重要信息的过程，为人员甄选和制定绩效标准提供基础。战略计划则是由部门使命、与使命相关的目标及完成各个目标所需的战略措施组成。使命揭示组织存在的理由，目标描述任务完成的结果，措施则是指完成这些目标所采取的具体行为。第二步，撰写绩效标准。绩效标准是以书面形式描述的一项工作应该达到的程度。它应该在员工参与的基础上完成。绩效标准细分为五个评价等级（一般为优秀、良好、称职、待改进、不称职），具体的绩效标准撰写，一般要与员工合作制定。第三步，观察和反馈。从绩效管理的角度来看，观察包括关注特殊事件，或者是与工作业绩有关的行为和结果。观察为绩效反馈提供第一手资料，其目的是界定并描述这些行为，帮助员工增加知识、技能和经验。有效的反馈可以帮助员工保持良好的工作绩效、掌握新技能并在必要时候帮助提高工作业绩。第四步，绩效评价。绩效评价是对员工的业绩进行评估、总结和改进的过程。每个员工每年都应该至少收到一份书面绩效评价。在评价前，咨询相关的政策、项目或特殊员工的合同；和员工一起开会，为双方提供一个机会，了解绩效评价的过程。第五步，制订绩效开发计划。员工绩效开发可通过以下方式进一步促进组织目标和提高学校员工的全面素质：创造不断学习和提高专业技能的氛围；帮助员工使其绩效保持、达到或超过期望的水平；增强工作技能、增加知识和经验；授权员工在其领域内组成团队，共同面对变化；在学校范围内实施竞争上岗；采取积极的行动目标激励员工。

绩效管理的思想和方法越来越受到管理者的重视。国外的高校经验向我们表明现有的绩效管理与原来的绩效评价相比意义十分重大。第一，绩效管理如果处理得当，对于冲突的避免是十分有效的。当员工意识到学校管理者对于绩效的设定是一种帮助他们促进和提升的方式，并不是责备时，会更加愿意接受绩效管理制度，并积极地配合制度实施。第二，有效的绩效反馈可以让员工明确努力的方向，促进其自身的发展。第三，有效的绩效管理实施也是高校办学目标实现的有力保障。

绩效管理是针对整个人的使用过程的监控，是战略管理的重要组成部分，是全面的、发展的。在绩效管理过程中，绩效管理委员会的成员应当寻求校园里所有的教员、职工、学校领导和企业、其他高等院校的参与和加入。

二、高校人力资源绩效管理的流程

高校人力资源管理的核心部分是绩效管理，高校人员绩效管理中重要环节是绩效考评。在具体实践中，高校应该关注和遵循构建系统的绩效的管理流程，实现高校人员绩效管理体系的完整构建。

一个完整的高校人员绩效管理系统应包括绩效计划、绩效辅导、绩效考评和绩效反馈四个彼此紧密联系的阶段，从而不断激励高校员工在改进绩效、实现个人目标与高校战略目标上努力。

（一）绩效计划

绩效计划包括设定计划和确定目标达到的标准，是人员绩效管理的起点。就静态角度来说，绩效计划是工作目标和标准的契约；就动态角度来说，绩效计划是高校管理者和员工之间就工作目标和标准实现的共鸣，是契约形成的过程。人员绩效计划是在实现高校战略目标的基础上，层层分解，做好上下沟通，通过与员工的广泛协商和讨论，规定岗位职责，设定目标，促进目标框架的形成。在目标设定的前提下，管理者和员工集体对职位和岗位条件做进一步分析，制订有效合理的绩效计划，对周期内员工的绩效水平进行明确设定。绩效计划主要是学校和员工共同合作，一起对员工来年的工作任务、职责及可能遇到的困境进行规划和探究。因此，绩效计划对员工路线的寻找、目标的认清等具有预见性。绩效计划是绩效管理中基础性环节，是不可或缺的。

（二）绩效辅导

绩效辅导在高校人员绩效管理的实施中有着十分重要的价值。它和整个绩效管理中的每个过程都有着必然的联系，在绩效管理中绩效指导和绩效沟通是绩效辅导的重要体现。绩效计划制订后，按照计划执行的过程中，可能会出现一些实践问题，此时管理者协助员工实施计划并解决途中出现的问题，并及时纠正，对绩效计划根据实际情况进行调整。绩效计划不是固定的，随时会随着现实的变化而调整。尤其要注意对关键环节的加强，以用来保证目标的顺利实现。在绩效管理期间，管理者和员工应该不断进行互动，管理者根据反馈进行分析并指导员工实践。这种沟通是在比较平等的环境下，管理者和员工为同一个目标共努力，及时清除障碍，保证绩效的顺利开展。持续的绩效沟通是员工和管理者之间信息共享，问题集体解决，措施共同决定的过程，是一种双向的相互过程。这种相互的沟通能使管理者更好地认识绩效的实际情况，也能帮助员工更好地参与到绩效计划中，两者沟通互动，对于合理的绩效计划建立有着积极的推动作用，绩效管理需要听取员工实践的信息，促进绩效管理更好的发展。

（三）绩效考评

所谓绩效考评就是在一定时间内对员工进行工作方面的考核评价，这是高校绩效管理的重要组成部分，意义重大。绩效考评的合理与绩效管理的效率有着必然的联系，高校人力资源的绩效管理体系的几个环节是相辅相成、环环相扣的，每一个环节都不可或缺。其中，工作绩效考评是整个绩效管理体系中的核心部分，任何一项人力资源管理活动都离不开工作绩效考评。绩效考评活动本质上是进行人力资源管理的重要途径，保证人力资源管理科学化、规范化的重要部分。因此，阐述绩效考评的原则、方法以及考评过程中应注意的问题，从而做出客观准确的评价，对有效实施绩效管理具有重要的意义。

1.工作绩效考评的原则

（1）客观性原则

客观性原则是工作绩效考评遵循的基本原则。客观性主要表现在设定的考评方式和考评结果两方面。前者主要是指考评方法要根据实际的考核目标设定，不能脱离实际；后者是指考核的最终结果要符合讨论和分析的实际，不能贬低或者夸大，要遵循实际结果，保证考核的公平性就能够保证获得被评价者的认可，实现考评人员最大限度的利用，取得好的评价结果的同时也实现评价考核的价值。

（2）公平、开放原则

绩效考核关系着整个组织员工的利益，不论是管理者还是其下级员工都必须对绩效考核负责任，每个人都应该参与进来，运用自身的考核职责实现绩效考评的有效化。这就需要在绩效考核中坚持公平、开放原则。在考核时，要向考核对象明确说明考核的时间、标准及办法，要使他们了解考评的过程，鼓励大家积极参与，公平参与，保证绩效管理的顺利实施。

（3）经常化与制度化原则

经常化和制度化原则主要是指工作绩效考评对工作质量和工作效率的考核是不断变化的，不是一劳永逸的考评。组织的发展都是依靠员工的不断进步得以实现，这就要求，员工的绩效考核成为一种经常化的事件，并形成一种必不可少的制度，定期坚持考核，及时发现组织工作的问题，甚至很多隐形问题，与此同时，对员工的潜力进行观察和开发，提高组织的整体竞争力。

（4）全面性与综合性原则

全面性和综合性原则，要求在绩效考评时多方面、多角度地收集考核对象的信息，尽可能从全方位考查考核对象，以便全面、综合地对其进行评议、审核。要做到知其然，又知其所以然。总之，不能片面地看问题，要全面具体地进行考核分析。简而言之，绩效考核的全面性体现在考评渠道的多元化、考评方式的多样化及考评结果的综合化，从而为立体考评体系的建立做好准备。

（5）及时反馈与提升原则

绩效考评后考评结果应该在第一时间告知考核对象，便于他们及时、准确地认识到自己的不足，进而及时采取有效改进自身不足的办法，避免影响绩效管理的发展。如果考核对象不能及时获知考评结果，考评的价值就会随着时间的变化不断下降，最终失去最初考评的意义。考评结果如果不能受到考核对象的认可，就需要进一步分析原因，找到好的解决办法。

2.绩效考评的方法

（1）比较法

比较法是一种对考核对象之间进行比较，进而得出考评结果的方法。例如，个体排序法、配对比较法等。

（2）量表法

量表法是指量化考核对象绩效考评的指标和标准。如，评级量表法、混合标准量表法等。

（3）描述法

描述法就是以文字叙述的方式对考核对象的工作业绩、能力及态度等方面进行综合性评价的方法。具有代表性的方法是关键事件记录法。

（4）360度考评反馈法

360度考评反馈法也称全视角考核或多个考评者考核法。它是一种考评信息收集的方式，主要是从不同层级的人员处获取不同角度的信息，以评判考核对象的不同方面。

（5）目标管理法

目标管理法指的是在目标系统中，高层管理人员在来年战略目标确定的基础上，将目标分配到各层级，明确各级各部门在来年应达到的目标。每位员工的工作绩效的考评标准就是在分配的目标上进一步规划而来的。

（6）综合评价法

综合评价法指的是综合运用以上各种考评方法，以提高考评结果的客观性和可信度。实际上，高校在进行绩效考评时，大多会使用多种考评方法。

3.绩效考评过程中应注意的问题

（1）聚中趋势

聚中趋势指的是绩效考评者在考评过程中不正确地、带有过多主观意识地将考核对象评价为接近平均或中等水平所犯的错误。考评者由于某种原因或人本身的某种思想倾向，避开较高的或较低的等级，而给考核对象以大致平均的评价，这必然会使绩效考核的意义降低，不能将考核对象的真正业绩在评价中客观地反映出来，所以在进行绩效考核的过程中应注意此问题。

（2）评估偏见

评估偏见可能是无意识的或故意的，在考评过程中，考核对象的外在因素诸如年龄、种族、性别等方面的差异也会影响考评者的判断。甚至考核对象以前的工作绩效也会影响当前考评的结果。这是一种存在于考评者主观印象中的偏见，往往是不可避免的，只能尽量减少其对考评的影响。

（3）对比效应

对比效应主要表现在将某一考核对象与比水平低于他的人进行比较时，可能得到对他有利的结果，而与水平高于他的人比较时则有可能产生不利的结果，使考核者无法对其下结论。如果考评者对考评标准掌握不够准确的话，就容易受这一效应的影响，从而得不到真实的考核对象的绩效结果。

（4）晕轮效应

晕轮效应表现在由于对某一位被考核对象的某一特质印象深刻而对他的评估总是很高或很低，比方说某个学生学习成绩很好但是在思想品德上存在某些问题，教师可能会因学习成绩给他的综合评价打上优秀，而不会考虑其他方面。在评价中应当特别注意。

所以，为了建立有效的绩效考核体系，对考核对象进行有效的绩效考核，在评价过程中就必须清楚地意识到这些问题，注意不受其影响，尽量做到评价的准确与公正，使绩效考核的作用得到完全的发挥。

绩效反馈是绩效管理过程中的一个重要环节。它主要通过考评者与考核对象之间的沟通，就考核对象在考核周期内的绩效情况进行面谈，在肯定成绩的同时，找出工作中的不足并加以改进。绩效反馈的目的是让员工了解自己在本绩效周期内的业绩是否达到所定的目标，行为态度是否合格，让管理者和员工双方达成对评估结果一致的看法；双方共同探讨绩效未合格的原因，并制订绩效改进计划，同时，管理者要向员工传达组织的期望，双方对绩效周期的目标进行探讨，最终形成一个绩效合约。由于绩效反馈在绩效考核结束后实施，而且是考评者和考核对象之间的直接对话，因此，有效的绩效反馈对绩效管理起着至关重要的作用。

不管考核期限有多长，管理者对下级员工的反馈应该是每天都在进行，时时都在进行。这种反馈必须是长期不间断的行为。

团队反馈，是指一个人给大家反馈。一对一反馈，则是一个人给另一个人进行反馈。这种反馈比较难。在工作中，管理者最怕的就是正视对方的眼睛，告诉对方，你干得真好，我真为你骄傲；或者看着对方的眼睛说，你这事做得真让我感到失望。

绩效反馈的特征可以总结为以下几点：

第一，要描述，不要判断。

第二，要侧重表现，不要攻击性格。

第三，要有特指。

三、目前我国高校绩效管理存在的问题和影响因素

（一）高校绩效管理的问题

1. 对高校人员绩效管理内容理解不完整

在高校管理过程中，有不少人错误地认为绩效管理就是对被管理人员工作结果的一个考核评定。这是从字面上理解所引起的偏颇。实际上，绩效管理应是在一定时期内，针对高校人员所承担的工作，根据人力资源管理的要求，应用各种科学的定性与定量方法，对其工作结果及影响，工作结果的行为、表现和素质特性所进行的考量评估，及时反馈考核结果并据此进行管理与改良的过程。

2. 评估人员的考核体系不科学

一般情况下，高校的绩效考核与我国公务员考核类似，需要德、能、勤、绩的四项指标。然而，高校的人力资源有自身的特点，和公务员考核有着一定的差别，完全相同的评价规范并不适应高校人员考核。

3. 绩效考核结果使用不当，缺乏绩效改善措施

绩效考核结果使用的不合理性主要表现在两方面。第一，不能及时反馈考核结果。在考核绩效的每个程序后都要向上级汇报工作情况，方便管理人员进行问题分析和策略重建。

但现在高校考核的具体情况得不到及时的汇报，给管理者制订考核计划带来困难。第二，激励手段缺乏。很多高校不能将福利待遇与考核评价挂钩，导致教师不重视考核的结果，考核失去意义。

4. 管理者与被管理者之间缺少沟通

高校中管理者和被管理者之间很少有交流沟通，彼此间存在较大的鸿沟。这样就导致管理者的条例不适合被管理者，造成抵抗情绪；相反管理者又不能及时了解被管理者的实际情况，不能立足实际，做出好的策略，两者之间矛盾不断。

（二）高校绩效管理的影响因素

1. 高校外部因素

高校外部因素主要包括高校外部宏观政治、经济、社会环境，以及与高校发展密切相关的高等教育管理体制、行业状况和人才市场环境等。这些因素为高校的生存和发展提供了空间，通过内部因素间接地对高校人员绩效管理行为发挥作用，理所当然地影响到绩效管理的结果。

2. 高校内部因素

高校内部因素主要包括高校的发展战略、组织结构、人才队伍状况，以及与人员绩效管理相协同的管理水平和管理方法等。内部因素对人员绩效管理结果的影响是直接的。组织战略方面，清晰的、可实现的、能为员工理解和接受的战略目标，会对员工产生巨大的激励作用。与组织战略相配套的人力资源战略也会对人员绩效产生积极的影响。人力资源政策方面，人员绩效管理应有相应的政策作为依据，同时还应有一系列相应的配套政策，如人力资源聘用政策、培训政策、薪酬政策等，这些政策构建了人员绩效管理的操作平台。合理、公平、系统化的政策体系会对人员绩效产生正面影响。领导者方面，高校内领导者的素质、管理理念，尤其是最高层的领导行为和思想，对于其他人员绩效影响重大。领导者的团结力量、事业和责任心是维护校内正气的重要因素，有利于人才绩效考核。就人际关系角度来说，良好的人际关系保证人员绩效管理的顺利进行。高校内部人心安定、关系和谐，人员绩效才能在平常心态下发展。就组织绩效而言，组织绩效是对人员绩效总体水平的反映。总之，高校内部的因素会直接影响绩效考核，促进绩效管理顺利开展。

第二节 高校教学人员的绩效管理

一、高校教学人员绩效管理的相关方面

（一）高校教学人员的特点

高校教学人员可以说是整个教师行业中的特殊群体，其特殊性主要表现在五方面。教学人员本身职称、学历、水平等的高标准要求；评价教学人员标准的多重性；管理的松散性；

面临压力的巨大性；教学人员薪酬的"计件"性。

（二）高校教学人员绩效管理的考核要素

绩效管理要求在管理中既要坚持原则，又要灵活激励，在已有规则和灵活性之间建立巧妙的平衡。现代绩效考核应至少具备八方面要素。一是公开。增加考核的透明度，做到公开、公正和公平。二是客观。教学人员的工作好坏不能靠主观印象，必须客观地对待；三是多向绩效考核的主体应该包括同事、学生和家长等做出多元化的考核。四是差别化。不同的岗位要根据岗位特性进行相应的考核；五是培训。主要在考核制度的目的、观念等方面进行培训，加深认同感。六是制度。要实行长期有效的激励制度。七是实用。实用性是考核制度的生命力。八是反馈。反馈是为了让教师明确目标。

（三）高校教学人员绩效管理的内容

要顺利开展教学人员绩效管理，就必须建立一套完善客观的、多方位的教学人员绩效考核体系。教学人员考核体系应包括以下五方面内容。

1. 领导评价

领导评价是由一个集体来完成的。主要包括听课和填写评价表。在工作过程中要注意两点，一是人员的构成，二是听课的随机性。此外，教学人员还要就教师在科研等方面进行考评。

2. 学生测评

在整个教学过程中，教学的主要对象就是学生。因此，学生测评是比较准确和有效的。教学中学生能够直接参与到教师的实际教学，对教师的评价会更加客观和准确。在进行教学调查表设置的时候要注意四方面的问题。一是为保证评价的纯粹性，在选择调查人员时要选择态度端正，学习比较均衡的学生进行评价；二是做好学生评价前的教育工作，明确教与学的关系，端正学生评价态度，做到客观评价；三是评价时间的选择要给予足够的时间环境，同时要选择本专业教师不在的场所进行评价；四是评价中要结合学生的诚信度，对评价结果进行有效的筛选，增加评价结果的可信度。

3. 教学纪律考核

可以由校方定期、不定期抽查，并收集学生反馈的信息以保证教学活动的正常进行。

4. 教研室同行评议

可让教学人员自主选择听课时间和班级，认真填写听课表并上报。

5. 科研水平

在高校建设中，衡量高校综合实力的重要标志就是科研水平。同时科研水平也是培养高层次人才的有效手段。科研水平主要针对教学各项工作研究，以便促进教学人员水平的提高。

二、高校教学人员绩效管理的问题分析

（一）对绩效管理的认识存在偏差

目前，高校在进行绩效评价时，多将绩效考核认定成绩效管理，实际上两者间存在很多不同点。绩效管理既是一种贯穿于组织运作始终的管理模式，也是一个循环往复的过程，它比较重视组织战略目标，并融合组织文化和管理理念在整个绩效管理的过程中。其目的在于实现组织目标的同时帮助员工实现个人潜力的发掘，提高员工工作效率。绩效考核是目前高校比较侧重的考核层面，绩效管理主要强调信息的沟通和结果的反馈，绩效考核则重视判断和评估。绩效考核属于绩效管理的重要组成部分，但不是绩效管理。绩效管理涉及面较广泛，两者根本无法等同。

（二）领导与教学人员之间缺乏绩效沟通

绩效沟通是绩效管理的重要方面，一旦沟通不顺畅，就会出现信息不畅，甚至出现不必要的误解。绩效沟通主要是为了实现资源共享和优势互补。现在高校的绩效考核中，沟通十分不畅，考核对象不知道考核具体内容，不能从考核中认识到自己的错误，无法改进今后的工作。考核不能做到提升业务水平的作用，失去了应有的价值。

（三）绩效反馈不顾及教学人员的心理因素

良好的绩效反馈是人力资源开发与管理的重要方面。现在高校内部的竞争越来越激烈，很多高校只是对考核结果进行整体性的公布，并不进行细节的反馈。这样表面上是坚持了公开透明，但是完全忽视了教学人员的心理。这样做不能了解教师的实际情况，不能产生共同感，无法解决具体的问题，达到提高绩效的目的。

（四）绩效考核结果使用不充分

对于教学人员的发展和培养是绩效考核结果的应用重点。绩效考核能找到绩效不良的具体原因，分析出解决办法，以此来帮助教师提高自身，促进未来的绩效发展。目前高校的年末考核，合格的评语与来年工作没有丝毫关系。当前的绩效对于教学人员的专业化和职业化的促进作用不大，绩效考核的规划和管理不够规范，绩效考核功能单调。

（五）管理意识陈旧

在我国的高校中，比较认可过程管理，尤其是工作过程。评价方式也是十分典型，态度决定干或不干，水平决定干得好或不好，而态度问题属于政治问题，比较严肃，水平问题属于能力问题，可以宽大处理。在考核中，政治标准往往会取代业务能力标准，教师普遍存在一种辛苦一年，没有功劳也有苦劳的心理。用这样的心理进行自我评价，会导致在工作上存在得过且过的心态和随意的行为。这种现象会造成高校人力资源严重浪费、评价带有片面性和非科学性。

（六）绩效考核指标不健全，标准不明确

绩效考核指标是否恰当，是抽象还是明确，严重影响考核结果。如果考核标准不明确，不同的考核人员会对考核的结果做出不同解释，造成结果的误差。很多高校经常会将指标进行量化，主要是为了便于操作，但是这种指标量化方式缺乏科学性和时效性，对于教学人员间的沟通关注不多，不能适应新时代高校绩效管理的需要。

三、加强高校教学人员绩效管理的对策

（一）树立正确的绩效管理理念

针对目前高校教学人员绩效管理领域内矛盾重重，管理者存在认识上的误区等问题，高校在对教学人员进行绩效管理时，必须树立以下三方面理念。

1. 以教学人员为本

高校人力资源管理坚持以人为本，主要是适应了高校教育体制的改革和教师个人发展的需求。所谓以人为本，就是以教学人员为本，这就要求高校要尊重和关心教师，帮助他们解决困难。做好职业规划，鼓励进而支持教学研究。

2. 和谐管理

和谐管理理念是绩效管理中的一个新发展。和谐管理主要是结合一定阶段的绩效目标为导向，结合管理机制和主观性的发展，实现教学人员和高校目标的融合。

3. 发展性教学人员评价

发展性教学是一种新的教育评价理念。发展性教学评价就是将教学人员放在中心位置，改善教学状况、完善教学管理，帮助提高教师专业水平，结合实际奋斗目标，制订个人职业规划，促进学校不断发展。

（二）改进高校教学人员绩效管理的体系

1. 绩效管理体系的指标改进

高校教学人员的绩效考核指标改进应从素质指标、成果指标和教学指标三方面来进行。素质指标，主要指道德素质、专业知识素质和专业能力素质三部分；成果指标，主要对教师的科研成果进行考核，如学术论文和著作；教学指标，主要从教学人员的教学过程入手进行考核，其中包括教学目标的明确、教学方法的恰当性等方面。

2. 绩效管理体系的程序改进

高校教学人员的绩效管理应该从传统的只重视考核向全面绩效管理改进。其一，绩效计划。高校管理者与教学人员之间在对教学人员绩效的期望问题上达成共识。在达成共识的基础上，教学人员对自己的工作目标做出承诺。其二，绩效实施与管理。绩效计划制订完成之后，教学人员就开始按照计划开展工作。在工作的过程中，高校管理者要对教学人员的工作进行指导和监督。发现问题、解决问题，并对绩效计划进行调整。其三，依据预先制订的计划，高校管理者对教学人员的绩效目标完成情况进行考评。其四，绩效反馈与面谈。通过绩效反馈与面谈，教学人员能了解高校管理者对自己的期望，了解自己的绩效，认识自己有待改进的地方。

第三节 高校管理人员的绩效管理

一、高校管理人员绩效管理应注意的问题

（一）明确高校管理者的角色

高校绩效管理的对象除教师外，还有学校的领导。在绩效考核体系中，要以身作则，参与到管理中。绩效管理的考核对象是学校的全体人员，是管理体系的全面改革，并不是一种局部性的管理工具。高校领导层是绩效管理的基础性依据，也就是校长的工作计划。在高校人员的绩效管理中，领导层的认知和勇气有着特殊的引导意义。

首先，高校管理者是决策的执行者，他们从人群中选拔出来，用来引导和协调群众成员的关系，帮助他们继续向前发展。他们也是集体的一员，正级干部负责组织领导，副级干部负责领域工作。其次，他们是组织的专业技术职员。管理人员的多源于教师群体，具有较强的能力和优良的素质，即中层管理者群体客观上都有专业技术职称。因此，在绩效考核时，高校领导人员应清晰地认识到自己不仅是监督者，也是被管理者，领导层的言行举止会深刻地影响其他人员的绩效考核态度。

（二）明确绩效管理制度的维持与完善取决于主要领导者的毅力与决心

任何一个单位，无论是企业还是高校，其管理体系的建成都需要一个过程，在这个过程中要不断根据自己的实际情况进行调整，包括工作目标、考核时间、考核方式等技术性问题的调整，管理体系才能不断完善。若只执行一次，不长期坚持，则无法完成这些调整，绩效管理也就只能半途而废。绩效管理源自西方，与长期的中国思维有着较大的差别，如果意志不够坚定，很难真正地做好绩效管理。尤其是管理层的领导更要坚持督促下级人员一起坚持应用新的管理理念。

二、高校管理人员的绩效评价

（一）高校管理人员绩效评价的内容分析

管理人员绩效评价的内容是德、能、勤、绩四项。这四项中，向导为德，实力为能，条件为勤，结果为绩。德、能、勤这三者最终都是服务于绩，绩能将德、能、勤三者较为真实地显示出来。绩效评价内容确立的关键就是建立一个以德为基础，以绩为中心的指标体系。

第一，德是指人的政治思想素质、品德、责任心、使命感与进取精神等。它决定着一个人的行为方向、行为强弱、行为方式等。高校管理人员的德主要指政治素养和职业道德。政治素养可分解为政治理论和遵纪守法两个要素；职业道德可分解为爱岗敬业、服务意识、清正廉洁、民主团结四个要素。

第二，能是指一个人拥有的业务知识、综合分析能力、学习能力、表达能力、组织与协

调能力、创新能力、决策能力、交际能力等。能的构成要素可分解为办公管理知识水平及应用能力，语言文字能力，判断分析应变能力，规划、组织、协调能力四个要素。

第三，勤是指勤奋敬业的精神，主要体现在管理人员的工作积极性、创造性、主动性、纪律性和出勤性等。勤的构成要素可分解为工作态度、工作质量、工作努力程度三个要素。

第四，绩是指管理人员承担管理工作的成果，它是绩效考核的重点所在。绩的构成要素，既指按照工作目标完成任务，建立功劳，也指工作中取得的重大成就和显著效益。绩可分解为工作量及任务完成情况、责任、效果、公众满意度四个要素。

除此之外，绩效考核有时还会考虑管理人员的身体素质，也就是"体"，是指一个人的生理状况、心理素质。在目前市场竞争异常激烈的背景下，良好的体质和心理素质是员工取得良好业绩的保障，学校的管理人员也不例外。

从以上五个方面来考察学校管理人员的绩效是很全面的，能很好地评估出管理人员的绩效水平，但是操作起来比较复杂和困难，且易流于形式。目前，高校对管理人员的评价可以具体表现为三个方面，管理者（领导者）工作实绩；领导效能；政治品德。这三个方面都是做好管理绩效的重要因素。

（二）高校管理人员绩效考评的原则

为正确有效地评估高校管理人员的工作，在绩效考评的过程中，必须遵循以下四条基本原则。

1. 客观公正原则

客观公正原则是指在对管理人员进行有效考评时，必须采取客观的、实事求是的态度。不能主观臆断或掺杂个人感情。对高校管理人员工作绩效考核是根据学校的组织目标对实施的各项管理活动进行科学的判断。因此，评价工作必须坚持全面、客观的原则。为此，考评者必须持客观公正的态度，尊重事实、实事求是，切忌主观随意性。评价的结果也必须是根据准确、完整的资料与数据调查分析出来的，所做的任何一个结论都必须以事实为依据。只有这样，才能保证对管理人员的评价是比较客观公正的，也才能达到评价的目的。

2. 民主公开原则

民主公开原则是指通过民主评议、民意测验和管理人员代表参加考评小组等形式，公开对各级管理人员进行考评，以增加考评的透明性。贯彻这一原则的要求做到，第一，考评的目的与方法公开；第二，考评的条件、程序和对象公开；第三，考评的结果对考核对象公开，允许他们就某些问题做出说明和解释。

3. 德才兼备、注重实效的原则

德才兼备、注重实效原则是考核和评价管理人员的主要原则。德，主要是指考评管理人员的政治思想和道德品质；才，是指管理人员的业务素质与实际工作能力。在对管理人员进行有效的绩效考评时，须从这两方面着手，不可偏废。在此基础上，坚持以工作实绩为主的原则。

4.评价过程中动静结合原则

依照这一原则，一方面要增加阶段性评价的频率和评价的准确性，使每次评价的结果能反映出测评对象的现有真实水平。这种评价方式的优点是便于横向比较，可以看出考核对象是否达到了某些标准。不足之处是不容易考查考核对象过去的业绩和今后的发展潜力。另一方面应注重评价工作的计划性和延续性，使之成为有序的、持续不断的系列活动。这种考评有利于激发管理人员的进取精神。但这种方法不便于进行横向比较。所以在考评时应将这两方面结合起来，扬长避短，使考核尽量科学、准确和公正。

（三）高校管理人员绩效考评的方法

从理论上来说，上述关于绩效考评的方法都适合于管理人员的绩效考评，具体说来，以下三种方法比较适合对管理人员进行考评。其一，具体对照法。各种考评方法，本质上都是以不同方式和角度进行考评，进行具体对照才能找到最好的评价途径。其二，关键事件法。关键事件的影响力十分巨大，对关键管理人员和管理部门进行工作的合理安排是目标实现的保证。其三，360度考评反馈法。这一考评方法的主要内容包括上司评估，自我评估，同事评估，下属评估，学校外人员比如家长、外请专家的评估等。采用360度考评反馈法，可以从多方面收集被评价对象的信息，以避免单方评价由于主观偏见而带来的评价结果不准确。

第四节 高校人力资源绩效管理中的问题及对策

一、我国高校人力资源绩效管理存在的问题

我国高校虽然在人力资源绩效管理方面有一定的成就，但在具体的工作中存在很多问题。可简要概括为以下两方面。

（一）重考核，轻管理；重奖惩，轻发展

很多高校对绩效管理认识不正确，将绩效管理等同于绩效考核，其他环节形同虚设，流于形式，使绩效管理的有效性缺乏形式上的保障。绩效管理重在管理，它包括目标与计划、跟踪、考核、考核结果应用四部分。考核只是绩效管理的一个组成部分，是对目标与计划的完成情况的一个检查。而很多高校在工作中重在考核，对目标的合理性、指标的科学性分析重视程度不够，考核时以行为表现为主，主要检查考核对象做事的正确性。绩效管理要求以正确的工作目标为导向，正确地做工作。将考核当成对员工进行奖惩的手段，总结目标完成情况，查找自身存在的不足，制订改进绩效的计划，并在下一个绩效管理周期监控需改进的方面，从而更好地实现学校目标。

（二）绩效管理目标不明确，绩效考核机制不够完善，缺乏沟通和反馈

高校虽然在学期初会将各院部的计划分入各学院，但是并没有将总体目标有效地分配给各学院。各学院只是机械地依据学校目标安排自身的学院计划，没有将学院计划分配到各部门和个人，导致学院和学校的目标交流性不高，学校对学院的绩效考核存在盲点，学院对学校也存在目标盲点。

绩效考核机制在本质上是绩效管理的重心，现在高校考核指标相似或相同，针对性差，不能很好地进行人员考核。绩效考核在高校各部门有自身的特色，部门间有相当的差异，但在考核时却都是按照统一的指标进行，不能正确反映工作业绩，还会降低部分工作人员的积极性。以教学部门为例，以论文质量和数量、出版著作及课时为主要考核指标，但是量化性严重，对于课时的数量和论文的篇幅要求远高于质量。甚至部分教师的科研实践远胜于教学时间，只重视理论晋升。

信息的及时反馈是考核体系中的重要环节。目前，高校不仅对于信息的反馈不够及时，而且绩效考核少有教师的参与，管理者和被管理者之间的信息鸿沟拉大，导致他们对于绩效考核出现冷漠和抵触情绪。

二、我国高校人力资源绩效管理实施的难点

（一）高等教育多样化与高校定位不合理

目前，我国高等教育进入大众化高等教育阶段。随着高等教育大众化的发展，必然出现高校的分化和高校办学的多样化。多样化是指在层次（专科、本科、研究生）、类型（单科、多科、综合性）、能级（研究型、研究教学型、本科教学型、职业技术型）、科类（文、理、工、农、医、财经、政法、师范等）、形式（全日制、夜大、远程教育）、举办形式（公办、民办）等方面的多样化。一方面，各个办学层次的社会任务、发展的要求不同，相应地教师的工作目标和工作内容也会有差别。因此，高等教育的多样化致使制定出一个通用的高校人力资源绩效管理模式几乎不可能。另一方面，现在许多地方高校攀高心理严重，如专科变本科等。高校的合理定位影响高校教师的个人特征、个人行为和客观结果，对高校人力资源管理功能的发挥起着内在的导向和规范作用。高校盲目攀高、定位不合理，不顾地方情况和自身的办学实力盲目提升办学层次，必然导致大量的人力资源浪费。

（二）绩效管理组织文化还未建立

组织文化是一种重要的精神资源，是高校绩效管理之魂。其中，绩效价值取向是绩效文化的核心部分，它以鲜明的感召力和强烈的凝聚力，有效地引导和规范教师的各种行为，使其能够产生对绩效管理的认同，支持和维护绩效管理体系；同时，绩效价值取向能使教师自觉调整自身的行为和活动方式，纠正不符合绩效价值标准的行为，发扬符合绩效价值标准的行为。目前，我国高校绩效管理文化并未建立起来，原因至少有三点。一是绩效观念产生时间短；二是绩效从企业移植入高校，实践环境变更；三是与传统观点出现冲突。

传统的观点认为绩效管理意味着挑毛病，是对自己或别人的不信任，影响人际关系的和谐。当教师不能完全认同和接受绩效管理理念时，就会产生冷漠、消极怠工的行为，很少参与到绩效管理中，甚至对绩效管理提出异议，抵制绩效管理的实施。因此，高校应尽快建立与绩效管理相适应的组织文化，推动高校人力资源绩效管理体系的建立健全。

（三）高校的组织结构的复杂性

高校具有的教学科研机构松散型组织状态和弹性化管理方式，以及政府机关层级制组织体系和封闭式管理模式的双重特点，加剧了高校人力资源绩效管理的实施难度。高校工作岗位繁多，按工作内容可横向分为党务、行政、教学、科研、学生管理、财务管理、资产管理等，纵向分为高层管理（校级管理）、中层管理（部门管理）、基层管理（院系管理）等多种类别。由于工作性质、工作特点差异大，要使绩效管理体系科学合理，就必须在工作分析的基础上，将评价因素充分细化、具体化。要达到这样的要求，就必须增加考评成本。

（四）高校教师人力资源的特殊性

高校教师是高学历、高智力的知识密集型群体，他们的劳动具有创造性、复杂性、特殊性等特点。高校教师的人力资源特性包括，持续的工作欲望和动机；事业效益显现周期较长；人力资源价值的隐藏性较强；其工作投入程度和工作量难以测量；自主性需求较高；教师人力资源具有多元化功能。高校教师具有主体地位、业务自主性、持续开发、良好的生活、工作条件等方面的需要。因此，相对于其他组织，高校教师人力资源的特性和需求决定并扩大了高校人力资源绩效管理实施的难度。

在高校教师群体中学科带头人、拔尖人才、课题负责人等高层次优秀人才的绩效管理如何科学地开展，是一个比较棘手的问题。高校教师群体工作性质存在特殊，因此，他们的工作过程存在监控不直接或工作成果不易衡量的特点，导致高校教师的价值评价体系比较复杂并存在较大的不稳定性。高校管理者理应对传统的严格等级秩序和细致的分工体系下的精确定位有所换弃，应依据工作和角色定位两种定位方式，针对高校中的优秀人员进行分层次和分类别的管理，如任职资格、行为规范和工作规范的确定需要按照层次或类别进行确定。由此可见，完善高校人力资源绩效管理制度是一项艰巨的任务，需要长期探索与实践。

三、完善我国高校人力资源绩效管理体系的对策

随着时代的急速发展，我国高校应提高人力资源的管理，积极发挥高校人力资源管理的推动作用，以便迎接时代变化带来的机遇和挑战。由于我国人力资源管理的发展时间比较短，加上原有体制的束缚，尽管目前高校人力资源的发展有了较大的进步，但是同国外的高校人力资源相比还存在明显的差距。这种差距主要表现在人力资源管理的观念和体制两方面。针对我国高校人力资源的管理体系的完善，首先是管理观念的转变，实现先进的绩效文化构建；合理定位，目标明确；和谐沟通，实现管理平台的搭建；考核多元化，以此对人力

资源的全面发展做好推动作用。

（一）转变管理观念，构建先进的绩效文化

传统的管理观念在实际上缺乏一种和绩效匹配的组织文化和促进人发展的人文关怀。一般来说，绩效的管理和绩效考核在实际操作中是一致的。传统的管理中存在重结果轻管理，重惩罚轻发展，甚至以偏概全的错误观念。这些观念与如今社会发展的意识形态并不符合，是没有意义的。广泛宣传新的绩效管理观念，坚持以人为本，是转变管理观念的有效途径，构建先进绩效文化的重中之重。

1.广泛宣传绩效管理理念

了解是参与的前提，只有深入地了解才能积极地参与。通过各种渠道对管理的理念、方法及意义进行介绍和宣传，同时展开集中性的讨论，将人力资源管理系统的设计作为全校职工共同的研究对象，集思广益，对他们的意见和建议做出更好的判断和分析。这样的策略可以使校园的每位教师意识到学习的发展和管理政策的制定不仅是管理者的事情，更是与每位教师的切身利益相关。让教师意识到管理决策的制定对于他们的工作效率和能力的提升都有着不能忽视的意义，同时，每一位教师的绩效管理能力都会有所提升，绩效管理能帮助他们更好有效地制订自身的绩效计划，管理好绩效，增强自身的适应和发展能力，使自身的完善和发展得到更好的实现。绩效管理知识的普及，对于教师的心态也有作用，可以使大家由"要我做"的被动心态转向"我要做"的主动心态。如此，高校绩效管理就可以获得更多人的认可和支持，在学校和教师的共同发展方面意义重大。

2.以人为本

现代人力资源管理强调以人为本，把人的发展也看成是组织发展的一个重要目标。因此，高校人力资源绩效管理应对教师的职业发展充满人文关怀，把教师的职业发展与学校的发展有机地结合在一起。发展绩效管理强调以促进教师的专业发展为目的，是一种考评者与被考评者双方在互相信任的基础上双向进行沟通的管理活动，和谐的气氛贯穿于评价过程的始终。绩效管理体系应体现教师的主体性。管理者应以人性化的态度强调教师在评价中的主体地位，给他们充分的自主权，发挥其主体积极性，主动参与评价过程，使绩效管理成为促进教师发展与自我实现的最好工具。

（二）合理定位，明确绩效管理的目标

高校人力资源绩效管理是通过识别、衡量和传达有关教师工作绩效状况的信息，从而使高校的发展目标得以实现的一种逐步定位的方法。因此，高校的定位是教师个人行为进行定位的前提。为实现更好的绩效管理，高校的定位要合理，高校的定位和发展目标战略要能准确、清晰、明确地传达给每一个教师，从而使他们明确各自在高校发展中的定位。高校战略是以高校未来为出发点，旨在为高校寻求和维持持久竞争优势而做出的有关全局的重大筹划和谋略，是绩效计划的依据。

（三）和谐沟通，搭建绩效管理的平台

创造和谐的校园人际关系和情感氛围，是做好学校一切工作的基础。管理者与教师之间应及时沟通与交流，积极参与、增强学校的凝聚力。在高校人力资源管理实践中如果缺乏较强的人本意识，没有充分的情感交流，只知道下行政命令，广大教师很容易产生逆反心理，思想上离心离德，行动上一盘散沙。管理者与教师沟通不仅包括信息的交流，还包括情感、思想、态度、观点的交流。从内心深处来激发教师的内在潜力、主动性和创造精神，形成和谐、奋进、具有亲和力的人际环境和"家庭式"的氛围。

（四）多元考核，促进人力资源的全面发展

高校人力资源绩效管理不仅要提高组织的绩效水平，还要给教师提供发展的机会。管理人员应该根据教师的实际发展和社会发展需要，有针对性地进行绩效考核，单一或局限性的考核制度和单纯的企业定量考核都不适应现在高校绩效的考核。为综合地考核高校教师的绩效状况，就应该对教师的教学、育人、科研、服务四个方面分别设计考核指标体系，将定性考核指标与定量考核指标有机地结合起来，通过指标全面地考核高校教师的业绩。

第七章 高校人力资源薪酬管理

第一节 高校人力资源薪酬管理分析

工资管理体制是工资管理体系的制度化，它是一个包括管理决策体系、调节体系和组织体系的相互联系、相互作用的有机整体。工资管理决策体系是指工资管理权限的划分，即中央、地方和高校权限的划分；工资调节体系是指工资管理的调节机制，即工资管理的规章制度和方法；工资组织体系是指工资管理机构的设置和职能。

一、高校薪酬体系分析

根据笔者所在的高校以及对四川省一些高校的了解，高校的薪酬体系基本上是按财政工资＋津贴＋补贴／奖金的机构模式，其中的财政工资分配按照国家相关规定参照了公务员的职务工资、级别工资、工龄工资的形式，具有明显的行政色彩，津贴、补贴、奖金是作为工资重要补充部分而存在的，充当着平衡工资水平的角色。现在，薪酬的分配依据主要是以教学质量量化考核的方式进行，以此决定薪酬的分配。

相应地，国外高校薪酬体系有两种。

（一）相对集权的高校人力资源薪酬管理体制

代表国家有法国、德国、日本、韩国、新加坡等。在这种体制下，公立（国立）高校教职工属于国家公务员系列，高校教职工执行国家公务员的工资及福利待遇，工资标准由国家法律统一规定，高校自主权较小。

（二）相对分权的高校人力资源薪酬管理体制

代表国家有美国、加拿大、英国等。在这种体制下，国家不再统一决定人力资源的薪酬制度，由各地方政府或高校自行决定。但由于学校性质的不同，具体的决策模式也不同。

二、高校薪酬分配制度的现状

（一）高校的发展速度和现行的收入分配制度不适应

随着改革的不断深化，高校的薪酬分配制度改革一直和国家经济发展不适应。目前，我国正在实施科教兴国和人才强国战略，高校也在这个大的环境下采取人才强校策略，不断地推进人事制度改革，不断地提高高层次人才教职工队伍的培养力度，对高校师资进行合理的配置。人才强校是我国高校人力资源管理制度革新的重要环节，人力资源管理制度的革新与分配方式改革是相互影响的。目前，高校已经全面地推行了聘任制，这表明高校的人力资源管理制度已经产生了作用，但是现行的薪酬分配制度已经凸显出了许多矛盾。因此，应该完善高校薪酬分配激励机制，从而能够有利于高校的人才队伍不断壮大。体制、高校人事制度改革进程保持一致，在获得一定成果的同时，也出现了一些急需解决的问题。近年来，我国开始执行了薪酬分配制度改革，高校薪酬管理策略中收入通常情况下有以下几部分：岗位工资、绩效工资、政府以及地方性的补贴和福利，在职高校教职工的工资收入通常情况下来源于政府投资、学生缴交的学费和高校自己筹集的资金。在这几部分中，政府投资占有非常大的比例。目前，所执行的体制和我国高校的发展速度以及开展科教兴国和人才强国战略的需求无法协调一致。通常情况下存在以下四个问题：不同的福利津贴项目的内涵与社会实际情况不一致，事业经费拨款方式以及投资金额与我国高校的发展不适应；岗位设置和考核评价制度不完善；高级人才的工资标准在所有行业收入水平中缺少竞争力。

（二）高校绩效工资制陆续展开，实施细节有待进一步探索

最近一段时间，我国高校已经推行了绩效工资。实施绩效工资是高校薪酬分配制度改革的关键构成要素。一方面合理地设置了岗位补贴，同时也采用了绩效工资的方式，渐渐地形成了较为完备的绩效工资等级划分体系、全面的工资分配激励体系以及合理的工资分配宏观调控策略，对于增强高校教职工的能动性、促进社会事业的发展、提高公益服务效果有着不可估量的作用。高校执行绩效工资的主要思路如下四方面。首先，执行绩效工资以及合理设置津贴补贴相互补充，规范高校的财务管理和工资分配，严肃工资分配的纪律。其次，通过提高公益服务水平来不断完善绩效评价方法，激发高校的内部工资分配。再次，通过分级和分类管理相互结合，根据实际情况，提高管理机构的责任。最后，统一规划高校在岗教职工和退休教职工的工资分配方式，加强、完善绩效工资体系。依据国家制定的绩效工资体系，目前高校绩效工资制度改革过程中所面临的难题有以下四方面。高校现在的岗位补贴属于国家工资制度的主要补充要素，并且在高校收入分配制度中长时间地执行，如何使上述项目得到规范，能否引入绩效工资制度体系，并且采取统一的规范措施；高校的所有工作人员的薪酬分配关系如何理顺，如何平等地、真实地体现各类工作人员的作用和绩效；怎样深入地完善绩效以及考核评价体系，健全高校薪酬分配激励方案，体现公平、公正、激励、竞争等问题都必须深入细致地研究，制订出合理的、可行的实施方案。

（三）高校教职工的工资收入在行业对比中缺少竞争力

高校在岗教职工的工作主要具备四个特征。其一，高职称高学历的人数较多，聘用时需要投入较多的资金。其二，工作没有太多的风险，同时工作具有非常大的自由度。其三，其业绩无法通过较好的手段进行评估。通常情况下，高校教职工具有非常高的社会地位，

在工作时并不会过多地考虑到收入。其四，教职工的工作充分地体现了创新等。教育部规定高校教职工的平均薪酬等级必须达到国家公务员的平均薪酬等级，同时不断地提高。然而，这个原则的实际标准是什么？怎样去执行？还没有给予明确的解释。依据高校不断改革的实际情况，应该怎样有效地解决高校教职工工资的薪酬等级，横向比较国家公务员的平均薪酬等级等问题均需要深入地探索。目前，和其他行业相同级别的工作人员对比，高校高级技术人才的工资水平缺乏优势，同时高校教职工的整体薪酬水平比较低，为了可以拥有更强大的竞争优势，高校应该采取以市场为导向的工资收入制度，进而留住高级人才，同时能够招聘到高级人才，稳定高校教职工队伍，促进高校教职工的能动性和积极性。

（四）高校缺少完善的福利政策，导致长时间缺乏激励效果

根据薪酬分配方式的现状，目前高校通常情况下只关注基本的薪酬分配情况，也就是说主要采用货币形式的工资收入、津贴以及补贴等收入方式，然而，没有足够重视以保障性以及福利性为目标的收入形式，同时缺乏对延期分配政策的深入研究。高校目前仍然采取的福利制度是计划经济年代构建的津贴形式，其所需要的经费是通过国家拨款的方式来解决的，在职期间仅仅缴纳医疗保险、失业保险以及工伤保险，在退休后就能够顺利地得到养老金以及医保等相关费用。由于高校还没有形成健全的福利制度，没有对高校教职工个人的实际发展要求给予足够的重视，所以对高校教职工形成的激励作用以及保障功能非常微小。高校要适应社会发展的实际需求，必须不断提高竞争力，完善教职工工资收入分配体系。

三、高校薪酬制度改革的建议

（一）增加政府的宏观调控功能，提高投融资渠道的扩充，提高高校教职工的待遇

全球很多发达国家高校教职工的工资收入是在完全市场化条件下形成的，而处于社会主义市场经济建立以及实践过程中的我国高校想在市场中争夺人才，应该直面市场的实际要求，这是非常符合中国国情的。全球先进国家的教职工工资水平通常情况下处于社会的中上水平，但是当今我国高校教职工的工资收入没有达到这个水平，在社会上处于偏低的行列。应该根据国家公务员工资标准来确定高校教职工的工资收入，使得高校教职工的薪酬趋向合理。

（二）依据以人为本的原则进行薪酬的合理分配，提高高校的权利

1.转变高校教职工管理体系，提高高校在制度制定上的权利

目前我国在社会主义市场经济条件下，高校属于独立的法人代表，必须拥有一定的权利建立能够适应发展的工资收入分配体系。高校可以按照本身的实际情况提出相应的建设性的指导意见，合理地分配国家财政拨款以及自筹经费，可以根据自身的特点提出能够和目前社会环境相适应的工资收入管理体系，从而能够极大地发挥出薪酬制度的激励作用。

2. 执行清晰的工资收入分配体系框架

经济发达国家高校的教职工工资收入分配体系框架没有过多的项目，通常情况下非常简单，然而，在激励效果上明显地优于我国名目繁多的工资收入制度。我国高校教职工的工资项目过多，失去了工资应有的激励和保障功能。因此，在进一步的工资制度改革中，应着力调整工资收入分配体系的框架，尽量减少工资分配体系中的项目，使教职工的收入能够具有工资化的特征，依据岗位、绩效等因素对工资结构进行全面彻底的调整，保证激励效果。

3. 改革现有的工资收入分配层次，建立改进的"三元"薪酬分配体系

"三元"薪酬分配体系大体上涵盖了三大块：基本工资、职务补贴以及岗位奖金。其中基本工资主要根据国家指定的政策中的职务（职级或者技术级别）工资为主，通常反映了工资收入的根本保障能力；职务补贴通常情况由两个部分组成，分别为技术职务补贴以及职务补贴，通常依据高校教职工的技术水平以及管理水平来确定；岗位奖金按照高校教职工的职位的关键性以及工作水平制定，可以有效地体现出高校教职工的主要业绩的情况，从而能够极大地产生激励功能。

（三）根据教职工的能力和绩效制定市场化的工资收入体系

1. 完善高校教职工的工资收入

针对长时间在教学以及科研前沿劳动的专业教职工，基本工资是保证教职工基本生活的主要资金来源。在现有的薪酬层次中，级别之间的差距小，不能较好地体现高校优秀人才为学校做出的贡献。增加高校教职工的工资水平、扩大等级间的差距，使更多高层次人才加入到高等教育事业中，这样就有利于高校教职工队伍的持续发展。

2. 建立健全长效的激励体系

目前的工资收入制度非常看中高校教职工的绩效评价，但缺少有效的评价方法，进而使一些高校的教职工只是为了可以获取短时间的经济实惠而产生了"用数量代替质量"的现象。因此，在高校进行工资收入分配改革的时候，应该充分地考虑到建立长效的激励机制。另外，应该引导高校教职工在科研以及教学以外，更加重视高校办学效率的提升，进而能够使高校的教职工有更大的归属感，从而能够起到长效的激励作用。

3. 完善以岗位和绩效为基础的薪酬制度

高校教职工的工作具有非常强烈的个人价值体现的愿望，高校教职工的工作很难进行有效的监控，教学和科研成果不容易进行量化。高校教职工的薪酬设计应充分体现这些特点。教职工的薪酬要以长期固定工资为主，首先要保证日常的基本生活。其次，在新时期，市场经济正在不断深化，工资待遇可以体现出不同劳动者的价值，从而能够提高他们的主观能动性。所以，必须坚持以市场为导向的教职工工资制度的制定，从而使工资管理从传统的计划行政形式下的"品位分类"管理渐渐地改变为以市场为规则的能够反映教职工自身

价值的"水平工资"和"业绩工资"。引导员工的薪酬观念，逐渐从"领工资"向"挣工资"转变。

4. 转变提升工资收入时只关注职称及职务的观念

提高绩效工资的比重，关注基于教职工业绩的工资体系，应该按照高校教职工的实际工作业绩来评定人力资源的工资待遇，从而能够使高校教职工的工资，特别是让年轻教职工的工资得到迅速提高，不应该仅仅根据教职工的职称和职务等级进行工资收入的评定，应该充分地反映教职工的实际水平和业绩，如果自身的水平满足了更高级别的条件，就可以取得相应层级的工资待遇，不应该过于强调高校教职工的职务等级，帮助高校教职工不断提高团队协作意识。将工资收入和教职工的工作业绩联系起来，不断激励教职工的工作积极性。

（四）高校教职工的工资分配制度和人力资源管理制度一致

高校教职工的工资收入分配制度革新是否能够见效，必须考虑相关制度是否健全，如果没有高校人力资源管理制度改革为前提，高校教职工薪酬制度改革就会非常困难。在工资制度革新的初始阶段，应该同时考虑高校教职工的工资收入改革和高校人力资源改革，并且分步实施，从而能够逐步地达到最终目标。此外，应该进行相应的人力资源管理制度的革新，比如，高校教职工聘任方式、岗位安排、聘用手段、考核形式的革新应该提前执行，这样就能够极大地发挥出高校教职工薪酬分配制度改革的作用。

第二节　高校人力资源薪酬体系设计

随着我国各行业改革的进一步深化，高校作为事业单位的一部分，面临着前所未有的机遇与挑战。一方面，高校面临着日渐激烈的制度创新压力、校际竞争压力和为社会提供更多服务的压力，管理制度必须不断改革创新；另一方面，随着高校收入分配制度改革的全面推进，学校在内部薪酬管理方面获得较大的"因地制宜"的自主权，可以按照市场变化自主调节校内收入和分配的格局，建立一定程度上的分配激励机制。但由于缺乏科学的分析和设计，也易产生高校间的人员收入水平无序竞争和用人成本过速攀升。完善教职工的薪酬激励机制，合理地提高教职工的收入待遇，更好地兼顾效率与公平成为当前构建和谐校园的一个重要课题。

一、设计符合市场经济发展、遵循价值规律、具有市场竞争力和内部公平性的高校薪酬体系，提高高校教职工整体薪酬水平

高校薪酬要和其长远发展目标相匹配，如果高校要建成世界一流大学，那就要吸引全球一流的人才，而要吸引一流的人才，就要拿出具有竞争力的薪酬。要建区域一流大学，就要结合区域经济发展水平和同类高校的薪酬水平，拿出富有竞争力的薪酬去引人、留人。

市场经济下高校薪酬的制定要遵循市场竞争和按劳分配的原则，结合人才市场的价格水平以及其他行业的综合情况，通过大量的调查、精密的模型和严谨的计量，科学设定价格标准，使形成的薪酬方案具有简化和可操作性，以此提高教职工薪酬整体水平，尤其是核心人才的薪酬水平，增强教职工基本薪酬的外部竞争力，体现教职工职业不同于其他行业的特点，充分体现教职工的社会价值和个人价值，使更多的优秀人才加入教育事业的行列，也可以激励更多的年轻教职工安心在高校工作。

二、实现办学经费来源多元化

高校经费来源总体上形成多元化的格局，包括政府拨款（含科研基金和资助）、学费收入、企业研究合同与资助、私人捐赠及投资、教育性销售和服务收入、高校附属企业收入、教学医院收入以及学校独立经营性收入等。提高财政拨款数量还是有潜力的。因为在过去的十几年中，我国的教育财政拨款始终在3%左右徘徊。目前学费已经没有多大的上涨空间。高校自身也有一定潜力可挖，那就是创收——通过各种形式为社会服务，获得回报。

三、继续简化人员编制，提高人才使用效益

高校要提高薪酬水平，需重点建设两支队伍，一是教学科研队伍。要按照"控制总量、调整结构、转换机制、提高素质"的原则进行教职工队伍的总量控制和结构调整，要保质保量。二是行政队伍。要按照"定机构、定职能、定编制、定岗位、定职责和上岗条件、定岗位津贴"的原则，进行机构改革和党政管理人员竞争上岗。要精简，要专业化，其他的实行社会化。使核心人才享有较高的薪酬。

四、健全高校薪酬的社会保障和福利机制

社会保障与福利制度是高校薪酬制度的重要组成部分。发达国家和地区的高校薪酬制度中，社会保障与福利占有重要的分量，这是与其经济社会发展水平相适应的。完善的社会保障和福利措施，不仅为教职工提供了可靠的基本生活和发展的保障，同时也是吸引人才和激励教职工的重要机制。一般地，教职工社会保障和福利由两个方面构成。一是按照国家或地方政府法律规定的强制性社会保险和住房公积金待遇，属于延期分配范畴，应予以高度关注。强制性社会保险包括养老保险、失业保险和医疗保险等各种政策性保险，教职工和单位都负有缴费的法定义务，所以国家应尽快完善高校的社会保障体系，让高校教职工真正得到这份保障。住房公积金制度是住房制度改革后建立起来的福利制度。在缴存公积金时应按比例上限、最大基数存储，让教职工真正得到实惠。二是高校自主设立的补充保险，除寒暑假外，包括家属和子女的补充医疗、养老、健康保险和进修与就学、产病假等内容，也包括对高层次人才提供的高级福利，如提供住房、汽车、教研设备、配备助手等。其中补充养老保险的运作方式主要是将教职工与校方按一定比例配套缴纳的工资或经费，委托社会上具有信誉的基金会进行资金运作使其增值，基金会提供各种投资计划供教职工选择；补充医疗保险由学校与一些医疗机构合作，建立各种有特色的医疗计划，供教职工选择；

进修、就学和专业技能培训作为一种福利政策，也是吸引人才和激励教职工的重要机制。尤其对于高校青年教职工来说，由于存在结婚、生子、住房等各方面的生活压力，对薪酬的期望值相对要高些。而且，由于刚走上工作岗位，工作压力也非常大，他们的薪酬满意度内涵不仅仅是薪酬，更多地倾向于个人的发展和前途，如是否有晋升、进修、申报项目等机会。因此，提高青年教职工的薪酬满意度不仅要从薪酬本身入手，还要考虑到对青年教职工的职业生涯规划，为青年教职工提供上升空间。

五、建立高校薪酬的延期分配制度

在知识经济时期，竞争更加激烈，风险和机遇并存，社会风险的广度和深度均在加深。人们的职业生涯规律和收入心理也随即发生了变化，其目标包括了两个重心，即当前收入最大化与未来风险最小化。从工资到薪酬的概念变革，是时代变革在分配领域的缩影。薪酬包括当期分配和延期分配，当期分配即年内支付的工资、奖金和红利，旨在补偿已经付出的劳动；延期分配则通过社会保险计划、员工福利计划和股权期权计划进行支付，旨在补偿风险损失。高校教职工薪酬制度中的延期支付制度主要功能有两个，建立长期激励机制，即"金手铐"；建立社会风险分担机制，即教职工福利和保障计划。

六、坚持客观公正、民主公开、注重实效原则，建立科学的绩效考核评估体系

薪酬制度改革的关键是要准确地测量人力资源的绩效，并根据绩效、能力给付薪酬。能力一方面通过学历体现，另一方面通过绩效体现。在建立绩效评价体系时，一方面要将任务目标与绩效考核有机地结合起来，以数据说话，以业绩论英雄，使考核有据可依；另一方面要使职能部门按照各自的职责范围从不同的角度，对考核进行动态的管理，使考核具有过程性；还要使管理部门与各学院相互配合，由各学院直接对自己的教职工进行绩效考核，使考核具有可操作性。如考虑到学术研究的特殊规律性，可将考核周期适当延长。具体来讲，对于聘期无法完成任务者，可缓发 10% ~ 30% 的岗位津贴，直至其完成任务。而对于聘期延长后仍无明显突破者，学院或学校则有权予以降薪或提出解聘。同时，要区别对待不同人员。专业技术人员可定期进行岗位等级评审，比如半年一次；对于教职工、实验员、会计、图书馆员、医生等，尽管都是专业技术人员，但是他们的薪酬结构和水平应当有差异。对于职能管理人员，可设计"薪酬累加器"，即在影响岗位工资动态调整的因素中选择几种刚性的因素，建成薪酬"蓄水池"，在业绩考核结果之外，还包括重大奖惩、后续学历、新增职称和工龄等不易产生异议的刚性因素。把考核周期与延期支付结合起来，建立操作性强的弹性考核机制，既是对从事长线项目的教职工给予支持，又可利用延期支付制度约束教职工聘期动力不足的问题。

第三节 国外高校人力资源薪酬管理现状

处于激烈变革的当今世界，各国间高等教育的竞争实际上就是高校师资水平的竞争，而薪酬作为教职工绩效的直接激励，更成为各国高校管理领域的重中之重，高校教职工薪酬制度改革已成为各国高等教育改革成功的关键。本节介绍国外高校薪酬管理体制及其特点，分析国外高校薪酬制度的发展趋势。

一、国外高校教职工薪酬管理体制

工资管理体制是工资管理体系的制度化，它是一个包括管理决策体系、调节体系和组织体系的相互联系、相互作用的有机整体。工资管理决策体系是指工资管理权限的划分，即中央、地方和高校权限的划分；工资调节体系是指工资管理的调节机制，即工资管理的规章制度和方法；工资组织体系是指工资管理机构的设置和职能。一个国家的高等教育体制决定了高校教职工管理体制的模式与特点，而高校教职工管理体制又进一步决定了高校教职工的薪酬制度。从国家对高等教育管理的权限上，大体可分为相对集权和相对分权两种类型；与此相适应存在两种薪酬体制，称为政府主导型和市场导向型。

（一）相对集权的高校教职工薪酬管理体制

代表国家有法国、德国、日本、韩国、新加坡等。在这种体制下，公立（国立）高校教职工属于国家公务员系列，高校教职工执行国家公务员的工资及福利待遇，工资标准由国家法律统一规定，高校自主权较小。而私立高校则不同，如在日本，私立高校的教职工属于自由职业者，在韩国，私立高校教职工工资按规定需维持在不低于国立学校教职工的工资水平，在具体分配上由高校自主决定。

（二）相对分权的高校教职工薪酬管理体制

代表国家有美国、加拿大、英国等。在这种体制下，国家不再统一决定教职工的薪酬制度，由各地方政府或高校自行决定。但由于学校性质的不同，具体的决策模式也不同。一般分为三种。第一种是地方政府（州或省）及其高等教育管理机构通过立法、下达经费预算、制定工资标准、规定教职员工社会福利待遇政策等渠道和措施，进行高校薪酬制度的宏观管理和政策指导，高校在具体实施教职工聘任和确定薪酬政策方面具有自主权。比较有代表性的是美国的州立大学。第二种是集体谈判制度，即两方利益团体的协商机制，主要是大学的各级各类工会代表某一类教职工与政府或校方进行聘用和工资待遇的集体谈判。加拿大的大学普遍采取这种模式。第三种是校方与教职工个人之间的合约（合同）制。主要存在于私立大学。这些学校教职工的劳动报酬与劳动力市场的价位水平联系更加紧密，实行的是市场化的薪酬战略。

二、国外高校教职工薪酬体系特点

（一）薪酬结构

高校教职工的收入结构为较为稳定的"三元"结构，不论是否实行公务员制度，高校教职工的收入结构主要由基本工资、绩效工资（或资金）和福利三部分构成。通常，基本工资占教职工总收入的55%～60%，福利占30%～35%，绩效工资占5%～15%。绩效工资比重较低是国外高校教职工工资制度的普遍特点，反映了高校教职工职业特点与工资收入稳定性之间的内在联系。拥有完善的社会保障和福利制度。社会保障由两个方面构成，一是按照国家或地方政府法律规定的强制性社会保险；二是高校自主设立的补充保险。福利项目种类较多，充分考虑到教职工的实际需要，当期分配与延期分配相结合。

（二）薪酬标准

评定依据国外高校教职工薪酬标准的决定因素主要有职务（职称）、学历（学位）、年资、学科等。职务不同，起点薪级不同；同一职务，有学位（学历）者，工资标准高于无学位者。在美国等发达国家，由于学位已提前体现在高校教职工的录用环节，学位的作用已不再明显；基于这样一种假设，即任教时间越长，经验越丰富，能力越强，效率越高，因此年资一直是国外高校教职工工资标准的主要决定因素；学科对教职工薪酬标准的影响更多地体现了国外高校教职工薪酬战略的市场化特征。

（三）薪酬增长机制

国外高校教职工薪酬增长的外部机制有三。其一国家经济发展状况。当国家宏观经济整体处于上升阶段，高校教职工的薪酬随之增长；反之则降低。这说明高校并非处于封闭的组织中，而是处于社会的各种影响之中。其二，高等教育在生产力促进方面的预期。其三，社会消费指数。每年因生活成本的增长而增加的薪资额。这类薪酬的增加主要与国家的通货膨胀率和消费指数（物价上涨）相关。这种薪酬的增长通常具有社会普遍性。

国外高校教职工薪酬增长的内部机制有二。其一，根据高校自身薪酬制度决定的薪酬的定期增长，即薪酬结构的内部增长机制。包括教职工职务的晋升所带来的薪酬的增长，绩效薪酬、成就薪酬等等。其二，集体谈判。很多大学拥有自己的教育工会，教职工工资也会受工会与校方谈判，甚至与教育当局谈判的影响。谈判能够决定大概的工资水平，以及增长的速度、频率与幅度。但这并不影响以能力、资历为基础的工资制度。

（四）校内教职工薪酬管理体制

在校内薪酬管理方面，一般将教职工系列与管理服务（职员）系列分为两大类进行。前者基本工资的确定主要由学校教学管理体系负责，一般为学校的教务长或主管教学的副校长，具体确定某一教职工工资标准的权力重心较低，基本由各学院自行决定，上报学校履行报批手续。后者即管理人员的基本工资一般由学校人力资源部门负责，最高行政负责人为分管人事的副校长。不论是教学系列还是管理服务系列，福利待遇制度与政策都由人力资源部门统筹负责并组织实施。

（五）高校薪酬的经费支撑

经费来源是人事薪酬体制的基础，各国财政对高校经费的投入程度因各国经济、文化、社会发展水平和国家财力的不同而有所不同。但总体来说，对高校教职工实行公务员制度或视同公务员管理的，人员经费由国家财政全额保障。不实行公务员管理的高校，教职工工资福利的经费来源又根据学校性质即公立、私立而有所不同。公立大学从政府获得的直接拨款数量比私立大学多，私立大学从政府设立的研究基金获得资助比较多，获得社会捐赠也比公立大学多。高校经费来源总体上形成多元化的格局，包括政府拨款（含科研基金和资助）、学费收入、企业研究合同与资助、私人捐赠及投资、教育性销售和服务收入、高校附属企业收入、教学医院收入以及学校独立经营性收入等。

基于高校非营利性公共组织的定位、高校教职工知识型劳动特征、稳定高校师资、使广大教职工能够潜心于教学科研工作，各国高校教职工的薪酬制度大多采取稳定优先的原则，主要特点是，薪酬结构简洁明了，薪酬保障功能突出，教职工收入相对稳定，整体上居社会中上等水平，薪酬的市场导向性及不同学科间的差异较为明显。

三、国外高校薪酬制度改革趋势

随着经济全球化带来的竞争，高层次人才流动的国际化趋势，以及高等教育自身发展需求，各国都在思考高校教职工的激励问题。一些改革在不同国家展开，总的趋势是强化人员聘用上的灵活与竞争机制，薪酬激励方面更强调个人能力与绩效。

（一）提高绩效在薪酬体系中的比重

在高等教育发达的国家，教职工的公务员体制受到了社会的普遍批评，这种体制下教职工薪酬制度最严重的问题就是缺乏有效的激励机制，忽略了对教职工教学质量、科研成果和工作业绩的考核，同时也引发了现实中青年骨干人才的流失。

因此当今高校教职工薪酬越来越多地与绩效联系起来。20世纪90年代以后，在政治、经济和教育改革力量的推动下，国外越来越多的高校，特别是研究型大学，建立了灵活的、具有竞争力的、与个人绩效挂钩的薪酬制度，提高教职工工资收入中与业绩挂钩的津贴部分，减少因年龄而增长的基本工资额度。高校教职工的工作需要创新，这种以个人能力和绩效为基础的富有弹性的薪酬制度能很好地适应高校发展的需求。

（二）改革教职工公务员体制，引入更为灵活的用人机制

国外大学公务员体制和"终身教授"所带来的弊端，集中表现为许多教授在获得终身职位后不再积极进取；教授职位长期被一部分教职工所占据，严重影响优秀教职工的补充和年轻教职工的成长；教职工的薪酬标准没能促进教职工潜力的发挥和反映教职工的工作业绩。在这种情况下，各大学纷纷引入更为灵活的用人机制，设立科学的个人业绩评价体系，增设雇员制、任期制、兼职教职工等；为解决进入教职系列教职工的继续激励问题，著名

的美国大学教授协会（AAUP）提出对终身教授每五年评估一次的自律措施，对评估成绩差的教授提出警告直至取消其终身教授资格。

（三）鼓励年轻人才脱颖而出

因受到法律等因素的限制，年轻教职工的发展在很大程度上受到教授的制约，必须熬资历才能获得职务的晋升和薪酬的提高，因此如何吸引优秀的年轻人才加入高校教职工队伍，是各国高校普遍面临的突出问题。设立适合学有所成、有创新精神和学术成就的年轻人的岗位，以赋予他们独立从事科研、教学、指导博士生的权利。如在德国，设立"青年教授席位"，这不仅能稳定和吸引优秀年轻人在德国任教，也有助于青年学者在教学和科研上早期独立。

（四）以人为本的薪酬管理趋势

在过去的100多年里，国外企业薪酬管理经历了刚性到柔性的变化发展过程，这对今后高校教职工薪酬管理产生了深远的影响。如今，高校教职工薪酬也充分体现了以人为本的管理思想，出现了自助式福利、自助式薪酬。基于教职工需求的多样性与动态性，国外高校越来越多地为教职工提供更多的选择机会，来满足其多方面的需求。比如，为年轻教职工提供继续学习的机会，这既有吸引力又富有弹性；而对于年龄较长的教职工来说，使之争取到更多养老福利方面的福利，更有激励效果；象征性奖励，休假时间，满足教职工在社交、荣誉、发展、生活便利等方面的需要。

第四节 新时期高校人力资源薪酬管理中的问题及对策

薪酬作为重要的激励手段，在人力资源管理中具有重要的、不可替代的地位。高校是人才培养、科学研究、社会服务的重要基地，其自身的人力资源建设关系到其职能和战略目标的实现。而人力资源是要激励的，高校人力资源也不例外。然而长期以来，高校受计划经济影响，在薪酬管理上相对滞后，缺乏科学、合理的薪酬体系。同时，理论研究的滞后也使得高校分配制度改革步履维艰。在企业薪酬管理研究成果层出不穷的今天，有关高校薪酬管理的研究却显得相对贫乏，分配制度改革已成为制约高校改革的瓶颈。透视高校薪酬管理，发现存在的问题，借鉴企业以及国外高校成功的经验，结合我国高校的实际，探索我国高校薪酬管理的改革之路，对于高校改革和发展具有重要意义，同时对于丰富薪酬管理的理论体系，开发薪酬管理的新领域也具有重要作用。

一、高校薪酬现存的问题

薪酬对高校来说还是一个全新的概念，现有的概念是工资、津贴（奖金）、福利。我们认为薪酬（compensation）是指作为个人劳动的回报而得到的各种类型的酬劳，包括工资、奖金、福利三个方面，这其中又有经济的和非经济的薪酬。凡是直接、非直接的经济回报称为经济薪酬，如工资、奖金、法定的福利、自主福利等；非经济薪酬是指个人对工作本身或者对工作在心理或物质环境上的满足感。如好的人际环境、合理的政策、弹性的工作、明确的职责、工作的自主性等，这是一个整体薪酬的概念。在此概念的基础上，我们来透视高校薪酬，诊断其存在的问题。

（一）高薪酬水平的外部竞争力问题

薪酬水平决定了其外部竞争力，外部竞争力又体现出外部公平，薪酬的竞争力和外部公平是诊断薪酬制度的重要指标。目前，高校薪酬水平总体上看虽然较以前有了较大的提高，但仍然缺乏竞争力。

（二）高校薪酬的内部公平性问题

内部公平性是检验薪酬制度的另一指标，高校近年来在薪酬上的改革也在试图解决内部公平性问题。平均主义是计划经济的产物，干好干坏都一样，缺乏激励机制。改革就是要打破"大锅饭"，这已成为高校的共识。然而，如何使薪酬制度具有内部公平性，却不是很容易解决的。近年来进行的高校内部分配制度改革，根据教职工岗位职责、业绩进行分配，拉开了不同岗位的薪酬差距，不同业绩的津贴也大不相同，取得了初步的成效。但存在的问题也不可忽视，主要表现为行政人员与教学科研人员在绩效考评标准及评价结果运用上的不一致。高校对行政人员虽然也有岗位责任要求，但都是软指标，且缺乏监督机制，对高层管理者更少有要求和监督，高层管理者成为游戏规则的制定者、游戏的监督者和奖惩者。另外，对教学科研人员的岗位职责则是刚性的，指标往往偏高，大多数人很难得到全部岗位津贴，而行政人员却几乎没人拿不到全部的岗位津贴，这使得内部公平性受到了极大的损害。

（三）薪酬结构的问题

目前，实行分配制度改革的高校所实行的薪酬结构是国家工资和校内津贴并存的二元结构。可以肯定地说，这是一个过渡性的制度，是特定历史时期的产物。二元工资结构中，国家工资部分原封不动，实行的是计划经济下的工资制度，校内津贴按岗位、绩效给付，实行的市场经济下的薪酬制度。薪酬理论认为，薪酬应由基本工资、奖金、福利三个部分组成，根据不同职业、岗位确定各部分所占的比例及薪酬的水平。而高校目前实行的二元薪酬结构，只是在校内津贴部分实行新的分配制度，俨然是第二套薪酬，事实上也被称为"第二个工资袋"。如此，带来的问题是，其一，激励不完全。只用"第二个工资袋"进行激励，效果会打折扣。其二，改革不彻底。校内津贴是学校（院、系）自筹的，经费来源缺乏稳定性，保留二元结构，给学校留了后路，一旦缺乏经费来源，就可退回原来状态。其三，缺乏总量控制。教职工要数两只工资袋，学校要计二元结构的薪酬，给薪酬调查及调整带来了麻烦。

（四）无视劳动力市场价格

劳动力作为特殊的商品进入劳动力市场应遵循价值规律，反映供求关系，高校人力资源管理也要遵循价值规律。近年来，困扰高校领导的一个大问题就是人才的流失。市场经济下，人才的流动是正常的，但如果一个时期，一所高校高级人才流出大于流入，就要认真检讨自身的人力资源管理政策，不能简单地将人才流失归罪于人才缺乏忠诚度。人才的流失除了学校的学术氛围问题以外，就是学校的薪酬设计缺乏市场意识，无视劳动力的市场价格。根据价值规律，当某一专业人才供给小于市场需求时，这一专业人才的薪酬就较高，当某一专业人才供给大于市场需求时，该专业人才薪酬水平就会降低。高校，尤其是综合性高校，学科门类齐全，专业也较多，其中不乏热门专业，也有冷门专业。热门专业的学生都供不应求，作为具有较高学历、水平的热门专业的教职工其身价必然高于其他专业的教职工。然而，现行的高校薪酬分配制度，少有这种区分，导致热门专业教职工流失，或隐性流失。

二、制定科学合理的高校薪酬策略

制定科学合理的高校薪酬策略要坚持五个原则，重点解决五方面的问题。

（一）原则

1. 战略匹配原则

高校薪酬要和其战略相匹配，如果高校要建成世界一流大学，那就要吸引全球一流的人才，而要吸引一流的人才，就要拿出具有竞争力的薪酬。目前，我国高校正进入一个蓬勃发展的新时期，各校都在考虑对自身进行新的定位，制订相应的发展战略规划。有的要建世界一流大学；有的要建国内一流大学；有的要建国内知名大学；有的定位于地方，要建成区域性的一流大学；等等。在薪酬制定上，就要考虑发展战略，要建世界一流大学，就要放眼世界，制定的薪酬在世界上要有竞争力。要建国内一流大学，就要进行薪酬调查，了解国内一流大学的薪酬水平，拿出具有竞争力的薪酬去吸引一流人才。要建区域一流大学，就要结合区域经济发展水平和同类高校的薪酬水平，用富有竞争力的薪酬去引人、留人。

2. 竞争原则

薪酬的制定要考虑市场竞争，遵循竞争的原则。一方面高校人才大战已达白热化，各校之间人才流动频繁。我们说这是高校人力资源管理的进步，改变了人才从一而终、人才市场一潭死水的局面，使得人力资源得到充分的利用。另一方面，也给高校带来了挑战，高校的学科梯队面临着因人才流失而受损的威胁。其实，除了学术环境以外，人才流失很重要的原因就在于薪酬政策。人才总是在追求自身价值得到最大程度的尊重和认可，富有竞争力的薪酬无疑对人才具有较大的吸引力。所以好的薪酬策略一定是具有竞争力的。

除高校之间的竞争，高校还面临着与社会其他行业竞争优秀人才的局面，这就要求高校要了解市场行情，对不同专业的人才根据市场行情和供给情况制定薪酬标准，改变现在冷热门专业一个标准，导致热门专业人才外流的局面。

3. 公平原则

公平原则就是要达到内部薪酬的公平。每个人都在拿自己的贡献和回报与他人的贡献和回报进行比较，要求自己所得要与组织内部做出相同贡献的人相当。当自己的所得与组织内部做出同样贡献的人相当时，便认为薪酬是公平的，否则就是不公平的。然而个人对组织的边际贡献很难准确测量，大多数员工总会认为自己贡献得多而收入得少，总会希望取得更多的报酬，因而公平是相对的，不公平是绝对的。高校薪酬管理，要解决好公平问题，首先，要制定好绩效考核标准，并依此标准对全员进行绩效考评。当然，不同系列，不同岗位的职责不同，标准也会不同，关键是要有标准，而且是可考核的标准。在标准的高低与考核的尺度上各系列要相当，对一个系列较严，对另一个系列也要一视同仁。其次，公平不意味着平等，但要坚持人人平等。无论你是引进的人才，还是原有的人才，只要达到了相应的标准，你就可获得相应的薪酬。目前有的学校在这方面实行双重标准，即对引进的人才给予较高薪酬，而对原有的人才即使达到，甚至超过引进人才的水平，也拿不到引进人才的薪酬，这就使得原有人才十分寒心，深感不公平，于是纷纷跳槽到别的学校，殊不知他也是"引进人才"。最后，对不同层次的人才给予不同水平的薪酬也是公平原则的体现。对于核心人才，就是要给予较高的薪酬，同时也赋予其较大的责任，并实施考核。

4. 个性化原则

个性化是时代发展的要求，现代社会注重整体和单元的统一，只有个性化的单元才能组成富有特色的整体。高等教育尤其如此，美国高等教育的发达，某种程度上就是得益于其差异化的管理模式。高校薪酬的个性化体现在三个方面，一是各高校之间的个性化、差异化。由于战略目标、占有的资源、与环境的关系等方面的差异，决定高校薪酬不可能是"千校一面"。二是高校内部薪酬的结构也应实行个性化设计，对不同系列、层次、岗位的人员根据其工作的性质和责任，实施不同的薪酬结构。三是在福利方面可采用灵活的个性化的政策，提供菜单式的组合供选择。

5. 简化原则

薪酬制度制定的过程中要有大量的调查、精密的模型和严谨的计量，但形成的方案一定要简化，具有可操作性。要让组织成员很清楚、明确地了解薪酬的结构、标准、兑现办法等，以便达到有效的激励作用。有的高校出台的分配制度，烦琐、复杂，致使受过高等教育的教职工都难以理解，这样的薪酬制度其激励性可想而知。遵循简化原则，还要取消现行的国家工资和校内津贴并存的二元工资结构，即将两工资袋合二为一，整合资源、通盘考虑。

（二）重点解决的问题

解决高校薪酬问题，除要坚持以上五项原则外，还要重点解决好以下五方面的问题。

1. 经费来源问题

目前高校薪酬经费来源主要有国家（省）财政拨款、学费收入、学校创收等。要提高高校薪酬水平，一是提高财政拨款数量，这方面还是有潜力的。高校自身也有一定潜力可挖，那就是创收——通过各种形式为社会服务，获得回报。如科技成果转化、校办高科技产业、承担企业课题、举办各种培训班、成人教育、远程教育等等。这里需要注意的是，应整合全校力量，集中搞创收，由学校成立若干专门机构进行开发。要避免全校上下齐上阵的局面，那样会将有限的教育资源大量的用于创收上，本末倒置，影响了正常的教学科研。

2. 人员调整问题

众所周知，高校用于人头的费用占办学经费比例较大，其实真正用于教学科研人员身上的费用较少，大部分用在了非教学科研人员身上。高校要提高薪酬水平，使核心人才享有较高的薪酬，就要精简非教学科研人员。高校要重点建设两支队伍，一是教学科研队伍，这支队伍要保质保量。二是行政队伍，这支队伍要精干，要专业化。其他的实行社会化。经过调整，学校负担的人头数减少，人均薪酬水平将有较大提高。同时，加大考核力度，使优质的人力资源享有较高的薪酬。

3. 福利问题

福利是高校薪酬中的薄弱环节，目前的福利仅限于国家法定的福利，而且往往取最低标准，自主福利又较少。福利刚性较强，弹性不足，几乎没有自我选择的空间。随着社会主义市场经济的深入，人力资源将逐渐从单位人向社会人转变，社会保障成为人们普遍关心的问题，福利设计应解除人才的后顾之忧，要提高福利在薪酬中的比例。另外，人才对福利的需求又是多样化的，有的希望有较长的学术假，有的希望获得进修、提高的机会，有的希望退休后享有较高的养老金，等等，这就要有富有个性的、弹性的福利设计。

4. 延期支付问题

薪酬包括当期分配和延期分配。当期分配即年内支付的工资、奖金和红利，旨在补偿已经付出的劳动；延期分配则通过社会保险计划、员工福利计划和股权期权计划进行支付，旨在补偿风险损失。将延期分配引进高校教职工薪酬计划反映了知识经济时代的特征，也是由教职工劳动特点所决定的。建立高校教职工薪酬制度中的延期支付制度有利于建立长期激励机制，有利于提高教职工的忠诚度，有利于建立社会风险分担机制。对于高层管理者，关键岗位的教职工可实行延期分配制度，这样可以激励高层管理者更多地从学校的长远发展考虑，避免急功近利。这又和校长、书记的任期相关，考查高等教育史上凡是对高校贡献较大的校长，其任期相对较长。一方面，应从高校高层管理者，尤其是校长的任期上进行改革，避免走马灯似的换校长；另一方面，也要对校长的薪酬实行延期分配，激励其长期为学校发展效力。对关键岗位教职工实行延期分配，同样有利于激励其长期为学校服务，使其将自身的命运与学校的命运相联系，也有利于学科建设和学科梯队的发展。

5. 绩效考核问题

绩效考核是高校薪酬制度的关键环节。薪酬制度改革的关键是要准确地测量人力资源的绩效，并根据绩效、能力给付薪酬。能力一方面通过学历体现，另一方面通过绩效体现。如何设计针对不同类型、层次的人力资源的考核指标体系，又是绩效考核的关键。有了好的指标体系，还要有有效的考评程序和组织系统。我们认为，在高校应实行民主管理，主要体现在教授治校，由教职工自己解决自己的问题。要成立由相关方面代表参加的绩效考核委员会，负责制定考核指标，经教代会讨论通过，负责考评的组织，并将结果报送校长审批。每年进行一次考核，其结果和考核对象的薪酬挂钩。

第八章 高校人力资源管理信息化建设

第一节 高校信息化建设综述

随着信息革命的兴起，信息时代随之到来，全球掀起了一场迅猛的信息化浪潮。信息化作为工业社会向信息社会前进的动态过程，反映了从有形的、可触摸的物质产品起主导作用的社会，到无形的、难以触摸的信息产品起主导作用的社会的演化或者转型。随着信息化的进程，信息技术在国民生活的各个领域得到了普及和发展。发达国家首先提出了ITE（IT in Education）概念，主要指信息技术在教育机构中的应用。

目前，众多学者对教育信息化做了深入的研究，并提出了教育信息化的诸多定义。经过十多年的发展，教育信息化的内涵逐渐清晰，即信息与信息技术在教育、教学领域和教育、教学部门的普遍应用与推广。

高等院校作为培养高层次专门人才的重要基地，以及基础研究和高技术原始创新的主力军，在中国教育体系中占据着重要的地位。因此，随着"教育信息化"概念的推广，"高校信息化"的概念也应运而生。高校信息化是以信息通信技术作为工具和手段，以数字化校园为技术构建基础，将信息技术充分应用于高校的管理、教学、科研和图书资源等方面，进而促进高校的管理、教学及科研的水平和效率，最终达到培养出能够适应信息社会要求的人才和更好地为社会服务的系统建设者。

"高校信息化建设"反映了通过网络化、数字化、智能化，充分利用信息技术为教学、科研、管理和校园生活提供全过程的支持与服务，全面提高办学效率和质量，实现高等教育现代化。

一、高校信息化建设的内容与过程

高校信息化建设的内容十分丰富，涵盖了高校各项活动，主要包括基础建设、资源建设、组织建设三个方面。

基础建设由网络基础建设和应用系统建设两个部分构成，是高校信息化建设的基石。网络基础建设主要指高校校园网以及基础数据库的建设，具体内容包括校园骨干网、信息中心、无线网、局域网、服务器机房等方面的建设。通过对网络基础设施的建设，建成覆盖整个校园、服务稳定、功能齐备的校园计算机网络系统，同时建成信息准确、管理规范的基本信息数据中心。作为在所构建的校园信息化网络中能够实现特定功能的系统或平台，应用系统的优劣直接决定了信息化网络建设和信息化网络应用的水平，是信息化网络建设的综合表现。应用系统由办公管理系统、教学管理系统、服务保障系统等组成。基于校园网的办公管理系统主要由校内各职能部门实现特定管理服务的子系统组成，这些子系统包括基于网络的安全认证系统、数据管理、教务管理、学生工作、财务审计、人力资源管理、科研管理、国有资产管理等一系列管理信息系统。网络教学系统为校园网络中的实时或者非实时教学提供双向、交互式的多媒体网络教学环境，也为自主学习提供远程网络教学环境。后勤服务系统提供了诸如邮件服务、校园一卡通服务、网络维护服务、生活服务、信息技术培训、学生综合服务等。

资源建设包括高校教育信息化、管理信息化、服务信息化的各种信息资源建设，高校网络资源，包括人事管理信息、财务信息、国有资产信息、教务教学信息、网络学术资源、电子图书资源、多媒体素材、多媒体课件、电子教案、教学案例、共享办公软件等。有专家认为，高校网络环境下的日常管理、教学、科研等活动的开展与控制都必须依赖于对学校信息资源的传播、分析、处理、加工和利用。可以看出，信息资源是高校开展各项活动的基础，网络资源建设的水平是高校信息化建设的重要指标。

组织建设作为高校信息化建设的保障，主要包括信息化建设的组织机构建设、管理队伍建设、技术队伍建设、教师队伍建设和相关信息化的制度建设。

中国的高校信息化工作目前正处在快速发展阶段。因此，在信息化建设工作中，必须要在学校各级领导的高度重视下坚持科学的总体规划，明确信息化建设机构的功能和作用，以丰富的信息资源建设和利用为核心，坚持理性开发、科学管理和使用建设资金，注重信息化人才的培养，走一条适合中国国情与高校特色的信息化建设道路。

高校信息化建设作为一项长期且不断发展的过程，简单来说可以分为调研规划、组织实施、评估完善三个步骤。在实施信息化建设之前需要进行大量的前期调研，分析国内外高校信息化建设过程中的得失，结合高校实际，做出科学的、具有指导性和可操作性的规划。以规划为指导，组织实施基础建设、基础应用系统的建设，以及各种辅助教学科研交流平台的建设。在基础应用系统建设过程中要避免部门各自为政、应用系统之间缺乏统一的接口和标准，从而形成信息孤岛。对于建设成果能否帮助高校实现真正意义上的信息化、能否有效提高高校教学、科研和管理的效率，需进行科学评估，并作为后续改进的具体指导。

二、高校信息化建设与人力资源管理

信息化建设能有效地促进高校人力资源管理的发展，它不仅能够直接促进高校人力资源管理的信息化、现代化进程，还能给高校的组织变革、管理理念更新以及学校的改革和发

展等带来积极的变化。

（一）信息化建设对高校人力资源管理的影响

1. 信息化建设促进高校人力资源管理变革

信息化建设不仅为高校人力资源管理带来高新技术的应用，引入一种新的管理思想，更为高校原有人事管理理念带来革新，同时还对高校教师的心理和行为带来双重改变，具体表现在以下三方面。

（1）管理方式的变革

信息化建设的实施使高校人力资源管理人员实现工作时间分配和工作方式的巨大转变，使其战略性、策略性的工作占用时间远大于基础性的行政事务性工作时间，将人力资源工作内容提升到战略性和开拓性工作的高度，即站在高校发展战略的高度，主动分析、诊断人力资源现状，为高校决策层准确、及时地提供各种有价值的信息，支持高校战略目标的形成，为目标的实现制订具体的人力资源行动计划；并重点思考如何创建良好的校园文化、个性化的员工职业生涯规划、符合高校实际情况的薪酬体系与激励机制，特别关注对高校人力资源管理的深度开发，为高校的人才培养、科学研究和社会服务提供更为优质的人才智力支持。

（2）管理理念的转变

信息化建设的实施使高校人力资源管理从单一的、自上而下的管理，向互动的、全方位的、专业化的方向发展。高校信息化人力资源管理系统的建成，促进了人力资源管理向全员参与管理模式的转变，使得每一位教师都可以参与人力资源部门的工作，使教师在管理过程中不再处于被动的地位，从而形成"以人为本"、互动管理的人力资源管理局面。

（3）业务流程的优化

依托信息化建设而建成的高校信息化人力资源管理系统，能够消除手工作业分散、隔离、盲目等缺陷，实现各管理功能的关联，消除信息孤岛，保证信息共享，促使流程规范化，从而使各项人力资源管理职能在实际运用中得到衔接。同时还能为高校管理和决策提供准确、全面、及时的人力资源信息支持。

2. 信息化建设提高高校人力资源管理水平

随着互联网、数据库技术、电子邮件、OA 系统、协同办公系统等软硬件设备，以及相关基础设施的建成和普及，高校人力资源管理充分利用信息技术快速、准确、互动、海量存储等特点，对人力资源管理专业理论在高校管理实践中的应用起到了关键性的推动作用，有效地扩展了人力资源管理的覆盖面，提高了高校人力资源管理的效率和质量。无论是高校决策层、人力资源管理业务部门，还是普通教师，都可以从高校信息化建设中获益。高校信息化人力资源管理系统的应用便于建立上下沟通、左右协调的信息网络。传统的人事管理是层级推进的，所有的管理政策和信息都是一级一级地自上而下传递到基层，速度较慢，且过程中容易出现信息变形和信息量的衰减。而高效信息化人力资源管理系统能够使高层的有关信息和资料直接传递到基层教师，有利于管理和政策的实施，促进高校组织机构扁平化。

3. 信息化建设降低高校人力资源管理成本

高校信息化人力资源管理系统的实现，降低了高校人力资源管理的直接成本和间接成本。在降低直接成本上，如减少人力资源管理的操作成本、减少行政性人力资源管理人员的数量、减少通信费用等。系统可以通过软件和网络来完成原本需要大量人力、物力的工作（如各类统计报表、各类查询信息、考勤考核情况），不但使高校实现了无纸化办公，而且还减少了相关办公用品的支出。对于部分存在多校区运行的高校，通过信息化人力资源管理系统，可以大大减少通信及相关费用。另外，系统可依托网络、信息及时沟通，工作协调力度提高，使人力资源管理各项工作效率大大提高，间接降低了人员成本。通过全员参与开放的管理平台，使人力资源信息及时更新与共享，从而避免了管理疏漏造成的额外成本。同时，高校信息化人力资源管理系统以技术手段促进了管理手段的进步，使各种现代统计理论、运筹学知识得到广泛应用，在管理过程中通过定性和定量指标衡量各项工作，能够避免在绩效考核、人才引进等方面，由于单一的考查方式对工作衡量失真。

（二）信息化时代高校人力资源管理建设原则与发展趋势

信息化时代高校人力资源管理建设是一项关系高校发展全局的战略措施，对高校管理理念的转变、组织架构的设计、组织文化的改善和业务流程的优化等都具有举足轻重的影响。为保证信息化时代高校人力资源管理建设的有效成功，必须遵循一定的原则。

1. 系统规划原则

高校人力资源管理建设涉及高校的教学科研等多方面，影响到所有的教师，具有综合性、系统性和整体性，因此，必须进行统一规划、统一标准、统一建设和统一管理，以实现高校主要人力资源管理业务的电子化和信息资源的高效利用。高校人力资源管理信息化建设进行系统规划，可以有效地防止重复投资，避免进行孤立的系统设计或某项业务的信息化而形成的信息孤岛问题。

2. 循序渐进原则

国家政策法规的变动、高校的发展、信息技术的进步以及高校人力资源管理的发展都会对高校人力资源管理信息化建设造成影响。因此，高校人力资源管理信息化建设在总体规划的基础上，既要坚持科学性、适用性，又要兼顾先进性和前瞻性，循序渐进、量力而行，要有条不紊地逐步完善。

3. 讲求实效原则

信息化时代下的高校人力资源管理建设，必须从高校的实际情况出发，充分考虑高校的管理水平和业务需求，以信息化的实际应用为着眼点，将先进信息技术与管理创新相结合，以此来设计实施高校人力资源管理信息化的解决方案。

4. 信息安全原则

高校教师的人事信息具有一定的机密性，要以严格的管理制度为基础，以有效的监督措施和先进的信息安全技术为手段，确保高校人事信息安全。在高校信息化人力资源管理系统建设过程中，要严格遵守国家有关信息安全的法律规定，制定涉及教师人事信息等方面的规范要求，高度重视互联网的安全威胁，采取必要措施，建立有效的信息安全保障机制。

5. 信息共享原则

信息化时代的高校人力资源管理建设，要与教育管理、科研管理、财务管理和学生管理等多职能部门的管理信息系统相配合。因此，高校人力资源管理信息化建设要从校园数字化、信息化的全局出发，充分利用已建成的基础网络环境和信息系统，采取切实可行的信息技术手段和管理制度，努力实现人力资源管理和其他管理信息系统的互联互通及信息共享。

随着全球信息化浪潮的推进，以信息技术为载体的互联网络迅速消除了国家、地区、行业之间的疆界。在全球化背景下，迫切需要中国高校建设信息化、网络化、数字化的校园环境来实现与世界知名高校的接轨。人力资源部门作为高校行政管理中非常重要的部门之一，担负着学校行政管理职能中许多具体的管理业务，涉及每一位教师的切身利益，工作效率的高低、质量的优劣直接关系到学校的管理效益和教师的认可度。因此，信息化时代的高校人力资源管理要探索信息化管理的方案，提高工作效率和质量，将日常工作更多地转移到为领导提供决策、为广大教师提供服务，这将成为信息化时代下高校人力资源管理的必然趋势。

三、高校信息化建设发展趋势

进入 21 世纪，涌现出一大批诸如云计算、虚拟存储技术、物联网、大数据挖掘技术等新技术，高校信息化建设也随之飞速发展并不断创新。高校信息化建设发展到开始构建整合统筹机制，使信息技术、服务和应用完全覆盖高校职能，实现高校从环境、资源到全部教育过程的数字化，也就是"数字化校园"的建设。数字校园的建设对学校内部来讲，是网络与各种应用系统的整合、统筹、完善，使各种应用更加贴切实际教学、科研和管理工作，达到应用系统之间的无缝连接和数据共享；对学校外部来讲，则是打破传统的大学围墙限制，使大学成为一个覆盖全社会的无疆界大学。

信息技术从最初的单一计算机到向现在的网络化发展；从过去的单机文件管理到客户机/服务器资源管理，再到服务器/Web 浏览器的网络存储化发展。中国高校首先建立并完善信息技术中心部门，其次通过信息技术中心建立信息平台，信息平台不仅要包含学校与二级学院主页的网站建设，还需要建立统一的信息资源平台供学校所有部门进行信息资源共享，避免信息孤岛的出现。

今后十年是中国社会现代化经济发展的重要战略机遇期，也是中国迈向教育现代化的重要战略机遇期，教育信息化是教育现代化的基础性、全局性、先导性战略任务。高校信息化建设的核心是教学信息化。高校教育教学随着信息技术的发展从过去单一的计算机辅助教学，到网络平台的教学，再到信息技术与高校各学科的整合。信息技术给高校教育方式、教育模式带来了巨大的改变，信息技术不仅改变了高等教育中教师的教学方式方法，还改变了学生的学习方式和学习途径，多媒体教学、网络教学都被应用在高等教学方式中。随着信息技术的大力发展，高校的图书馆逐步成为资源中心，教师、科研人员、学生、管理人员乃至工勤人员通过简单搜索、查阅、共享各种文献资料、学术论文、期刊论文等资源。随着信息技术的日新月异，高校各学科之间交叉、渗透，综合性学科的建设、跨学科平台的建设都成为高校发展的新方向。

科研、办公、管理、财务等信息平台将在未来的高校信息建设中得到大力发展。在高校各部门之间通过数据交互使用，将零星分散的数据进行归纳整理，实现数据信息资源共享，在大量的数据信息里挖掘出有价值的信息，并对其进行分析、比较、决策、选择，从而提高高校管理和决策的可行性与科学性。建立完善的科研、办公、管理、财务等信息资源平台可对高校从过去单一的辅助管理向未来辅助管理、决策支持、服务教师的方向发展，不仅节约了办公成本、提高了管理效率，还为决策层制定政策提供了具有说服力的信息依据。

高校在信息化建设过程中要不断适应社会、经济高速发展的需要，根据自身特色和差异性，摸索出具有特色的适合本高校信息建设的发展道路。高校信息建设中新的教育模式强调以学生为中心，强调灵活性、方便性和学习的主动性。高校信息化建设也可以和部分在信息建设上有丰富经验与成功案例的大型企业或信息技术公司合作，实现双方共同建设、优势互补、相辅相成、共赢的开发建设模式。

第二节 高校人力资源管理信息化

当今世界，各行各业都面临着巨大的竞争，这种竞争归根到底就是人才的竞争。为了确保在人力资源强国建设中发挥重要作用的高校能够培育出优秀的人才，高校人力资源管理工作尤其重要。迈入 21 世纪，随着大数据时代的到来和信息化进程的飞速推进，传统的人力资源管理方式已经无法满足管理者的需求，推进人力资源管理的信息化已经成为不可阻挡的潮流。

人力资源管理信息化指的是采用信息技术的手段，基于人力资源管理信息系统平台，实现提高管理效率、降低管理成本并且全员参与管理的目的，提升人力资源的战略地位，并最终形成新的、开放的人力资源管理模式。由此可知，高校人力资源管理信息化就是在高校中应用人力资源管理信息化。具体来说，高校人力资源管理信息化是一套完整的解决方案，旨在实现高校的战略发展，提升高校的教学和科研水平，并运用先进的现代信息技术，打造基于校园网的全新的高校人力资源管理信息系统。

高校人力资源管理信息化是一种全新的高校人力资源管理模式，体现了基于先进的信息技术基础上的先进的管理理念和管理思想的结合。高校人力资源管理信息系统是基于校园网的人机系统，收集、传输、加工、存储、维护并使用高校人力资源信息，并与高校其他管理信息系统实现无缝连接、信息共享。

一、高校人力资源管理

作为从事高层次教育活动的场所，高校人力资源集中，因此，深化对高校人力资源管理的认识和研究是很必要的。除此之外，我们必须明确高校人力资源管理和企业人力资源管理之间的差异，抓住高校人力资源管理的差异性和特殊性，找准落点和方向，进行更高效的管理。

（一）高校人力资源的特征

高校人力资源，是指能够推动高等教育事业发展，培养专门人才而作用于经济和社会发展的具有智力劳动能力和体力劳动能力，并处于劳动中的人们的总称。高校人力资源主要涵盖的是高校教师、管理人员以及服务人员，因此，与其他行业相比较而言，高校人力资源具有如下四个特征。

1.高校人力资源的稀缺性较强

虽然高校人力资源的构成中包括各种不同类型的人员，但主体还是高校教师。众所周知，要胜任高校教师这一职务，必须经过严格的学术训练，具有良好的科学素养，且拥有渊博的知识，因此，高校人力资源在整个社会的人力资源结构中处于较高层次的水平，具有较强的稀缺性。

2.高校人力资源创造的劳动价值的复杂性较高

相较于其他行业来说，高校人员的劳动比较复杂，基于马克思主义政治经济学的观点来看，高校人员的劳动属于复杂劳动，它的衡量过程相对复杂，而且因为属于教育行业，高校人员的劳动在转化为经济、社会价值上具有显著的间接性。

3.高校人力资源的主观能动性较强

高校教师的文化程度较高，因此在满足物质生活需求的同时非常注重精神文化需求的满足，着重自我价值的实现、自我个性的张扬，并具备较强的创新意识和创新精神，强调最大限度地发挥个人的主观能动性。

4.高校人力资源的流动性较强

在当今市场经济条件下，人力资源是理性的经济人，会趋利避害，而其价值就是通过人力资源的流动实现的。因为高校人力资源的稀缺性较强，所以流动性更强，因为，作为相对稀缺的人力资源，高校人力资源在市场竞争中具备较强的竞争优势。

（二）高校人力资源管理的特征

基于高校人力资源的特征，我们可以总结出如下四个高校人力资源管理的主要特征。

1. 多样化管理是高校人力资源管理的主要特征之一

高校人力资源的类型多样，从不同岗位的划分来看，高校既有教学人员和教学辅助人员，又有党政管理人员，以及众多的后勤服务人员。由此可知，高校人力资源的构成人员在学历和知识水平以及能力等各方面都存在比较大的差异。因此，高校人力资源管理必须采取多样化管理，根据人力资源的不同采取相应的管理方式，以最大限度地挖掘人力资源的潜力，并将其转化为实实在在的效益。

2. 高校人力资源管理是围绕教师开展的能动性管理

教师是高校人力资源中的主体部分，他们普遍拥有较高的文化水平，在追求物质生活的基础上，更看重个性的张扬和精神层次的需求，希望自己辛勤劳动的成果能够得到社会的广泛认可。因此，高校人力资源管理的一个首要任务就是为高校教师创造一个良好的环境，搭建一个能够发挥其才能的平台，充分调动和发挥他们的积极性、主动性、创造性，并最大限度地发挥他们的内在主观能动性。

3. 在高校的所有管理工作中，人力资源管理处于核心地位

众所周知，高校是培养高素质人才的场所，因此，在高校的各项资源中，最重要、最核心的资源是人力资源，衡量一所好的高校的标准不是高楼大厦，而是高素质的人力资源。在高校管理工作中，学生管理、行政管理、后勤管理等各项管理工作缺一不可，高校应根据实际情况实施层次化管理以及多样化管理，以充分调动高校各项人力资源的主动性和积极性，最大限度地发挥他们的能量和效用，只有这样，才能真正办好一所高校。因此，高校人力资源管理是高校管理工作的核心。

4. 灵活的机制是高校人力资源管理的又一主要特征

教学、科研工作处于高校开展的各项工作当中的中心环节，而基于教学、科研工作所具有的特殊性，即高校教学、科研工作在工作上具有比较大的模糊性，高校无法像企业一样采取固定的工作时间制度。一般情况下，基于教师这一职位的工作性质，高校进行教学、科研工作的专任教师在工作时间上享有比较大的自由度，只要教师能够确保教学、科研任务保质保量的完成，高校便不宜实施固定的工作时间制度。因此，高校人力资源管理的机制在大部分情况下主要是进行自我管理，而教师在工作时间和工作内容的安排上享有比较大的灵活性。

根据上述高校人力资源管理的主要特征，在高校的人力资源管理工作中，首先，要把人力资源管理摆在各项管理工作中的首位，树立"以人为本"的管理理念，将挖掘出人力资源自身所具备的价值摆在首要地位。其次，要建立科学合理的人力资源管理机制，结合实际制定符合本校发展规划的规章制度，弥补并解决当下高校人力资源管理中存在的不足和

问题。最后，科学地制订人力资源管理规划，促进高校人力资源合理有效的配置，提升高校人力资源的使用效率。一方面，要对教师的数量、能力、特长等一系列因素进行优化配置；另一方面，要建立健全激励机制，采取激励措施为教师创造公平、合理的竞争环境，以推动高校长远、可持续的发展。

二、信息化时代高校人力资源管理面临的机遇与挑战

随着信息化时代的到来，大数据分析已经改变了人们的工作和生活，并成为各行各业提升业务水平的重要手段。高校人力资源管理也应当顺势而为，建立完备的人力资源信息化系统来收集、分析和处理爆炸式的信息洪流，以助推高校人力资源管理体制，甚至是整个高校的综合实力的大幅提升。

当然，机遇和挑战并存，在运用大数据分析提升高校人力资源管理、实现人力资源管理信息化的过程中，会遇到各种挑战。总体来说，高校现在面临着数据维护工作量过大、信息化管理水平要求高、缺少标准化软件产品等多方面的挑战。

（一）数据维护工作量过大

举一个简单的例子，假设一所中等规模的综合性大学，一般来说在校教师约为5000人，退休教师约为5000人，那么高校人事部门管理的人力资源总数则超过万人。而高校人力资源管理信息系统涵盖了教师各方面的信息，如科研、教学、研究生指导、专利、项目、住房、教育经历、薪资、工龄等，每一位教师的基本数据近百条，全校教师的基本数据则至少百万条。因此，数据维护的任务非常艰巨，工作量非常大。

（二）信息化管理水平要求高

高校人力资源管理信息化的核心任务是提供决策支持，而决策支持以准确的数据为基础。高校人力资源管理信息系统必须及时且准确地记录教师的报到、进修、岗位轮换、离职、组织单位变更等，从而决策制定者能够从系统中读取到真实可靠的数据。然而，真正意义上的信息化管理不是简单的结果信息的录入，而是需要通过信息系统形成一整套工作开展的业务流程，也就是说，信息系统中的数据在生成、变更和传递上与业务流程的开展相伴相生。因此，人力资源管理的相关工作基于信息系统来开展，无疑是对高校的信息化管理水平提出了相对更高的要求。

（三）标准化软件产品的缺乏

当前广泛使用且功能齐备的人力资源管理软件如SAP等，这些应用程序功能齐备、设计合理、界面友好，基本都是面向企业，但是如果高校进行使用的话，需要根据自身业务需求进行二次配置。国内如SPMIS等专门针对高校的人力资源管理软件，虽然可以直接使用，无须二次配置，但是操作比较烦琐、界面设计不够合理、人际互动性欠佳。因此，高校人力资源管理缺乏针对高校的标准化软件。高校如何衡量各方因素后从现有软件中挑选最适合的软件产品，成了当下高校推进人力资源管理信息化所面临的实际问题。

三、高校人力资源管理信息化建设的意义

在高校信息化建设中，人事管理信息化建设是一个极其重要的部分，它既可以切实有效地提升人事管理工作的水平和效率，又可以及时有效地为校领导提供重要的数据依据，以制定科学的决策。

（一）人事管理信息化建设能够提高人事管理的效率和水平

人事管理工作是一项例行性事务工作，复杂且烦琐。虽然其中大部分工作都是经验性的重复劳动，需要花费人事管理人员大量的时间，但它们又是人事管理中必不可少的基本事务，是与每个教师息息相关的重大事务。所以，人事管理信息化建设能够帮助人事管理人员从烦琐的日常事务中脱离出来，从而有更多的时间和精力去挑战更有意义的课题。与此同时，人事管理信息化建设能够方便且及时地统计、分析各种信息，提高人事管理工作的效率。

（二）人事管理信息化建设能够为高校教师和各个部门提供更多增值服务

借助学校的信息化管理平台，人事管理信息系统能够为高校各个部门及教师提供增值服务。通过校园网授权的方式，高校教师可以"自助式"地快速查询所需的人事信息，而各部门也可以免除大量重复的事务性工作。人事管理信息化建设还能及时有效地为学校领导提供决策所需的信息，例如，如何制定人力资源战略、如何制定能够为学校引进所需人才的招聘方式和测评方法，以及如何制定能够提升各部门、各个教师绩效的绩效管理体制。

（三）人事管理信息化建设可以让高校人事部门各个科室之间加强团结协作，实现互通有无，即信息资源的高度共享

人事部门一般采用 Excel 和一些较简易的数据库对人事信息进行处理，少量科室虽然采用了具有一定应用能力的数据库和管理系统，但是因为各个科室在职能上的差异性，导致各个科室的信息内涵、范围各有不同，因此，信息共享存在一定的难度。

而人事工作的各个方面存在很大的相关性，因此，整个人事部门必须实现互通有无、信息共享，否则会导致大量的重复劳动和不必要劳动，且存在因信息采集不全面而导致决策失误的情况。信息化管理一旦实现，借助人事管理信息化系统，高校人事部门各个科室就能共同操作人事信息，共同享有各个科室所收集的人事信息，从而可以保证数据的实效性、一致性和完整性，以及信息资源的高度共享。

（四）人事管理信息化建设能够实现人事信息资源的最大化利用

过去，人事信息资源一般都是以纸为载体的实物资源，既不方便携带，又不利于传输。而人事管理信息化使得各类人事信息资源以数字信号或磁信号的方式呈现，这使得使用和传输都变得非常便捷。而且，通过使用各种人事管理软件，人事信息资源能够得到归类整理以及分析，从而在共享人事信息资源的同时，还能充分实现最大化的被利用。

（五）人事管理信息化建设是深化校、院两级改革和实现校、院两级人事工作分配的基础

当下，众多高校在实施校、院两级人事分配改革，将过去相对集中的人事管理工作分散、

分布到各二级部门，一定程度上帮助校级人事部门减轻了工作压力和工作强度。通过人事管理信息化建设，各二级学院承担起了基本数据采集和教师基本信息的维护工作，因此，校级人事部门的工作强度大大减轻，与此同时，人事信息的精确度也得到了保障。

四、中国高校人力资源管理信息化的发展现状

迄今为止，中国高校人力资源管理信息化的研究和实践已经走过了近20个年头，取得了一定的成绩，其中绝大部分高校都已经开始实施人力资源管理信息化，也配备了人力资源管理信息系统。但是总体来说，中国高校人力资源信息化管理的发展与世界一流高校相比仍存在相当大的差距，还处于初步发展阶段。因此，对中国高校人力资源管理信息化的发展现状有一个充分的了解，并能够总结出发展中遇到的问题和困难，对于进一步推动和完善中国高校人力资源管理信息化有着非常重要的意义。接下来，我们就对中国高校人力资源管理信息化发展的现状进行一个简单的了解。

（一）中国高校人力资源管理信息化起步较晚，水平较低，发展较快

相对欧美发达国家的高校来说，中国高校人力资源管理信息化进程于20世纪90年代初才开始，起步比较晚。与此同时，中国高校人力资源管理信息化的整体水平偏低，因为中国高校的发展水平参差不齐，所以相比国外名校，大部分国内高校的人力资源管理信息化水平比较低，与国外名校有很大的差距。不过近年来，伴随着中国社会经济的飞速发展，加大了对高等教育的投入，因此，中国高校人力资源管理信息化得到了快速发展。

（二）中国高校人力资源管理信息化拥有比较丰富的软件产品

在中国的人力资源管理软件市场上，许多国内外软件供应商正在进行激烈的竞争，他们开发了众多人力资源管理信息系统。其中，主要的国外软件商如SAP、Oracle等都是综合软件供应商，拥有全球化的视野和先进的开发技术。而国内软件供应商主要有如金益康软件、施特伟软件、金蝶软件、万古软件、用友软件和清元优软公司等，他们一般都比较了解国内的客户，熟悉本土的管理情况，其中金蝶和用友是综合软件供应商，供应各种各样的管理软件，万古、施特伟和金益康则专门提供人力资源管理信息系统相关的软件，清元优软则专门针对高校开发各种管理软件。众多软件供应商争相提供各具优势的软件产品，这就使得高校有诸多人力资源管理信息系统可以选择。

（三）中国高校人力资源管理信息化拥有比较好的基础设施

近年来，很多高校在网络通信设备和计算机硬件等基础设施上投入了大量的资金，大幅改善了校园网的网络速度以及基础环境，同时服务器的存储量和处理能力也得到了大幅提升。这些信息化基础设施的改善非常有利于高校人力资源管理信息化的建设，因为它们都是基于校园网的高校人力资源管理信息化所需的基本设施。

（四）中国高校人力资源管理信息化要实现深层次发展

首先，从功能上来说，中国高校人力资源管理信息化的主要功能停留在如工资、人事信

息管理、考勤、报表等事务的处理层面，很少涉及规范的业务流程功能，而像教师职业生涯规划、高校人力资源管理规划、教师队伍结构合理化等战略性功能几乎完全未涉及。因此，为了满足高校人力资源管理发展的需要、成为高校战略发展强有力的支撑，中国高校人力资源管理信息化必须实现深层次发展。但是，在当前高校人力资源管理的实际工作中，人事部门依然习惯以传统理念开展工作，所以高校必须形成新的理念，不能再把人力资源管理信息化只看作技术手段，而是需要通过推进人力资源管理信息化，切实提升高校人力资源管理的效率和水平，并进一步转变高校的人力资源管理理念。

（五）中国高校人力资源管理信息化实现进一步发展的基本条件已经成熟

当前，信息化在中国已经被提升到国家战略层面，国家在信息化建设上投入了大量的资源。同时，信息化建设也愈加受到企事业单位的高度重视，在信息化建设上的投入不断加大。市场上，信息化产品的种类和数量也在不断增加，信息技术也得到了日益广泛的应用。

人力资源也越来越受到组织机构的重视，在这方面的投入正在不断增加。从高校的层面来说，高校的基础网络环境和硬件设施已经基本成熟，伴随着国家不断增加在高等教育上的投入，高校也在不断提升对人力资源管理信息化的理解和认识。所以，毫无疑问，高校人力资源管理信息化实现进一步发展的基本条件已经成熟。

（六）影响高校人力资源管理信息化发展的因素

从中国高校人力资源管理信息化发展的现状可以看出，目前人力资源管理信息化处于积极稳步发展的阶段，但是中国高校人力资源管理信息化建设整体相对滞后，在积极稳步发展的同时，也存在一些突出的问题。

1.校领导不够重视人力资源管理信息化建设，导致推进信息化建设的速度缓慢

中国许多高校的管理层主要关注的是人力资源管理在具体操作方面的事情，只是单纯地将传统的人事行政部门改成了人力资源管理部门，但是管理流程混乱，存在较严重的信息误导，缺乏管理标准，信息集成度较低，导致人力资源管理数据无法得到合理有效的利用。因此，这给很多高校实施人力资源管理信息化建设带来了困难，实现人力资源管理信息化任重道远。

2.在高校人力资源管理信息化上的资金投入和支持不够

国内一些高校不太重视人力资源管理信息化，且容易急于求成，不追求长期效果，在人力资源管理信息化上的投入较小。因为无论是购买还是自主开发软件产品，都需要投入大量的资金，对于很多高校，特别是地理环境比较差、规模比较小的高校来说，在人力资源管理信息化建设上投入大量资金基本不可能。

3.高校人力资源管理理念相对落后，信息化建设仍主要停留在事务处理层面

虽然绝大多数高校认可人力资源管理智能化、电子化和网络化的优势，但是超过四成的高校尚未引进人力资源管理信息系统。同时，在已推进人力资源管理信息化的高校当中，

从功能层面来讲，当前高校人力资源管理信息化功能使用最多的依次是人事信息管理、薪资、报表、福利、招聘、考勤。由此可以看出，高校对人力资源管理信息化的功能需求主要还是停留在事务处理层面。因此，高校人事部门必须转变人事管理理念，不再将人事管理工作仅仅停留在传统的手工处理模式和事务性管理模式上，应习惯全新的业务流程模式和工作方式。

4.高校人力资源管理者自身应用能力较差

高校人力资源管理信息化建设遭遇的关键问题就是高校缺乏既熟悉人力资源管理业务，又掌握信息技术的复合型人才。在实施高校人力资源管理信息化的过程中，高校人力资源管理工作必须有机地结合信息技术来开展，但是目前高校缺乏合适的人力资源管理信息化人才。虽然高校人事部门的工作人员对高校人力资源管理有着较深入的了解，但是他们并未充分掌握信息技术，未形成通过信息技术提高服务水平和工作效率的观念，只是简单地按照传统的业务流程，将传统的手工操作变成计算机处理，并不能提出具有创造性的全面解决方案；而研发人员虽然掌握了信息技术，但是对高校的人力资源管理工作以及业务需求缺乏了解，因此，也很难充分地运用信息技术为高校的人力资源管理工作服务。

5.市场上尚未出现非常成熟的人力资源管理信息化软件产品

虽然市场上有众多人力资源管理信息化软件产品可供选择，但是，中国市场上的人力资源管理信息化软件产品还存在厂商混杂、产品不规范等诸多问题。一些供应商仅看重出售产品，而对于很多高校看重的提升管理、产品和为教师服务的水平，他们并未进行全方位的考虑和设计。因此，目前市场上大部分的人力资源管理信息化系统无法满足高校发展所提出的需求。

（七）提升高校人力资源管理信息化水平的措施

首先，高校人事部门应转变管理理念。高校人事部门首要的任务是进行管理理念的转变，在实际工作中积极实践新的、更高效的人力资源管理理念。高校人事部门不应沉浸于过去所取得的成功，中国高校正处于变革期，而且人力资源管理工作是不断发展变化的，因此，高校人事部门常常会在实际工作中遭遇新问题、新情况和新矛盾。

此时，高校人事部门应当革故鼎新，以积极开创的精神，拥抱并践行新的人力资源管理理念，建立并采纳全新的人力资源管理方法和模式。作为人力资源管理信息系统的管理者，高校人事部门是高校人力资源管理信息化建设的推动者和实施者，也是中坚力量。因此，高校人事部门应该从转变自身开始，转变管理理念，掌握高校人力资源管理信息化的有关知识，大力推广人力资源管理信息系统，积极主动地推进人力资源管理信息化建设。

其次，高校应加强校领导对人力资源管理信息化建设的重视程度。高校领导高度认可和支持人力资源管理信息化能够为高校人力资源管理信息化建设提供强有力的保障。高校必须意识到，人力资源管理信息化建设不单是人事部门的工作，还关系到学校各个部门以及所有教师，需要投入大量人力、物力、财力，还需要和学校的教学部门、科研部门、网络部门以及财务部门等协调。

这就需要人事部门让学校领导意识到人力资源管理信息化对提高学校管理水平和学校战略发展的重要性，以提高校领导对人力资源管理信息化建设的重视程度，取得校领导对人力资源管理信息化建设的支持，争取让校领导能够从大局出发，引领人力资源管理信息化建设，帮助协调好人事部门与各部门以及院系之间的关系，实现高校人力资源管理信息系统建设所需的各方力量的共同协作，由此为真正实现人力资源管理信息化提供切实的保障。

再次，高校应加强人力资源管理信息化建设所需人才队伍的建设。人才是人力资源管理信息化建设成功的关键，也是维持人力资源管理信息系统有序运行的核心保障。因为高校人力资源管理信息化需要对人事部门开展的各项业务做需求分析，并优化各项业务的工作流程，所以高校在推进人力资源管理信息化建设的过程中，人事部门必须动员全员参与到人力资源管理信息化建设中，以在实践中培育人力资源管理信息化建设所需的人才。

在实施高校人力资源管理信息化建设的过程中，对高校人力资源管理工作了解最深刻的是高校人事部门的职员，因此，一旦他们能够积极地参与进来，就能够为信息化建设提供详尽的业务需求分析，并提出能够完善工作流程的建议，同时还能参与设计信息系统。同时，人事部门的工作人员积极参与到高校人力资源管理信息化建设当中，能够深刻了解人力资源管理信息化的实践过程，清楚人力资源管理信息系统的设计思路和理念，学会人力资源管理信息系统的操作办法，有利于人事部门的工作人员在信息化系统投入使用之后执行好维护和管理工作。

最后，应采取相应措施确保高校人力资源管理信息系统正常有序的运行。第一，在高校人力资源管理信息系统的研发和设计阶段，研发人员必须采用适当的技术方法，保证人力资源管理信息系统程序的质量和水平，尽量杜绝编程错误、防止软件系统出现缺陷。第二，针对校园网，机房管理人员和管理人力资源管理信息系统的人员需严格按照安全保障管理制度进行管理，确保安全的基础网络环境，采取一定措施防范黑客以及病毒的入侵，为高校人力资源管理信息系统正常有序的运行提供优良的环境。

第三节 高校协同办公

办公自动化（Office Automation）是以先进的科学技术为基础，主要包括信息技术、系统科学和行为科学为支柱的一门综合性技术。20 世纪 70 年代，美国季思曼教授将办公自动化定义为：办公自动化是将通信技术、系统科学和行为科学、计算机技术综合起来，应用于那些数量巨大且结构不清晰，而传统的数据处理技术难以处理的业务上的一项技术。办公自动化系统通过综合应用计算机技术和通信技术，完成各项办公业务，并尽可能地利用信息资源，以提高生产效率、工作效率和工作质量，从而促进办公活动规范化和制度化，以获得更好的办公及管理效果。

协同办公系统是在办公自动化系统基础上增加了部门间协同处理日常事务环节，通过计算机和网络通信技术手段建立起来的一个高质量、高效率、智能化的为办公提供信息服务和决策的软件系统。协同办公系统实现了办公自动化、网络化以及单位各部门人员协同工作。基于协同办公系统，业务的处理和流转速度变得更加快捷，提高了办公效率，用户能够更加便捷地进行日常办公，信息得到了充分共享，决策更加科学准确。

国外的自动化办公系统是从美国、日本开始，并在欧洲各国得到极大发展。在 20 世纪 90 年代后期，国外的自动化办公系统呈现众多特点：自动化办公设备形式多样、性能优异；信息系统具有智能化、数字化、集成化等。

中国的自动化办公系统发展历程可以分为三个阶段。20 世纪 80 年代，办公自动化系统进入中国。最早的办公自动化系统是以档案管理和公文处理为主要目的，系统的核心是数据处理，主要是通过个人计算机中的办公软件进行文字和表格的处理，使文件从纸质档向电子档转变。通过计算机存储文件和表格，利用计算机软件对所存储的数据进行查询、处理，减少了工作量，提高了工作效率。这为后来的自动化办公系统发展奠定了基础。

90 年代，结合互联网技术的发展，以 Internet 为基础，工作流和 Client/Server 架构成为办公自动化系统的主流。工作流的出现，使得人们可以在单位内部局域网范围内进行人力资源、业务、文档的自动化管理。此阶段的办公自动化系统已经具备了行政办公中的大部分必要功能，对于移动办公和远程办公有一定的支持。但是其结构相对简单，对部门间的协同支持力度不够，无法有效地实现多部门协同工作。同时，由于 C/S 架构的 OA 系统对于系统升级和异地办公的适用性较小，系统升级维护困难。

90 年代后期，自动化办公系统进入以知识管理为核心的时代，系统更注重知识的收集管理和决策的支持，系统架构也过渡到 Browser/Server 架构，系统的访问性和可维护性都得到了极大的提升。此类自动化办公系统融合了协同管理思想，大大提高了人与人、部门与部门间的协同性，在更大程度上提高了工作效率。

一、高校协同办公特点及当前存在的问题

高校协同办公系统发展至今，取得了令人瞩目的成绩，但是也暴露出不少问题，如投资巨大且盲目跟风、重硬件轻软件、科技含量低、重复开发等浪费现象严重、管理负担重等。目前存在的问题主要表现在以下四方面。

（一）认识存在误区

部分高校用户对协同办公系统的理解存在误区，简单地认为办公自动化就是使用电子邮件传递信息，或者使用办公自动化软件进行文字和表格的处理，对协同化的理解更加片面。这种观念和认识，对办公流程的规范和协同办公系统的推广使用产生了相当大的阻力。这就需要管理层发挥更大的宣传和推动作用，让强调"协同"的自动化办公理念深入人心。

（二）规划的缺乏

部分高校在进行协同办公系统建设过程中，没有充分考虑自身的特点，未能制订个性化的开发方案，或者只是简单地购买现成的自动化办公系统，缺乏对高校自身需求特点的分析和认识，系统与学校的发展战略不匹配，导致系统在实际工作中没能发挥应有的作用，最终成为"面子"工程和"形象"工程。

（三）制度的健全性

高校协同办公目前处在快速发展阶段，但还没有达到成熟阶段。高校协同办公系统的制度建设还比较缺乏，部分高校在系统的开发、维护、运行等各个阶段没有规范的管理制度，造成了开发的混乱、运行的不规范和后期维护的缺乏。

（四）系统的安全性

随着协同办公系统对计算机操作、网络访问的依赖程度越来越高，计算机网络安全成为困扰协同办公系统维护与发展的主要问题之一。在协同办公系统中，信息存储于个人计算机或者数据服务器之中，通过网络实现信息的传输和交换。信息在存储、交换、传输过程中，都有可能受到网络攻击，所以，信息安全问题是人们关注的焦点，现阶段可通过使用硬件防火墙、对机密文件加密、使用防病毒软件、对数据库进行权限设置等手段提高系统的安全性。

二、高校协同办公系统技术分析

（一）工作流技术

不同的研究者或者工作流产品供应商对工作流的定义各有不同。其中，工作流管理联盟（WFMC）认为：工作流是一类能够完全或者部分自动执行的运营过程，它根据一系列过程规则、文档、信息或者任务能够在不同的执行者之间进行传递与执行。工作流技术则是业务过程建模、业务过程仿真分析、业务过程优化、业务过程管理与集成，从而实现业务过程的自动化的核心技术。

在协同办公系统中引入工作流技术是十分必要的。高校工作通常需要多个部门、多个工作人员彼此衔接配合来完成，一个工作的结束通常是另一个工作的开始。这些具有衔接性质的任务构成了工作的流程化。有了工作流技术，我们就能很好地解决流程型工作处理问题，而这样的流程型工作在高校中是非常普遍的。在协同办公过程中，信息需要及时地在各个部门、各个工作人员之间传递，这样才能实现相应部门或个人完成相应的工作或做出相应的决策。在工作流技术的支持下，我们就能够实现办公流程的自动化、协同化，使得工作流程更加规范。目前，工作流技术已经成为协同办公系统的基础性技术之一。

（二）Web技术

基于Web技术，我们得以将协同办公系统的内、外部资源有效地结合，使组织各个部门之间、各个成员之间甚至是和用户之间形成有效的组织，使部门、成员、用户通过 Web 渠道访问其他所需要的个性化信息，从而实现组织信息的高度集成和业务的快速响应，大大提升工作效率。

一个完整的协同办公系统是由多个模块所组成的，构建时需要对每个模块所包含的部件进行整合，使它们形成一个完全集成的基于 Web 的体系，从而实现诸多功能。

在协同办公系统中涉及的 Web 技术，主要分为直接技术支持和间接技术支持。直接技术支持是指通过建立相应的网络来服务于办公系统，代表是 J2EE 技术。J2EE 技术主要用在 Web 的底层设计上，本质上是由一套服务（Services）、应用程序接口（APIs）和协议组成，它为开发基于 Web 的多层应用提供了强有力的功能支持，使得系统能与现有的企业资源计划（Enterprise Resource Planning）系统、管理信息系统（Management Information System）实现无缝连接。

（三）SOAP 技术

SOAP（Simple Object Access Protocol）即简单对象访问协议，它是一种基于 XML 的协议，由于其具有轻量、简单的特点，主要用于 Web 上交换结构化、类型化的信息。SOAP 可以和现存的许多因特网协议与格式结合使用，包括超文本传输协议（HTTP）、简单邮件传输协议（SMTP）、多用途网际邮件扩充协议（MIME）。SOAP 还支持从消息系统到远程过程调用（RPC）等大量的应用程序。SOAP 仅定义了一种简单的机制，没有定义任何应用语义，所以，其易于被多种系统所应用。SOAP 的应用语义主要通过模块化的包装模型及其中特定格式编码数据的重编码机制来表示。

（四）XML 技术

XML（Extensible Markup Language）即可扩展标记语言，它是 Internet 环境中跨平台且依赖于内容的技术，是当前处理结构化文档信息的有力工具之一。XML 是一种简单的数据存储语言，使用一系列简单的标记描述数据，而这些标记可以用方便的方式建立。虽然 XML 占用了比二进制数据更多的空间，但其学习和使用十分简单。因此，XML 作为开放式数据存储和数据交换的关键性语言之一，在当前的业务系统应用中越来越广泛。

（五）PHP 技术

PHP（Hypertext Pre-processor）是从一个 CGI 程序发展成为现在的脚本语言，具有真正的跨平台性和良好的扩展性。PHP 可以在 HTML 语言中嵌入脚本程序，也可以进行编程操作。PHP 具有在服务器端包含脚本、强大的数据库支持能力、广泛支持网络协议的能力、良好的可移植性、极好的开放性和可扩充性等特点，因此，具有极强的交互式 Web 页面开发能力。

（六）ASP.NET 技术

ASP.NET 是建立在 .NET 框架公共语言运行库上的编辑框架，可用于在服务器上生成功能强大的 Web 应用程序。ASP.NET 框架创建了传统客户端 / 服务器 Web 交互的抽象模型，能够使用支持快速应用程序开发和面向对象编程（Object Oriented Programming,OOP）的传统方法与工具来进行应用程序编程。ASP.NET 开发的核心技术是 .NET 框架,.NET 框架提供基本的系统服务来支持 ASP.NET，整个框架都可用于任何 ASP.NET 应用程序，可以使用任何与公共语言运行库兼容的语言来创作 ASP.NET 应用程序。

（七）B/S 系统结构

B/S（Browser/Server）结构，是对 C/S 结构的一种变化或者改进的结构。在这种结构下，用户界面完全通过 WWW 浏览器实现，一部分事务逻辑在前端实现，但是主要事务逻辑在服务器端实现。B/S 结构利用不断成熟和普及的浏览器技术实现原来 C/S 结构中需要复杂专用软件才能实现的强大功能，前端以 TCP/IP 协议为基础，组织内的 WWW 服务器可以接受安装有 Web 浏览程序的 Internet 终端的访问，作为最终用户，只需要拥有 Web 浏览器即可，这样大大简化了客户端、节约了开发成本，是当前协同办公系统的首选体系结构。

正是由于诸多技术的相互融合、相互协作，最终构成了功能完善的协同办公系统为大家所使用。

三、高校协同办公发展趋势

随着科学技术和管理理念的不断发展，高校协同化办公未来将朝着以下五个方向发展。

（一）协同化

协同化办公可以联合高校内部彼此孤立的资源，实现跨部门的信息交流，使得部门间的协作更加流畅和顺利。通过实现资源共享，构建统一的资源平台，借助网络技术、通信技术，协同化办公系统保证高校内部各信息系统和部门之间的业务协调合作。因此，从高校工作的特点出发，为保证高校行政工作的高效率、高质量，有必要深化协同化办公，无论是管理理念还是技术手段，都要实现真正意义上的协同化。

（二）集成化

协同办公的集成化，不仅包含单一的软件系统、硬件环境，还包含网络、数据以及应用等的集成。通过分布式对象技术标准、Web 服务标准和基于数据交换标准，提高协同办公系统各个方面的集成度，保证高校教学、科研、人才培养等主要任务的顺利开展。

（三）智能化

现有的协同化办公系统主要基于办公自动化系统，目前还处在让系统模拟人的动作阶段，而这些动作都是由人明确指定的。智能化办公旨在让系统模拟人的思维，系统能够在一定范围内完成人并非确指的工作。同时，智能化办公系统还可以将办公过程独立出来进行管理，实现业务过程的灵活管理。

（四）移动化

随着智能手机等移动终端的不断发展和无线网络技术的日益成熟与完善，移动协同办公逐渐成为高校协同办公的发展趋势。移动协同办公系统集通信便捷、软件应用成熟、用户规模易于扩展和业务内容丰富等特点于一身。通过在移动智能终端上部署移动协同办公系统，使得移动终端可以像传统办公系统一样实现数字化办公，摆脱了必须在固定场所和设备上进行办公的束缚，为高校管理人员提供了极大的便利，对于校园突发状况的处理和紧急事件的部署都起到了极大的作用。移动终端设备的多型号、移动操作系统的多样性，实现移动化的同时，实现多终端之间的移动协同应用也是未来的发展方向之一。

（五）依托云计算进行技术提升

如何实现泛高校和跨高校之间的协同应用？如何支撑越来越大的应用？中小型高校如何面对协同办公系统开发的巨大成本？云计算的发展为这个问题的解决提供了思路，未来依托云计算在第三方的运营商部署下，让更多的组织和人参与进去，是协同办公系统发展的方向。

第四节　高校人事档案信息化建设

近年来，中国的高校人事工作者为了提高人事档案管理工作的效率，更充分地利用人才资源，采用了现代办公手段进行人事档案信息化管理。近年来，在他们的不断努力下，中国高校人事档案信息化建设已经获得了一定的成果，但因受制于一些客观因素，中国人事档案信息化建设还有待完善，尚处于发展阶段。

一、高校人事档案管理工作的现状

在高校人事档案管理工作上，许多高校目前还普遍存在不足，主要有如下三个问题。

（一）认识和重视力度不够

首先，很多高校普遍认为人事档案工作是一项辅助工作，并非高校工作中的重心，因此没有给予人事档案工作足够的重视。

其次，很多高校认为人事档案涉及的是职员个人的历史信息，在当下聘任制风行的情况下，人事档案的现实意义并不强。

最后，因为意识淡薄，管理相对滞后，很多高校对人事档案工作的管理松懈了，因此人事档案工作的作用和地位被淡化了。很多高校错误地认为人事档案工作没有难度，只是收管、翻找或查看档案，谁都能做，能对付就可以了。

（二）传统管理方式导致效率低下

目前，中国高校人事档案的保存、提供以及利用仍然主要是实体档案。可是，虽然实体档案具备适应性强、利用范围广和能够充当原始凭证的优势，但是实体档案存在利用效率非常低且处理工作量大的劣势。中国高校人事档案一直使用的是传统的16K纸，它与A4纸即当今国际标准公文用纸存在规格上的差异，这导致装订人事档案时需要进行大量的折叠和剪裁工作，进一步降低了人事档案管理的工作效率。

（三）成熟的人事档案数据库系统匮乏

当前各高校采用的人事档案管理软件都是自行研发的，只在工作人员基本信息、档案转递、档案目录编辑等常规管理的几个小环节上实现了计算机管理，这些软件功能少、信息存储量小、数据统计和分析太复杂、信息化程度低且操作烦琐，难以满足档案管理信息化和网络化的发展需求。

二、高校人事档案信息化建设的主要内容

高校人事档案信息化建设指的是高校在人事档案管理工作的开展过程中，将以实体档案保管为核心的档案管理模式转向以数字化、网络化方式保管档案信息为重心的管理模式，逐步提升档案管理水平和效率的过程。主要内容包括以下两方面。

第一，将易受损、容量大、利用频率高的重要档案信息实行数字化处理。对高校来说，记录在教师人事档案上的信息关系到教师的切身利益，具有法律性和证据性。对教师的职称评聘、干部考核、工资晋升等问题都具有重要的参考意义和充当证据的功能。因此，教师人事档案的使用频率非常高，对其进行信息化建设刻不容缓。

第二，实现高校人事档案信息的高度共享，并实现人事档案信息存储、接收、传递和提供使用的一体化，同时采取科学、合理的管理方式。

三、高校人事档案信息化建设的重要意义

高校实施人事档案信息化建设，将对高校的人事、组织和管理工作产生重大的影响。其主要表现在以下五方面。

（一）有利于人事部门"选用人才"，且能够为领导提供决策支持

成功实施高校人事档案信息化之后，人事档案信息资源能够实现共享，而人事部门和高校领导能够快速方便地了解各级干部的现状和他们在德、勤、能、绩、廉等方面的信息，由此能够为领导提供制定决策所需的信息，并提高干部人事档案信息的利用水平和效率以及增加其使用价值。

（二）有利于人事档案信息的实时更新并保持准确、完整性

传统人事档案在管理过程中，因为档案的转递以及信息沟通渠道不畅，使得档案上的信息和数据库里的信息有一定的延时性，无法得到及时更新和补充。另外，人工将信息录入数据库中，虽然会经过多环节、多方面校对，但是依然无法完全避免信息输入错误的情况。然而，档案信息网络化之后，教师能够根据访问权限了解个人基本信息，对错误信息进行更改或者提议更改。

（三）有利于全面提升人事档案管理人员的服务水平和工作效率

传统的人事档案管理着重于实体档案管理，档案管理人员需要手工收集、整理档案并提供给单位利用，管理人员工作压力大、效率低下。在实现人事档案数据库信息化之后，这

种费时费力的档案管理方法会转变为自动且实时化的档案管理模式，管理人员只需要录入一次数据，数据就可以被重复利用，这样一来，即时检索查询就取代了库房查找，人事档案管理人员的工作效率也就得到了大幅提升。

（四）有利于提高档案管理人员的业务水平

人事档案信息化后，档案管理人员能够从烦琐的手工劳动中解放出来，把节约出来的大量时间用于深度钻研业务、学习管理知识、开拓创新、提高管理水平和业务水平上。另外，管理人员待在库房的时间大幅减少，有利于其身心健康，也更加彰显了"以人为本"的管理理念。

（五）有利于保护纸质人事档案

作为最原始的证据材料，人事档案纸质载体的客观性毋庸置疑。因此，妥善保护纸质人事档案的重要性尤为突出。当前，随着社会服务功能的不断开放，人事档案的利用频率大增，人事工作中常常需要查询和核对相关人员的人事信息，基本上平均下来每年每份档案需要被查阅两到三次，部分存在人事争议的档案查阅次数则更多，还有调整工资、评职称等事项都需要查阅人事档案，加以反复的拆装，纸质人事档案不堪重负。而人事档案信息化之后，人员信息可以直接从数据库中检索查阅，那么，工作人员接触纸质原始材料的时间会大大缩减，非常有利于保护人事档案纸质载体。

四、高校人事档案信息化建设的措施与对策

（一）深化对人事档案管理的重要性的认识

首先，需要转变观念和加强领导。作为一项系统化工程，人事档案管理需要协调人事、组织以及多部门共同管理和推进才能做好。所以人事档案管理必须从加强领导以及优化管理人手，在领导议程中纳入人事档案管理工作，为人事档案信息化建设奠定扎实的基础。

其次，需要加强宣传力度，提高人事档案管理的意识。为了让校领导以及全体教师深刻意识到人事档案和人事档案管理的重要性，人事档案管理部门应当通过论坛、会议等多种形式加大宣传力度、扩大宣传范围，提高校领导以及全体教师的人事档案意识，形成大家共同参与建立档案、管理档案、使用档案的良好局面。这样才能把人事档案工作的重要性凸显出来，将其摆在应有的位置上，并配合高校的战略发展需要，逐步发挥出其信息化的优势。

（二）加速研发人事档案数据库

因为各单位自行开发人事档案管理软件，会对人事档案信息的共享造成相当大的不便，所以，国家相关部门应当按照国家人事档案管理工作的要求，研发并推广国内通用的、可靠的、功能齐备的人事档案管理软件。通过将人事档案信息进行数字化处理和形成电子档案，记录人员基本信息、表现（德、能、勤、绩、廉等）、诚信记录、专利情况、科研成果、论文发表、干部任免、特长、奖励等，把人事信息转换成有价值的人才资源库。因此，人事档案数据库的研发应带着不断丰富和扩大人事档案信息量的目的，真正提升人事档案数据库的使用效率，充分发挥出人事档案信息的价值。

（三）扩大投入，为人事档案信息化建设提供强有力的保障

目前，全国绝大部分高校都实现了高科技和计算机作业，人事档案有专人管理，这些都是人事档案信息化建设的重要物质基础，使得人事档案信息的共享成为可能。但是在人事档案信息化建设的过程中，高校还应扩大资金投入，为人事档案信息化配全所需的设备，进一步开放利用档案信息资源，并合理、高效地利用现有人才做好人事档案信息化的研发、推进工作。

总而言之，在社会经济和信息技术快速发展的当今世界，高校应依托信息化，采用先进的现代信息技术开拓创新、转变观念、整合资源，尽早实现高校人事档案管理信息化，让人事档案管理工作为教师、学校和社会提供更好的服务，并最终推动高校人事档案工作的高效开展和学校的不断发展。

第九章 人力资源管理理论在高校学生管理中的应用

第一节 期望理论在高校学生管理工作中的应用

弗鲁姆的期望理论是以下列两个前提展开的：一是人们会主观地决定各种行动所期望的结果的价值，所以，每个人对结果的期望各有偏好；二是任何对行为激励的解释，不但要考虑人们所要完成的目标，也要考虑人们为得到偏好的结果所采取的行动。当一个人在结果难以预料的多个可行方案中进行选择时，他的行为不仅受其对期望效果的偏好影响，也受他认为这些结果可能实现的程度影响。个人努力的程度取决于个体行为可能带来的工作绩效的期望程度以及因绩效而获得组织的奖赏对个体的吸引力。由于每个人的需求点和价值观等的不同，加上所处环境的影响，他们所期望的目标也有所不同。随着我国经济的发展，高校的教学目标是教书育人并培养各种高素质人才，为国家发展提供人才资源。而高校学生在社会中的特殊地位和作用是众所周知的，这支特殊队伍素质的高低已关系到对整个社会发展的评价。因此，运用管理心理学的期望理论来加强对高校学生的管理具有十分重要的现实意义。

一、期望理论的内涵与基本内容

期望理论认为，在任何组织中，员工应注意三个问题。第一，如果我努力的话，我能不能达到组织要求的工作绩效水平；第二，如果我尽力达到了这一绩效水平，组织会给我什么样的报酬或奖赏；第三，我对这种报酬或奖赏有何感想，是不是我所迫切希望得到的。这就相当于人们预期某一行为能给个人带来既定结果，并且这种结果对个体具有吸引力时，个人才会采取这一特定行为。即个人是否采取某一特定行为并为之付出一定的努力取决于三方面：第一，个体感到通过一定程度的努力而达到一定成绩和效果的可能性，即"努力—绩效的联系"；第二，个体对于达到一定绩效后可获得的结果或奖赏是否理想，即"绩效—奖励的联系"；第三，个体所获得的奖赏或潜在的结果对个体的重要程度，或者说与个人的目标和需要是否相关，即"奖励—个人目标的联系"。这一理论可用公式表示为：激励力量（M）= 效价（V）× 期望值（E）。其中 M 代表激励力量，是指直接推动或使人们采取某一行动的内驱力；V 代表效价，是指个人对某一行动结果的价值评价，它反映个人对某一结果或奖酬的重视与渴望程度；E 代表期望值，是指个人对某一行为导致特定结果的可能性或概率的估计与判断。这一公式表明某一活动对个体的激励力度，取决于该活动的结果给个体带来的价值以及实现这一结果的可能性，只有当 V（效价）和 E（期望值）均为最大值时，M（激励力量）才是最大值。因此，目标价值越大，实现目标的概率越高，激发的动机就越强烈。

二、期望理论在高校学生管理的应用意义

管理心理学的期望理论主要是针对企业的组织管理工作，但对于高校学生管理工作也是适用的，对于调动高校学生的积极性和能动性，使之以最大的热情和最饱满的精神投入工作和学习，有重要的作用。但是，由于传统的学生管理工作习惯于硬性的"刚性"管理，习惯于"填、卡、压"的工作方式，因此难以摆脱方法上"公式化"和简单化的弊病，使得在解决实际问题时效果不佳。在新形势下，将现代管理科学理论和方法引入高校学生管理工作，是形势发展的必然要求。管理心理学的期望理论着重强调人性化教育和柔性管理，注重个性和情感因素的充分发挥。这一理论的借鉴和应用恰好弥补了传统学生管理工作方法上的不足，成为高校学生管理工作顺利开展的新型有效手段。具体来说，就是将管理心理学的有关理论和方法，通过恰当的手段运用到教育管理过程中，科学地把握学生思想、心理和行为发展变化的规律，努力提高学生管理工作的实效性。由于学生管理工作的疏导性原则和现代管理心理学的情感性要求相通，所以应用期望理论能够既丰富教育管理工作的理论体系，又拓宽学生管理工作的方法视野，增加被管理者的工作主动性。实践也表明：运用管理心理学的期望理论做学生管理工作，符合当代大学生的思想、心理和行为特点，尤其是在目前大学生的年龄普遍偏小、自我意识却不断增强的情况下，这种理论的应用价值更加凸显。

三、高校学生管理面临的问题

（一）学生努力与绩效的关联问题

在当今大学，因为个人是否努力以及努力的程度不仅仅取决于奖励的价值，还受到个人觉察出来的努力和受到奖励的概率的影响。个人觉察出来的努力是指其认为需要或应当付出的努力。事实上，对于大学课程的学习，大部分学生个人觉察出来的努力是很低的。这是因为，一方面，相比较高中阶段的紧张学习，许多学生感觉大学的学习比较轻松，而且没有了升学的压力，所以有不少学生对大学学习的期望就只是"60 分万岁"。而一般情况下，取得 60 分的考试成绩在大学课程中并不是一件难事，也就是说，一般的努力就可以让学生达到其期望。另一方面，对于希望考试拿高分的学生而言，实现期望也不很困难。因为现阶段许多大学课程的考试在某种程度上只是在考查学生的记忆力，而没有考查学生对知识的理解能力和实际运用能力，导致学生的考试成绩与其自身学习的积极性和努力程度关联不大。当学生认为只要考试前多花点时间背书，成绩不一定就比其他认真学习的同学差，

并且一旦这种认识在某些课程的学习与考试中得到验证，则学生的努力就会大大降低并且直接影响其今后学习的积极性。

（二）学生动力问题

以前的大学生毕业后的工作由学校包分配，自己在校的日常学习、生活的表现和日后的工作、前途有密切关联，故学校的各项奖惩制度可以起到良好的激励效果。但是当前的高校学生毕业后普遍采取双向选择进入市场的就业模式，加上近年来用人单位越发现实的用人现状，不过分看重学生的档案记录，甚至很多用人单位不接收学生档案。这让学生认为在校的日常表现和日后工作关联不大，从而对在校内好好学或努力向上缺乏必要的动力，产生得过且过、"混"张文凭的消极思想。

四、期望理论在高校学生管理中的运用

（一）制定目标，塑造环境

1. 制定明确的奖励制度和措施

学生都渴望成功，期望得到他人的认同，并愿意为这种认同而努力。在实际的学生管理工作中，教师应当制定明确的奖励制度和措施，将物质奖励和精神奖励有机结合起来，并针对不同年级、不同个性的学生实施不同的奖励办法，提高他们的学习积极性以及对自我的目标期望值。尤其要加强对后进学生的关注，善于发现他们身上的闪光点，及时予以表扬和奖励，将"成功教育"真正落到实处。对此，积极的暗示便是一种值得运用的好方法。实验表明，积极的暗示通过显意识进入潜意识，到达意识的深层部分，并能持续地存在，有时比直截了当的指示、命令起到更大的作用。"罗森塔尔效应"便是期望理论在学习中成功运用的经典案例。对于那些缺乏自信、性格内向自卑的学生，教师应随时随地多给一些积极暗示和期望，在学生干部的安排上，在集体活动参与中多鼓励、多支持他们，帮助他们建立起自尊自信。著名成功学者希尔的研究表明，积极的带有创新意识的暗示会让个体在自发心理中实现自己的目标。

2. 帮助学生确立合理的目标

教师首先要做的是帮助那些缺乏动力的学生认识到学校的各项物质、精神奖励的重要性和各类规章制度的严肃性、必要性，尤其是对走上社会找到好工作的重要性。通过教育让他们明白每年高校毕业生众多，在校期间获得的各种表彰奖项将是求职中脱颖而出的试金石、敲门砖。同时还要帮助调整比如奖学金不如打工钱多、理论知识用处不大、非专业课知识用处不大等不正确的思想。积极引导他们设立自己的目标，找到自己的动力。特别地，教师对于不同的学生，应有不同的期望值，对于学生设立的目标应该是被认为可以达到的，鼓励学生去完成自己能力范围内的事。否则，如果学生感到目标总是实现不了的话，反而会打击学生的学习积极性。

3. 创设一个良好的育人环境

优美的校园环境、丰富的学习资源、融洽的师生关系以及健康的心理状态，都将有利于管理工作的顺利开展。总之，只有不断把新的科学理论和方法引入高校学生管理工作，变过去传统的"刚性"教育管理为"柔性"教育管理，才能开创新时期学生管理工作的新局面。

（二）目标管理在学生管理中的应用

高校学生工作面临头绪多、任务重、人员编制少、考核量化难等问题，有必要对高校学生工作的目标设置、进程控制、绩效评价等进行研究，为规范学生工作管理，提高有关人员的工作积极性，以下提供一套有效的目标管理制度。

1. 目标管理的概念

目标管理（Management by Objectives，MBO）是20世纪50年代中期在科学管理和行为管理理论基础上形成的一套管理理论。它以泰勒的科学管理和行为科学理论为基础形成了一套管理制度，这种制度可以使组织及其成员共同参与制定工作目标，在实现组织对各阶段目标实施情况控制的同时，实现组织成员的自我管理和自我控制，并努力完成工作目标。目标管理是在由组织及其全体成员制定出期望达到的目标后，由各部门和全体员工根据组织总目标的要求，采取上级部门与下级部门以及平行部门间相互配合的方式，来协商确定各自的分目标，并将这种目标贯穿组织的各部门及各单位员工，同时在目标执行过程中实行逐级的充分授权，使各员工自主地确定实现目标的方法和手段，以达到自我管理。由于有明确的目标作为考核标准，对员工的评价和奖励可以做到更客观、更合理，从而大大激发员工为完成组织目标而努力的积极性。

高校学生工作目标管理是目标管理理念在高校管理中的运用。学校管理者引导师生员工共同确定学生工作总目标，并以总目标为指针，确定各学院及各自的分目标，在获得适当资源配置和授权的前提下积极主动地自我控制，为自觉承诺的目标而奋斗，从而使学生工作管理总目标得以实现。相对于传统的管理方法，高校学生工作目标管理将管理重心下移，赋予各学院和学生管理者更多的自主权，使之能发挥主动性，实现治事与用人的有机结合，使各学院和师生员工的目标与责任相结合，权利与利益得以量化，强化了自我控制的能力，也使学生工作管理的总目标得以有序实现。

目标管理具有三方面特点，第一，目标管理摒弃了传统管理中强制性管制或强迫性制定目标的方式，而由管理者和管理客体共同协商、研究制定。它是一种参与式的管理，在制定目标之后，管理客体直接对目标负责，上级与下级共同协商、共同管理，从而有利于上下级间的协调统一。第二，目标管理体现管理客体自我管理、自我控制的能力。因为在目标管理中一旦目标确定之后，所有人都要以管理目标为中心，这就需要管理客体对自己严格控制与管理，从而激励管理客体在压力之下积极完成目标。第三，目标管理具有一定的系统性。目标管理通常都是由多级目标共同组成的，下级目标围绕着上级目标制定，同级目标之间积极协调与统筹规划,它的实现也能积极促进总体目标的实现。

2.高校学生工作目标管理的意义

目标管理体现了系统论和控制论的思想,将其引入学生管理工作中具有十分重要的意义:目标管理具有统一行动的作用,在管理目标明确以后,各子系统便可围绕这一目标采取统一行动并确定相应的对策与方法;目标管理具有激励管理客体的作用,一个切合实际的目标往往也符合绝大多数客体的共同利益,这样在学生工作中能够有效地调动师生员工的主动性、积极性和创造性,从而团结一切力量促进管理目标的实现;目标管理具有协调关系的作用,在一个统一目标的指引下,各管理客体能够紧紧围绕管理目标而形成协调配合的局面,在高校学生工作中则体现为各学院、年级的次级目标根据学校总体目标和年度目标进行相应的变化,形成各学院相互配合的体系,从而有效实现学生工作的管理总目标。

通过完整的学生工作目标管理过程,可以建立起一套具体、可衡量的目标管理制度,从而实现对师生员工行为的引导、激励和控制的有机统一。这种科学的管理方法,一方面,把工作与人结合起来,让人认识自我的工作价值,通过自我控制去实现各自的目标,从而保证总目标的实现;另一方面,它通过目标分解、层层落实,实现了组织内部的相互协调和综合。把目标管理引入高校学生管理工作,能使高校的各项管理制度量化分解、确切具体,并能最大限度地调动学生管理者的积极性和工作效率。

3.高校学生工作引入目标管理的契机

随着高校各项改革措施的逐步实施,岗位聘任制也开始推行。岗位聘任制度是指高校各岗位根据其工作任务在高校内部按照"双向选择、优化组合、竞争上岗"的原则进行聘任的新的人事制度,这一制度自施行以来在各高校均产生了较为强烈的影响。它的实施有利于资源的优化配置,有利于激发员工的工作热情与积极性,最大可能地发挥工作人员的主观能动性,同时,也有利于高校员工更广泛地实现自身的价值,实现效益最大化。将目标管理引入高校学生管理工作当中,可为其提供强而有力的理论保障,对每一位学生工作人员设定工作目标,确定工作职责,强化员工的责任心,并对其目标的实现情况进行考核,考核结果直接作为继续聘任的条件,为岗位的聘任工作提供了科学的依据。

4.高校学生工作管理目标的设置

目标设置是进行目标管理的第一步,设置的目标是否科学合理是目标管理能否顺利进行的关键。高校在学生工作中要考虑主客观条件及对未来情况的预测,以科学性、合理性和适度性为原则,制定高校学生工作管理目标。根据学校总体目标和年度目标并结合实际情况制定学院学生工作的分目标、各年级学生工作的分目标和学生工作人员的个人工作目标。

（1）学生工作管理目标设置的原则

设置科学合理的管理目标必须遵循一定的原则,这样才能保证目标的正确决策和执行。因此在制定学生工作管理目标时需要遵循以下原则,使目标得以有效实现并促进学生管理工作的积极开展。

①学生工作管理目标须具有适当性

目标是学生工作管理要达到的一个标准，目标过高或过低都不能起到激励作用，反而影响学生工作管理者积极性的发挥，目标过低会调动不起管理者工作的积极性，目标过高会压抑管理者情绪，起到反面作用。因此应该具有相对较高的标准和适度的超前性，否则就失去了设置目标的意义，也无法推进学生工作的积极开展。

②学生工作管理目标须具有可行性

不同的学校学院、年级及工作人员都有其不同的实际情况，结合各自的实际且坚持实事求是，制定的目标才能起作用，否则等于空谈。只有充分考虑其实际情况并加以综合分析，制定出的目标才具有可行性和可操作性，也才会得到有效的实施，否则就只能上演乌托邦式的悲剧。

③学生工作管理目标须具有整体性和时间性

整体性是从总体目标方面来说的，要将各自的目标相互协调和相互配合，使各个学院、各个年级、各个工作人员相互联系得更为紧密，应该把制定目标和目标的实施视为一个整体，不能无全局观和整体观。时间性是指按要完成的工作的质和量的规定，必须在一定的时间内完成。学生工作管理目标不能任其自由发展，必须按时完成规定的要求，如果忽视管理目标的时间性就无所谓完不完成任务，实际上就是自我否定目标管理。

④学生工作管理目标须具有层次性

层次性指制定目标时的层级，学生工作管理目标的设置要明晰各个层级及其相应的目标。不重视层次性，就会导致目标管理的混乱，更无法实现科学合理的决策。层次性大致分为学校学生工作目标、学院学生工作目标、各年级学生工作目标和学生工作人员个人工作目标。只有明晰各个层次，才能层层管理、相互配合，更好地完成学生工作。

（2）学生工作管理目标设置的程序

①学生工作管理目标时间的确定

根据学校的实际情况考虑学生工作的实际特征以及学生工作人员的任职，学生工作管理目标可分为学期目标和年度目标。学期目标和年度目标的完成情况是给予各学院、各年级及各学生工作人员奖励或惩罚的依据。而对于各学期目标和年度目标在学生管理实际情况发生变化时也可以经过各上级的允许进行适当调整。

②学生工作管理目标的分配

将学校学生工作的总体目标分为学院学生工作目标、各年级学生工作目标和学生工作人员个人工作目标。学校的学生工作管理目标要和各下级目标紧密联系、互相配合，才能使学生工作的全面管理落到实处。实际上，最主要的还是应该对各个学生工作人员制定详尽的个人工作目标，将目标责任切实地落实到个人。通过学校各级学院及工作人员参与目标的制定和实施，将各个工作人员的切身利益与学生工作联系起来，有利于学生工作管理的效率。

③签订目标实施计划协议

目标的设置不是根本，实施才是最重要的，因而要以协议的形式将个人的实施任务及责任落到实处，"论功行赏"。全体工作人员共同认可明确各自的目标、责任并固定在协议书上，保证所有工作人员以协议书的内容为准积极工作，并将之作为考核评价其工作绩效的依据。

（3）学生工作管理目标设置的方法

学生工作管理目标的设置须遵循一定的原则及程序，同时，管理目标的设置也有相应的方法来保证制定目标的科学性及合理性。在制定管理目标时，应尽量采用定量目标、成果目标和共性目标。具体方法主要有如下三种。一是程度化法。程度化法就是把一些定性目标和阶段目标按其程度分成多个等级，每个等级有具体的内容。学生工作管理目标按其对学生管理的直接程度及相应的能力，划分为学院、年级、工作人员等多层次并赋予各个级别的管理者相应的职权。这样便于各级管理者按其分目标来实施目标，使得目标便捷地实现。二是因素分配法。因素分配法就是依据影响完成目标的因素，将学校的目标分配给各个层级。对于学生工作管理目标，要考虑各个学院学生的数量、质量及管理的难易等因素，并合理地给出这些因素之间的权重。在制定各目标时对于其权力、责任及利益的比重都予以适当分派，使利益得到平衡，各工作人员能更积极地完成工作任务。三是平均分配法。平均分配法就是将学校的目标平均分配给每个院系。对于基本目标要将之平均分配，各个学院、年级、工作人员之间的目标必须达到相应的平衡，不可偏颇，否则不利于充分调动工作人员管理的积极性。

5. 高校学生工作管理目标实施的路径

目标实施是促使目标实现的核心环节，制定的目标必须通过实施才能产生效果。实际上，目前已有许多高校尝试实施了目标管理，但由于操作困难及实施过程中缺乏实践经验和理论指导，最终没有取得理想的效果，这就需要研究高校学生工作目标管理实施的路径。在目标实施中，不仅要明确各级管理者的职责和任务，授予相应的权力以保证其职责的履行和任务的完成，还要给予相应的利益作为承担责任和任务的报酬，以保证管理目标得以有效实现。

（1）组建高效的学生工作管理机构

要使各个学院、年级及工作人员的目标科学地组织起来并有效配合促进学校目标的最终实现，最主要的一点就是要建立高效的学生工作管理机构，以实现对各级目标实施进程的控制。学生工作管理机构需要有足够的领导凝聚力、良好的服务态度和极高的协调能力、应变能力。它能够协调各个部门和工作人员的工作，根据实际情况做出有效的决策，并对目标的实施过程进行监控。要在学校范围内形成一个既分工合理又协作配合的管理机构体系，为学生工作目标的实施提供保障。

（2）明晰各管理目标的职责

在学校制定的管理目标的总体框架内，各个分目标既相互独立又有密切联系，必须对各级目标实施主体的职责予以明晰，才能保证管理目标的有序推进。在各级目标的实施计划中，应该明确表明各自的权利、责任及相关利益，使其能够在一个明确的目标指导下进行工作。其中最主要的应该是各工作人员的职责，因为他们是实施学生工作的直接主体，他们的直接管理对于目标的实现有着决定性的意义。因此，在目标的实施过程中应该明确各级管理者的职责以保证他们采取有效措施实现目标。

（3）对目标实施进行管理监督

①抓好过程管理

在目标管理理论中，过程管理即实现目标的过程。在高校学生管理工作中，过程控制就是指学生管理系统在制定目标以后，为了实现这一目标而对学生管理系统采取的以监督为主、调整为辅等的一系列措施。目标制定出来以后能否实现，取决于为追求目标实现过程中所进行的科学管理，因此，抓好过程管理非常重要。

在抓好过程管理的过程中，应注意解决好以下三个问题。第一，明确各学生工作人员的职责范围。只有在权责一致的情况下才能更好地提高高校学生管理工作的效率。目标管理的实施过程是一个动态的过程，这就要求在管理的实施过程中要紧紧抓住每一环节的各个阶段的质量管理，检查各阶段性目标是否高质量地完成。一旦出现问题，即可根据职责划分找到相关的责任人，予以改正。第二，要充分发挥各学生工作人员的主观能动性，协调好各管理层之间的关系。管理者要充分相信学生工作人员，大胆放权，腾出更多的时间与精力做好管理工作。与此同时，各学生工作人员在自己的职责范围内可以更积极地发挥主观能动性，大胆开展工作。这样，有利于调动管理者与被管理者的积极性。第三，用辩证的观点关注目标实现进程。目标管理应根据环境与条件的变化而不断地进行调整与完善，不断更新内容。学校学生工作管理机构在目标实施阶段应定时检查和分析各级目标的实际执行偏差和达标情况以及各目标的实施均衡情况，同时有效控制目标。如果发现各分目标不合理或者与实际情况严重不相符时，就必须召集各级管理者共同协商修正原目标计划。尤其是当实际情况发生重大变化或管理目标本身有重大失误，预定目标如果无法实现时就必须及时重新调整目标，改变各级分目标，避免资源浪费。

②发挥利益调控功能

利益调控功能是指学校学生管理机构运用其综合协调能力和对各级部门管理经费的调控，使之及时完成工作任务的方法。建立利益调控机制，使工作人员经费与工作任务和质量挂钩并按一定比重进行再分配，这是管理机构监督目标实施的一个实用且有效的手段。这样更利于发挥各学生工作人员的主观能动性，各学生工作人员在明确自身的工作任务以后，在利益的驱动力下，会自觉地、有意识地追求各自目标的实现。

③强化监督

监督管理目标的实施需要建立良好的信息反馈网络，密切关注学生工作管理活动的运行状态是否与确立的目标体系相符。一旦出现问题，管理者马上就可以通过这些信息渠道了解情况，在实际调查核实的基础上予以及时解决；还可以及时对出现偏差的管理目标进行修正，确保管理目标按照正确的方向发展，从而保证总体目标的实现。

各级管理目标的执行者也应该相互监督，不断关注相互之间目标实施的动态。因为他们有相通的职责范围，对相关的实施情况会更加了解，从而能给出更客观和更公正的评价，建立相互之间的监督机制是保证管理目标实现的一条有效途径。

（4）健全激励和惩罚机制

健全的激励和惩罚机制是保证目标管理顺利进行的重要手段。各级学生工作管理者的业绩被承认有利于调动工作人员的积极性。此外，要建立健全校内分配制度，将目标管理与奖惩、工资津贴挂钩，奖优惩劣。如果缺乏健全的激励机制，奖惩与管理目标业绩脱钩，那么其公正性就将遭受质疑，甚至可能导致学校与学院、学院与学院、工作人员之间的矛盾，从而削弱目标管理的效果。

另外，目标实施的过程中要重视原则性和灵活性相结合。制定目标应该高度重视执行目标的原则性，不应随意改动已制定的目标，尽管学校在发展过程中难免会出现一些预想不到的情况，这就需要结合实际灵活处理已制定的目标。

6.高校学生工作管理目标实现的绩效评价

学生工作管理目标机制是目标管理的最高约束手段，也是衡量管理成效的标尺。对学生工作管理目标进行绩效评价有两大目的和作用：一是为了提高学生管理工作实绩，促进学院乃至学校学生管理方面工作质量的不断提升；二是为人事决策提供依据。也就是说，绩效评价的结果是和奖金、薪酬，人员的任用、晋升等人事决策挂钩的。

要做好绩效评价环节，必须建立健全目标评价体系。目标管理的工作过程复杂，主观意愿较多，要对之进行评价就要建立科学的目标质量测评体系，才能够使结果更公平、公正。

（1）考核标准应合理具体

目标考核体系中的考核标准就是目标要达到的具体程度，制定时要把握以下五个原则，考核标准要清晰明确；考核标准应客观；标准之间要协调一致；考核标准要全面；考核标准必须有效。考核的工作将直接影响学生工作目标的实现，因此考核时要尽可能地将其量化。只有目标考核体系制定得合理具体，可操作性较强，并在实践工作中严格执行，考核的结果才能让学生工作人员信服，也才利于学生工作队伍积极性的提高。

（2）奖惩标准应及时兑现

评价结论与利益挂钩，所以兑现奖惩非常重要。对考核优秀的应给予精神或物质的奖励，而对考核不合格的则进行批评教育并予以适当处罚。只有这样才能最大限度地调动人们为实现目标任务而努力工作的积极性、主动性和创造性，也为新一轮目标管理的有效进行打下坚实的基础。同时在具体操作的过程当中应避免目标机械化。考核的结果在个人与个人之间进行分别比较的同时，也要适当地考虑自我比较，比如对于一些管理难度较大、守纪意识较为薄弱的班级，只要他们在一段时间内有显著的进步，不管是班级还是带班的辅导员，学校或学院都应对其表彰，激励他们取得更大的进步。

（3）目标考核体系应体现阶段性

高校学生工作具有周期性的显著特点，同时，学生工作在各个阶段的工作任务也略有不同，因此，在制定目标考核体系时应充分考虑，并分阶段制定分期目标。在一个工作阶段结束以后，也便于学生工作人员对上一个阶段的工作进行总结，积累经验，吸取教训，并将这些经验教训运用到下一个阶段的工作实践中去，不仅可以提高学生工作人员在学生工作中运用目标管理理论的质量要求，也能提高高校学生管理工作的整体效果。

（4）绩效评价应体现程序化

绩效评价应体现程序化，一般分为四步，第一步是自评，各目标实施主体包括学校、学院、各工作人员应根据自己制定的工作目标，如实地结合自己的工作情况写出自评报告，确定自评的等级。第二步是职能部门按下达的任务指标和考核指标体系对各目标实施主体进行考核评价。第三步是学校成立专门的考核小组考评。学校考评组遵循公正、公平、公开的原则，深入各学院进行实地考评。第四步是学校审定，考核结论由考核小组交学校最后审批。

（5）建立健全信息反馈机制

在考核结论拟定出来以后，应及时将评价工作的各个环节及信息公之于众，学校管理者应将评价结论及其潜在原因反馈给各管理实施主体，建立健全绩效评价信息的反馈机制。目标管理是具有定量化的指标体系，能使实施主体知晓自己工作中存在的问题以及上级提出的建设性的改进意见，从而进一步改进。因此，绩效评价信息反馈和沟通有利于增进学校与学院、学院与工作人员、各学院之间的相互了解和信任，增强评价的激励效果，进一步改进和提高绩效。

第二节　激励理论在学生管理中的应用

我国高校辅导员管理形式随着社会的发展而变化，导致辅导员不适应，而出现了工作上的倦怠，辅导员的工作热情降低，再加之新的课改，导致对高校学生的综合素质要求提高，学生一时还不能适应，依然按照之前的学习方法进行学习，辅导员依旧采用传统的管理方法管理学生，导致高校的学生管理也出现了很多问题。所以采用新的理论机制，即激励理论，来改善辅导员的学生管理工作是非常必要的，从辅导员的角度来帮助提高学生学习的主动性、积极性以及创新性，进而提高学生的综合能力素质。

一、激励理论的概念和运用原则

（一）激励理论的概念

激励理论属于心理学方面的内容，用心理学的知识理解就是一段激发的心理过程，通过这种持续对主体动机激发而产生的过程，反映了激励的主体和客体的相互作用和影响。而激励理论也可以分为三大类，认知派激励理论、主义激励理论和综合性的激励理论。将激励理论引入高校辅导员的学生管理工作中，就是通过这种激励的方式鼓励学生的学习主动性，不再局限于课本知识的学习，而是更加注重综合能力发展。激励理论主要包含了以下两方面。第一，诱导因素，就是对学生积极学习之后的奖励，这种奖励根据实际情况和经济资源等因素设计实际奖励形式；第二，行为导向制度，是指组织在行为方式、努力方向和价值观等方面对于成员的规定，要求在高校学生管理中，培养学生的全局观、集体观。

（二）激励理论的运用原则

激励理论运用的首要原则是设置合适的目标使其与人们的内心满足相结合。研究表明，有目的性的行为比没有目的性的行为效率高，制定符合需要的目标才能提高人们的积极性，所以在辅导员的学生管理的激励方式中要有所针对、因人而异才能取得更高的成效。比如优秀的学生可以采取少物质刺激、多精神鼓励方式，而那些不主动学习的学生可以采取多物质刺激，激发其学习动力。激励理论应用的第二个原则就是要注意内在激励和外在激励的结合，外在激励是人们想要努力获取的外在目标，可能是好的成绩分数，也可能是人们的赞赏和认同。而内在激励则主要表现在精神上，让被激励者的内心感觉被鼓励，涌起更多成就感和荣誉感，主动提升学习热情，将这种内在和外在的激励结合在一起，能够更加有效地促进学生的健康发展，培养学习积极性。

二、高校辅导员学生管理工作中激励理论的运用意义

在学生教育管理工作中，运用激励理论能够帮助学生更好地和辅导员交流，明白自己的问题所在。同时，激励理论也能够帮助学生树立自信心，不断完善自我，因为学生管理工作本身就需要辅导员进行实践到理论再到实践转换的动态变化过程。所以，辅导员对学生的直接激励能够有效地帮助学生管理和学生道德素养的提升，创造有理想、有道德的班级氛围。

三、高校辅导员学生管理工作中激励理论的应用问题和改进

（一）高校辅导员学生管理工作中激励理论的应用问题

在高校学生管理工作中，应用激励理论还不是特别广泛，并存在不少问题。首先，各项机制不健全，在管理工作中可以开展公平性竞争活动，以精神和物质共同激励学生的参与积极性。而高校辅导员更多地还没有从之前的鞭策学生的管理模式中走出来，比如在学生犯了错误时，依然采取呵斥、训责的方式教训学生，而不擅长运用激励理论，没有过多地

站在学生的立场上思考问题，以致学生信心被打击。其次，目标设定的合理性，对于部分刚刚接触激励理论的辅导员来说，不懂得把握好尺寸，不知道设置何种程度的目标，导致目标定得过于高远，即使采用物质和精神共同奖励，都很难触发学生积极性，依然觉得目标缥缈无法实现。若是目标定得过低，很容易就可以实现，那么学生会认为没有挑战性，依然会对创新学习和综合素质能力提高存在倦怠，所以把握激励理论应用中的目标设定尤为重要。

（二）高校辅导员学生管理工作中激励理论应用问题的改进

针对高校辅导员在学生管理工作中应用激励理论的问题进行改进，最主要的就是将激励理论建立在一个平等的平台上，这样才能清楚透明地看到整个激励过程的实施，学生能够明白在这个激励平台上可以获取什么奖励或好处。勒波夫博士曾经说过，人们对于受奖励的事情会做得更好，所以有利可图能够让每个人充满热情和主动性。学生更愿意为了好的结果去努力学习，培养个人技能，提高自己的能力素质。在实施激励理论的过程中不要有偏向念头，比如喜爱优秀的学生，就给予其更多的奖励和更多的发展机会，而对于表现不好的学生就不予理睬，这样会严重打击学生的积极性和主动性，从而学生不会被辅导员的任何激励行为所鼓励。在学生管理工作中激励理论应用的另一个需注意的就是目标的设定，通过对学生的了解，结合学生自身情况，因人而异进行目标的制定，这样，合理的目标更加有利于学生学习的积极性和教师管理工作的积极性，使得辅导员的学生管理工作完美开展。比如在学生能力考查方面，不以学生学习成绩为考查的唯一指标，可以就其每个人的综合素质考查，这样每个学生就可结合自己的自身优势来总体评价个人，能够更好地鼓励自己，提升自己的自信心。

在高校学生管理中存在着一些容易被忽视的"盲点"问题，比如对即将毕业学生的管理问题、对普通生群体的管理问题、对考试前学生的管理问题等，本书所探究的"盲点"问题主要是针对普通生群体的管理问题。普通生介于优秀生和后进生之间，他们在数量上构成了一个橄榄状，其基数最大，这部分群体因为学习成绩、平时各类活动表现平平，很少犯一些错误，往往被人们所忽视，通常也被称为"三不管地带"，即处于教师、家长、同学三大主体的无意识遗忘状态。根据有关研究发现，普通生群体的外在表现特征主要体现为：学习目标不明，进取心不强或进取心强但方法不当；个性特征模糊，团队精神薄弱；好幻想但不付诸实践；盲从心理强，突发事件概率高。这些特征的出现对于高校的学生管理工作是个极大的隐患，必须引起高度重视。

四、"盲点"背后的成因探究

管理心理学是一门以研究人类心理现象的规律性为对象，以调动人的积极性，提高工作效率与管理效率为目的的科学。普通生群体的"盲点"问题实际上是由高校管理工作中传统的"刚性"管理造成的，运用管理心理学这一"柔性"管理视角，有利于更真实地探究普通生群体"盲点"问题的真实成因。

（一）忽视普通生群体的需求，过度重视优等生和后进生的需求

传统的学生管理工作模式一般采用"抓两头，促中间"的做法，即充分发挥优等生的模范带头作用，避免后进生出现违规行为，从而带动整个学生群体的前进。这一典型做法是把工作的重心放在了优等生和后进生的身上，过度重视优等生和后进生的需求，而忽视了中间群体即普通生的需求，造成普通生心理需求的失衡。管理心理学的需求理论告诉我们，人的行为是由动机支配的，而动机则决定于需要，需要是人的行为产生的原动力，是个体行为的起点和基础。需要如果得到满足，个体就会产生一种自豪感、愉悦感和激励的力量，学习或工作就会更加积极，反之，则会产生消极行为。普通生心理需求若长期得不到重视与满足，可能会引发一些不良影响，甚至会产生学校教育中的"蝴蝶效应"，这些影响会使学生管理工作变得很被动。

（二）奖优罚劣工作机制显失公平，难以惠及普通学生群体

当前的管理工作机制实际上是采用奖优罚劣工作机制，重点针对优等生和后进生，在具体评优评奖时，一般只惠及优等生，而惩罚时，大多又只针对后进生，处于中间层次的群体往往容易被忽视，这一工作机制显失公平。公平理论认为，人能否受到激励，不但取决于他们自己得到了什么，还取决于他们看到别人得到了什么。人们总是通过社会比较，全面衡量自己付出的代价与报酬是否相当，从而产生公平与不公平的感觉。通过比较，如果他们认为自己对工作付出的代价与获得的报酬比例相当时，就会心理平衡，产生公平感，于是心情舒畅，工作努力。公平理论具体运用到高校管理工作中，则具体表现为学生干部的选拔任用、奖勤贷免、评优评奖及其他个人荣誉的合理分配等等。作为被忽视的普通生群体，在无法获得公平待遇时，可能会积累不良心理情绪，逐渐缺乏对群体的归属感，变得缺乏进取心和积极性，给学校管理工作带来巨大的隐患。

（三）学生管理者缺乏对普通生群体期望目标的正确引导

期望理论认为，如果个体有了目标，为了达到这个有意义、有价值的目标，他必须做出某种行动选择。激励强度，指调动一个人积极性、激发人内部潜力的强度；根据一个人的经验判断某行为能够导致某种结果和满足需要的概率。从公式可以看出，充分发挥个人潜力，并拥有适当的期望水平，对目标的实现充满信心，对于人的成功来说至关重要。由于当前高校学生管理者精力有限，尚不能对所有学生的期望目标进行正确的引导。而作为数量占学生群体大多数的普通生，其期望目标往往处于不明确的状态，对自己能力的认识也不够清晰，加上日常平平的表现和长期处于被忽视的状态，他们很容易丧失对生活与学习的兴趣。可见，普通生群体期望目标的不明确主要来自两个方面的原因：一方面，高校学生管理经费不足，尚不能满足按教育部所要求的比例足额配备相应的专职学生工作辅导员，使得学生工作的力量显得有些薄弱；另一方面，普通生群体因长期处于被忽视的状态，已经习惯于满足现状，

对期望目标的实现也显得较为被动。

五、心理契约：解决"盲点"问题的有效途径

（一）心理契约的概述

心理契约（Psychological Contract）自 20 世纪 60 年代引入管理领域，迄今为止，对其概念内涵的界定仍是见仁见智。美国著名管理心理学家施恩教授首先提出这一术语。心理契约是组织中每一个成员和不同的管理者及其他人之间，在任何时刻都存在的一种没有明文规定的期望。它包括两部分内容：一是个人目标与组织目标所承诺的契合关系；二是个人在经过一系列投入、回报循环构成的组织经历之后，与所在团队形成的情感上的契合关系，体现在个人对组织的依赖感和忠诚度上。换句话说，心理契约就是个人的奉献与他人（或组织）的获取，及其所提供的回报之间的一种内在的配合、一种心理上的约定。它虽然不是一种有形的契约，表现为一种心理期望，内隐、无形，具有主观不确定性，但它确实发挥着一种类似有形契约的作用，在组织中客观地存在着。员工和组织对于相互责任的期望，包括个体水平的期望和组织水平的期望，即员工对相互责任的期望和组织对相互责任的期望，这是对心理契约的广义界定，强调组织与员工的双边关系。20 世纪 80 年代至 90 年代，一些研究人员指出，组织作为契约的一方提供了形成心理契约的背景和环境，但其本身并不具有形成心理契约的加工过程。心理契约一般被定义为一个雇员对其与组织之间的相互义务的一系列信念，这些信念建立在对承诺的主观理解的基础上，但并不一定被组织或者其代理人所意识到，这是对心理契约的一种狭义界定，强调员工对于组织责任和自己责任的认知。

本书重点放在普通生群体的心理契约上，强调对普通生群体建立合理明确的期望目标，进行真实信息的有效沟通，满足其高级需求，以增强其对学校的凝聚力和归属感。

（二）基于心理契约的高校学生管理

1. 明确需求与期望，建立公平合理的"心理契约"

心理契约是以组织与成员之间相互的心理期望为基础的，因此，构建心理契约的关键是明确双方的需求。从普通生群体的角度来看，普通生是一个群体的概念，而不是个体的概念，其需求会因个体的不同而有所不同，若要满足这一群体的需求，首先要对普通生群体的需求进行调查，深入他们当中去，采取多种方式，了解他们的需求是什么，然后再对调查的结果进行综合分析，并对普通生群体进行科学的引导，注意将个体需求与社会需求有效地结合起来。针对普通生群体期望目标不明确的现状，有必要帮助其设计科学的职业规划，将其现在的学习与以后的职业发展有机地结合起来，让其对生活充满信心，使其能够积极地行动起来。从高校的角度来看，高校所培养出来的学生质量直接关系到学校的声誉与可持续发展问题，作为占学生群体最大基数的普通生群体的需求和期望，高校不能置之不理，有必要建立与完善一系列制度来保障其有效实现，如将招生与就业、评优与评奖等政策与

信息公布在其官方网站上供普通生参阅，并做到实施过程中的公开、公平、公正。将普通生群体与高校之间的需求有机地进行匹配，以建立公平合理的心理契约。

2. 建立高校与普通生群体之间相互信任与有效的沟通机制

心理契约是一种无形契约，所遵循的是社会交换原则，契约双方的交换关系不像经济交换具有及时性，这就需要契约的双方相互信任，并做到及时有效的沟通，保持信息的通畅。信任与沟通都是双向的，一方面，高校需要了解普通生群体的需求与期望，听取他们的建议，并及时给他们传递相关信息；另一方面，普通生群体也要了解当前高校的发展现状与所面临的问题，当然，最为关键的是两者要以平等的姿态坐在一起进行沟通。可以定期或不定期开一些座谈会等，甚至可以借鉴国外高校让学生参与学校管理的做法，让他们亲身体会作为管理者的难处。只有做到换位思考、相互理解、及时沟通，才能达到真正的彼此信任，进而使两者所签订的"心理契约"更为有效与坚固。

3. 建立"以人为本"的激励机制

管理心理学强调"柔性"管理，不像传统管理方式那样仅仅通过"硬性"管理来约束人的行为。"以人为本"就是建立在认为人性本善的基础之上提出来的，因此，高校在制定与完善相关制度的过程中要充分体现"以人为本"的管理理念，以学生为本，以普通生为本，设计出合理、公平的激励制度。如扩大奖学金的覆盖面，使更多的普通生通过自己的努力也可以获得奖学金，让普通生明白自己并不是被忽视的群体，高校是在激励自己的，自己也需要积极地行动起来。总之，高校只有树立"以人为本"的管理理念，建立符合普通生群体特点的激励机制，才能使高校与普通生群体之间所签订的"心理契约"更加完善。

第三节 马斯洛需求层次理论在高校学生管理中的应用

人类价值体系存在两类不同的需求，一类是沿生物谱系上升方向逐渐变弱的本能或冲动，称为低级需求和生理需求；另一类是随生物进化而逐渐显现的潜能或需求，称为高级需求。人都潜藏着不同层次的需求，但在不同的时期表现出来的各种需求的迫切程度是不同的。人最迫切的需求才是激励人行动的主要原因和动力。人的需求是从外部得来的满足逐渐向内在得到的满足转化。在高层次的需求充分出现之前，低层次的需求必须得到适当的满足。人在自我实现的创造性过程中，会产生出一种所谓的"高峰体验"的情感，这个时候人处于最激荡人心的时刻，处在最高、最完美、最和谐的状态，这时候，人具有一种欣喜若狂、如痴如醉、销魂的感觉。

大学生处在特殊的人生阶段，有着与其他群体不同的需求，同时在大学生群体内部，不同阶段又出现不同层次的需求。主要就四年制本科大学生而言，各年级学生相比，大一新生多数是初次独立在外生活，更希望得到帮助和照顾，即安全感的需求；大二、大三年级的学生已经熟悉了所在学校的物质环境和人文环境，于是产生了许多新的需求，这时候提高能力、人际交往等较高层次的需求成为主导；大四毕业生面临就业，受到来自社会、家庭、学校等多方的压力，需求就较为复杂了。因此，我们需要根据大学生在不同时段的不同特点，考虑其不同的需求，从马斯洛的需求层次理论得到相应的启示。

那么，马斯洛的需求层次理论对大学生的发展有哪些启示呢？应从内部和外部两个大的方面着手。内部就是从大学生自身的身心方面思考，看从马斯洛的需求层次理论中能得到什么启示；外部就是从影响大学生的各种社会环境角度出发，探索其积极作用。

物质需求是人的第一需求，只有当物质需求问题得到基本解决之后，大学生才能更好地实现社交、尊重、自我实现等需求。生理和安全需求是最基本的物质需求，这是当代大学生重视的基础需求。众所周知，当代大学生出现的各种不良习惯，如冬天睡懒觉翘课、晚上打游戏很晚睡觉、没有健康规律的生活饮食作息、不愿运动锻炼、天天宅在宿舍，这都是一种生理需求未被很好满足的表现。生理需求的不正常、不规律、不健康，怎么会更好地到达自我实现需求层次呢？因此，即刻养成良好的生活习惯是我们从马斯洛的需求层次理论中得到的基础启示。

关于安全需求的启示，既属于内部需求启示，也关乎外部需求。安全需求一方面需要大学生加强自我保护意识，懂得一些保护自己的方法、途径。古话说得好，害人之心不可有，防人之心不可无。必要时也可以学一些基础防身术，既能保护自己，又能强身健体。另一方面，学校、社会的安全保护系统也应该尽量健全完善，给大学生及每一个公民一份安全感。

随着社会的进步，我国经济实力的迅速提升和我国人民生活水平的大幅改善，当代大学生的学习、生活状况发生了显著的变化。这些生活状况的变化改变着大学生群体的需求状况，大学生最迫切的需求已经由生理上的、安全上的需求转变为感情上、自尊上、自我实现上的需求。

当前两种需求得到基本满足，对爱和归属的需求就开始支配人的动机和行为了。在这一层次的人，非常珍视友谊、家庭和在一定社会团体中和谐的人际关系。如果需求得不到满足，人就会产生紧张、忧虑、沮丧，甚至被抛弃的感觉。大学生的年龄段正值面对生活事业的形成期，因而更加看重爱和归属的需求。所以，处在这个时期的大学生最容易受到感情的伤害，因为此时他们的心灵一般都很脆弱，有的是第一次体验爱情，所以还没有免疫力。而且这个年龄的人都比较敏感，又是初次体会现实社会的残酷。所以，第三个层次的需求如果得到满足，会使大学生的生活更加丰富多彩。同时，有了感情的支撑，做其他事也会事半功倍。

尊重的需求可分为自尊、他尊两类，包括自我尊重、自我评价以及尊重别人。与自尊有关的，如自尊心、自信心，对独立、知识、成就、能力的需求等。尊重的需求也可以如此划分，如渴望实力、成就、适应性和面向世界的自信心以及渴望独立与自由；渴望名誉与声望。声望为来自别人的尊重，受人赏识、注意或欣赏。满足自我尊重的需求导致自信、价值与能力体验、力量及适应性增强等多方面的感觉，而阻挠这些需求将产生自卑感、虚弱感和无能感。基于这种需求，人愿意把工作做得更好，希望受到别人重视，借以自我炫耀，指望有成长的机会、有出头的可能。显然，尊重的需求很少能够得到完全的满足，但基本的满足就可产生推动力，这种需求一旦成为推动力，就会令人具有持久的干劲。

自我实现是马斯洛需求层次理论的最高境界。就个人而言，它是一个"痛并快乐"的过程。发挥自我潜能实现个人理想并非一蹴而就，这需要极大的意志力克服外界困难和自身惰性。一旦成功，实践者就会完全沉醉于成功的喜悦状态中，体验到强烈的自我力量。大学生面临就业时有多种选择，"自主创业"作为一种新的就业方式正在逐步走进人们的生活，这种就业方式为那些主张"我的事业我做主"的毕业生提供了广阔的发展空间。另外，要利用信息需要来认识自己，从而努力实现自我。从这一原理出发，我们可以清楚地认识到，大学生接受行为的选择与产生是与其需求紧密联系在一起的。

需求层次理论的研究告诉我们这样一个原理，首先，人的行为受需求的支配和驱使，需求一旦被意识到就会产生动机，就会以行为的形式表现出来，需求驱动人的行为朝一定的方向努力，以实现自身的满足。其次，人们一般按照从低级到高级来追求各项需求的满足。马斯洛的需求层次理论让我们更清晰、更有条理地认识了大学生需求的层次，这有利于我们认识自身的独特性并意识到我们真正要做的是什么，需要的又是什么。可以说，用马斯洛的眼睛，我们更清楚地认识了自我，发现了自身的优势，从而利用自身优势不断努力实现自我，最后实现完美的人生。

参考文献

[1] 马小平 . 高校人力资源管理发展与创新 [M]. 长春：吉林出版集团股份有限公司，2018.

[2] 董彦霞 . 高校人力资源与行政改革研究 [M]. 北京：世界图书出版公司，2018.

[3] 曹喜平，刘建军 . 高等教育视域下高校人力资源管理研究 [M]. 石家庄：河北人民出版社，2018.

[4] 唐杰 . 人力资源管理理论在高校学生管理中的应用研究 [M]. 成都：电子科技大学出版社，2018.

[5] 彭剑锋 . 人力资源管理概论 [M].3 版 . 上海：复旦大学出版社，2018.

[6] 陆丹晨 . 高校图书馆管理的创新性研究 [M]. 石家庄：河北人民出版社，2018.

[7] 卿涛，郭志刚 . 薪酬管理 [M].3 版 . 大连：东北财经大学出版社，2018.

[8] 郑幸子 . 高校图书馆管理与服务创新 [M]. 长春：吉林大学出版社，2016.

[9] 陈丝璐 . 论集体主义导向人力资源管理的作用路径 [M]. 武汉：华中师范大学出版社，2018.

[10] 侯其锋，乔继玉 . 人力资源和社会保障政策法规解读及案例讲解 [M]. 2018 版 . 北京：国家行政学院出版社，2018.

[11] 刘燕，曹会勇 . 人力资源管理 [M]. 北京：北京理工大学出版社，2019.

[12] 李青 . 高校师资管理研究 [M]. 天津：天津大学出版社，2019.

[13] 周甜甜 . 高校图书馆管理与读者服务研究 [M]. 延吉：延边大学出版社，2019.

[14] 芶生平 . 高校公寓管理服务的探索与实践 [M]. 成都：电子科技大学出版社，2019.

[15] 于红，李茂银 . 高校图书馆管理与服务创新研究 [M]. 长春：吉林人民出版社，2019.

[16] 蒋俊凯，李景刚，张同乐，等 . 现代高绩效人力资源管理研究 [M]. 北京：中国商务出版社，2020.

[17] 吴文亮 . 信息化时代高校英语教学理论的解构与重塑 [M]. 长春：吉林大学出版社，2019.

[18] 王振伟 . 新时期高校图书馆读者服务工作研究 [M]. 北京：北京理工大学出版社，

2019.

[19] 张丰智,李建章 . "双一流"建设背景下高校图书馆建设与服务 [M]. 北京:北京邮电大学出版社,2019.

[20] 曾晓娟,阎晓军 . 高校青年教师心理资本研究 [M]. 沈阳:东北大学出版社,2019.

[21] 赵继新,魏秀丽,郑强国 . 人力资源管理——有效提升直线经理管理能力 [M]. 北京:清华大学出版社,2020.

[22] 黄铮 . 一本书读懂人力资源管理 [M]. 北京:中国经济出版社,2020.

[23] 王文军 . 人力资源培训与开发 [M]. 长春:吉林科学技术出版社,2020.

[24] 杨丽君,陈佳 . 人力资源管理实践教程 [M]. 北京:北京理工大学出版社,2020.

[25] 曹锋,赵秀荣 . 人力资源高手实战笔记 [M]. 北京:中国友谊出版公司,2020.

[26] 杨宗岳,吴明春 . 人力资源管理必备制度与表格典范 [M]. 北京:企业管理出版社,2020.

[27] 温晶媛,李娟,周苑 . 人力资源管理及企业创新研究 [M]. 长春:吉林人民出版社,2020.

[28] 巴杰 . 软件可靠性分配与人力资源调度方法 [M]. 北京:中国宇航出版社,2020.

[29] 叶云霞 . 高校人力资源管理与服务研究 [M]. 长春:吉林大学出版社,2020.

[30] 张绍泽 . 人力资源管理六大模块实操全案 [M]. 北京:中国铁道出版社有限公司,2020.